罗金远
戴茂堂 著

维持和繁衍生命是人的物性，
寻求生命的意义是人的神性。

伦理学讲座

人民出版社

责任编辑:李椒元
装帧设计:陈　俊
责任校对:余　倩

图书在版编目(CIP)数据

伦理学讲座/罗金远,戴茂堂 著.-北京:人民出版社,2012.5
ISBN 978 - 7 - 01 - 010715 - 8

Ⅰ.①伦…　Ⅱ.①罗…②戴…　Ⅲ.①伦理学　Ⅳ.①B82

中国版本图书馆 CIP 数据核字(2012)第 032464 号

伦理学讲座
LUNLIXUE JIANGZUO

罗金远　戴茂堂　著

人民出版社 出版发行
(100706　北京朝阳门内大街166号)

北京明恒达印务有限公司印刷　新华书店经销

2012 年 5 月第 1 版　2012 年 5 月北京第 1 次印刷
开本:710 毫米×1000 毫米 1/16　印张:18
字数:300 千字　印数:0,001 - 3,000 册

ISBN 978 - 7 - 01 - 010715 - 8　定价:34.00 元

邮购地址 100706　北京朝阳门内大街 166 号
人民东方图书销售中心　电话 (010)65250042　65289539

序

江　畅

收到《伦理学讲座》的书稿，我的第一印象是：这是一本非常及时的书！并不因为戴茂堂、罗金远两位教授是同事和朋友，爱屋及乌，更多的是来自本书解决的社会现实问题的功效所致。"老人摔倒该不该扶？"这一不成为问题的问题竟然成为全社会热议与争论不休的话题；"三聚氰胺奶粉"引发企业诚信危机、"郭美美事件"导致公众对慈善机构信任危机以及诸如此类的事件，在各类媒体报道中层出不穷，使得每一个中国人都不得不面临着良知的自我拷问。此时出版本书，不仅见出作者身居学院而心怀社会的崇高责任感，更确实有着治病救人、匡正时弊之功效。

人何以离不开道德，社会何以需要伦理？作者一开始就高屋建瓴，深刻地把握住了"人处于有限的物与无限的神之间"这一人性结构，揭示了由之生发的善与恶永恒对立的现实性与必然性、伦理学的艰辛性与崇高性，更是从人的肉体与灵魂的二难对立中看到了伦理学发展的契机。然则，我们需要何种道德？或者说何种道德观与伦理观才适合于和谐社会的建构？西方著名伦理学家麦金泰尔曾以"After Virtue"来命名他的一部影响深远的著作，既指明了现当代社会处于古典美德沦丧的"后德性"时代，又表明了"追寻德性"的坚定信念。但是，他所要追寻的德性主要是西方古典的美德。抛开观点本身的正当性与否不论，毋庸置疑的是，本书作者拥有一种更为宽广的视域，既从史的角度全面分析了中、西方伦理观念的优劣得失，又从方法论的高度深入探讨了中、西伦理观念融合的可能性与生长点。

当代社会的一个显著特征是全球一体化,中国社会的道德危机既是一个民族性问题,也是一个世界性问题;它的根源在于一体化过程中中西文化、经济、政治等种种因素的互相冲击与对抗,它不仅关系到一个和谐的民族社会的建构,更牵涉到一个更为广义的和谐世界、和谐宇宙的构建。这一新的时代特征要求伦理学要充分注意到全球一体化进程的不可逆转性,同时也预示了任何一种形式的"种族中心主义"的伦理学失败的必然性。本书的难能可贵之处在于,它既深入挖掘出了西方伦理观念以人的自由为理论基石的深刻性,又分析了它的"科学决定论、理性统治论和知识霸权主义"的缺陷;既看到了中国传统伦理观念重责任的群体主义特征,又恰当地指明了它对个人自由的忽视以至沦为封建阶级统治工具的历史局限性。在此基础上,以"如何可以促使道德又不牺牲文明,或者说如何可以发展科学而又不鄙视美德"为伦理学的新方向和新目标,提出了一种撷采中西之长的、以个人为本位的和谐社会观。这一和谐观,与马克思关于经济的充分发展与人的充分发展的社会理想恰相吻合,对于建设科学社会主义的和谐社会的伟大实践具有丰富的理论指导价值。《讲座》结构环环相扣、层层递进,充分彰显了本书的深厚的理论内蕴及作者在伦理学研究领域的扎实成果。

一个和谐的社会必然是一个德性的社会,而任何一种道德规范只有内化为个体的道德良心和道德自律,才真正成其为道德规范。对于伦理学研究而言,任何一种伦理学理论只有为社会大众充分认识和理解,才能够真正发挥其应有的价值。《讲座》语言深入浅出、通俗易懂,使它不仅仅是一本从事伦理学理论研究的专业参考书,亦是一本适合于广大社会群众的通俗性道德读本。只有广大社会群众认识到德性之于自身与社会的重要性,只有激发起广大社会群众对自身与社会的深刻反思、激发起被消费社会的拜物主义所遮蔽的人的荣誉感,一个德性的社会才真正成为可期待的。伦理学是一个古老而历久弥新的学科,是人类社会的一个永恒的课题。只有把历史的深度与时代的广度相结合,把理论思考与现实关怀相结合,才能焕发出伦理学应有的价值。就此而言,《讲座》无疑是一部成功之作。借此序一并表达对该著作之出版的期待与祝贺!

(作者系湖北省教育考试院院长、党委书记,湖北省伦理学会会长,湖北大学博士生导师)

目 录

【上 篇】

上　篇

伦理学讲座

罗金远
戴茂堂
著

第一讲
人性的结构与伦理学的诞生

人是哲学的永恒主题,伦理学作为人生哲学注定了与哲学的这一永恒主题具有特殊关联。伦理学总是与对人性的理解纠结在一起,"善何以必要"与"人的存在何以可能"这两重提问之间很难截然加以分离,因为道德的生活本来就是人所追寻的存在方式。从这个角度看,伦理学何以可能的问题或许可从对人性结构的理解中找到终极根据。

一、人性的结构

在历史上,哲学对人曾有双重误解:要么把人看成是超自然中的一员,竭力将人理想化,进而认为人与神无异;要么把人看成是自然中的一物,竭力将人生物化,进而认为人与动物无异。我们认为,人实际上总是从两个方面表现自己,具有两个空间:就它从外部被感官感知而言,它使自己表现为一种物质的生活;就它从内部通过自我体验把握自己而言,它使自己表现为一种精神的生活。这两个方面是共存的。维持和繁衍生命是人的物性,寻求生命的意义是人的神性。没有神性,人将成为自然力的玩物和牺牲品,只会孜孜以求利害得失;没有物性,人将成为幻想中无所不能的、至善至美的神仙或上帝。在某

> 维持和繁衍生命是人的物性,寻求生命的意义是人的神性。

种意义上,自然世界与自由世界的外在对立实际上可以理解为同一个人的物性与神性的内在冲突。如果说自然世界与自由世界即物质世界与精神世界、事实世界与价值世界的分裂,表现出来的是整个世界的对立,那么人性中的物性与神性即肉体与灵魂的对立,则是发生在人自身内部的一种自我分裂,是整个世界的对立在个体身上的浓缩,是每个人的人性的内部矛盾的表现形式。可见,人性的内部结构充满了矛盾和张力。

的确,人原本是自然中的动物,也是一种自然存在,须依赖其他自然物而生存,受到自然法则的制约。就此而言,不能无视人类在某种意义上也是一种极为平常的物种、并且有种种本能和欲望这个事实。18世纪的法国唯物主义就是以人的自然本性为立足点,竭力维护人的现实权利。但人如果满足于作为一种自然存在,就不能体现出自己人性的高贵。只有当人实现了对自然从肯定向否定的飞跃后,人才成其为真正意义上的人。因此,人必须向前推进,实现对自然性和动物性的否定。18世纪的康德就是以人的自由精神、人的道德理想作为人的本质,反抗了人的自然本性和经验生活。

人的世界不同于动物的自然世界。人从自然中进化过来后,就不再是纯粹的自然物或动物,而是成为一种具有超越性的动物。人能够凭借自己的超越性创造出一种新的生存格局:饮食是人的动物性行为,烹调艺术把它提升为人的行为;两性结合是动物性行为,爱情把它提升为人的行为;生育是动物性行为,母爱把它提升为人的行为。

而人类完成这种提升靠的就是精神。动物没有精神,精神的东西只属于人。所以,除了日常生活的兴趣之外,精神生活也要兴盛起来,并且精神生活必须作为特殊的财富予以保存。精神的生存空间和内向发展是人的神性的唯一所在。黑格尔说:"神仅仅在精神之中,并不在彼岸,而是个人内心深处所固有的。"①如果我们不能爱惜自己的精神,我们是很容易退化为动物的,人与动物的根本区别就会消失。

问题在于,人的存在是精神的,但人又不具有绝对的精神,因为他不能彻底拒绝物质世界的诱惑。只有上帝才是彻底断绝了尘缘的。人不是上帝,因为人从自然来,人总是不能完全摆脱与世俗生活的联系。这种抵挡不住物质世界的诱惑的世俗之心使得人与神区别开来。

黑格尔说:"神仅仅在精神之中,并不在彼岸,而是个人内心深处所固有的。"

---

① [德]黑格尔:《哲学史讲演录》第4卷,贺麟等译,商务印书馆1978年版,第5页。

换言之，人既不可能完全是（动）物，也不可能完全是（精）神。神是无限的，物是有限的。人处在有限的物与无限的神之间——这就是人性结构的奥妙所在。如果说，人与自然界的特殊关联使人永远也变不成神的话，那么，人与神的特殊关联又使人永远也不会成为动物。人不能只有弱点（动物性），因为人还有超越性；人又不能没有弱点，因为那是天堂之梦。所以，狄德罗说："人是一种力量与软弱、光明与盲目、渺小与伟大的复合物。"①

就物的生活和神的生活之间的距离来说，神的生活无限地高于物的生活。而这种距离的大小，将直接展示出人性的分裂程度有多深。人的位置因在两端之间游移不定而呈现出人性的强弱变化，表现出人性的张力。在人生的历程中，任何人都难以一贯地确立他的位置：他总是在变，并且不得不变，而且这变化是千千万万的、永不定型的。人在哲学上看是未完成的、不确定的，因而总处于发展的可能性和自由状态之中。海德格尔认为，人一出生就被抛入到可能性之中，人就是可能性。既然可能性属于人自身，人就不得不从他的可能性方面去筹划。这种筹划就是向未来开

放，向着种种可能性开放，就是不断地超越自己。通过筹划，人不断地被更新，不断地获得自身的内容。因此，人对于他自己的可能性来说是自由的。"人是其所不是，不是其所是"的不确定性带给人诸多麻烦，也带给人开放的未来和前景，带给人无限的创造可能和自由空间。人一方面感觉到自己具有内在的超越能力，能超越已有的一切，超越自己的所是、自己当前的处境和存在的状况，向未来投射，提升自己的生命价值，达到崇高的境界；另一方面，人也被一些世俗的生活和自然的天性所缠绕，充满阻碍，不得提升，而有可能走向深渊。人的这种特殊位置使人是一切更不是一切。这对人来说真正是机遇与挑战并在：所谓机遇表现在人可以自由地提升自己的精神境界和创造自己的理

---

① 《狄德罗哲学选集》，江天骥等译，商务印书馆1959年版，第43页。

想世界；所谓挑战表现在人也面临着堕入深渊的危险，因为人心中包含有很容易燃成烈火的邪恶的力量。为了从精神和信念上避免这种危险，伦理学的出场就成为了必然。

二、恶与伦理学的诞生

以上分析表明，人性的结构包含有人的精神性和肉体性。当我们穷困潦倒时，灵魂中有一种肉体性的力量命令我们去偷窃人家的财物，与此同时，又有另一种精神性的力量禁止我们这样去做。这是两种相反的力量。其实这就是灵魂深处善与恶的斗争。生命一旦觉察到自己的两重性，就开始为自己内部的分裂而苦恼。人生的困惑大概根源于人性的分裂结构：一方面保持着与自然的紧密联系，另一方面又渴望超越自然，打破同自然界的原始统一。这就是人的生存矛盾。这种冲突在物和神那里都不存在。对于物和神来说，不需要讲道德，不需要伦理学。只有人类才建立了自己的道德体系。奥地利学者乌克提茨就曾经指出："在已知的所有生物中，只有我们能辨别'善'、'恶'，建立起行为的道德准则，并根据道德标准对自己和他人的行为进行评价。"[①]

康德将一切哲学问题最终归结为"人是什么"。在康德看来，人与自然存在物的区别不可能在事实领域中发现，因为那里森严无情的自然法则必然地支配着一切。然而人不仅是自然存在而且是理性存在。作为有理性者，人努力建构着一种独立于动物性甚至独立于全部感觉世界的生存方式。这种建构活动的意义在于：它表明人并不满足于一种事实上的生活，而总是寄希望于过一种理想的应该的生活。这种理想的应该的生活就是伦理学要揭示给我们的道德生活。在应该的生活中，人具有自身决定自己存在的真正自由，具有超越感性界限、超越一切自然存在的人格、价值与尊严。在自然存在物那里没有也不可能有任何"应该"的事物。唯有人类理性有能力不顾自然法则的束缚，去追求和实现"应该"的道德理想。人的道德活动就是一种超越或摆脱自然法则的限制，排除一切感性冲动、自然本能或欲望爱好等经验因素，单纯出于"应该"的自由活动。这实际上是从本质上指明了伦理学的人性根据。

从人"应该"善的意义上说，自然人性、感性冲动及其导致的堕落，其实就

恶虽然是不道德的，但却是产生道德的理由。

① ［奥］乌克提茨：《恶为什么这么吸引我们？》，万怡、王莺译，社会科学文献出版社2001年版，第1页。

是一种恶。在人性中潜伏着恶的种子。而哪里有恶,哪里就有并且必须有伦理学。恶虽然是不道德的,但却是产生道德的理由。既然人性有恶,善就有了广阔的存活空间,道德就成为了人不能不加以考虑的一个方面。道德的出现就是为了清除这个世界的恶,伦理学就是要抵制恶劣倾向,阻止堕落。人作为一个生命体,不能没有世俗生活的要求,但是,人之为人又不能没有崇高的理想与信念。如果给欲望以无限的权力, 就等于压制了崇高的精神自由。因此,只有限制欲望的恶性膨胀,才能保护道德的自由前提,从而最终保护道德。如果说, 自然的世界开始于黑暗与光明的分离, 那么道德的世界就开始于善与恶的区分。

恶不是善, 恶是一种善的匮乏或剥夺。所以,恶没有单独存在的权利,必须予以暴露并阻止。但是恶可以为善而存在。霍尔巴赫说:"恶是人所必需的,因为没有恶他就不知道善是什么。没有恶, 他就既不会有比较、选择,不会有意志、有情感,也不会有爱好。他不会有爱和恨的动机。于是他成了自动机,而不再是人。"[1]恶的存在仅仅是为了使善能够实现自身。善与恶的联系就跟光明与黑暗的联系一样。画家画画不能不利用阴影,然而他的目的不是阴影,而是光亮和色彩。诗人的描绘也同样不能没有阴暗面,他需要丑陋、粗俗和卑下的东西,然而描绘这些东西并非他的目的,他的目的在于美丽、善良和灿烂辉煌的东西。所以,善是为了自身的缘故而存在于历史和生活中,恶则是为了善的缘故,作为一个刺激、一个障碍、一个陪衬而存在。它是一种否定的力量,没有正面的价值,仅仅通过它的对立面——善而获得某种力量和现实性。恶的存在是对人的消极性的提醒,即劝人离恶行善。乌克提茨指出:"如果没有恶,善又会是个什么样子呢? 如果没有恶,或者根本就不存在恶,那么人们也

如果说,自然的世界开始于黑暗与光明的分离,那么道德的世界就开始于善与恶的区分。

---

① [法]霍尔巴赫:《自然的体系》下卷,管士滨译,商务印书馆1977年版,第350页。

就没有必要存心向善了。向善的愿望———不管我们对善的具体理解如何———不仅与人类同恶的斗争如影随形，而且这种愿望还促使人类照顾恶的存在，以免这种斗争不能继续进行下去。人类显然非常需要恶的存在，这种存在为人类的道德和法律体系提供了良好的题材。"①

恶有两种基本表现形式：肉欲和自私。前者包含纵欲、放荡、懒惰、轻浮和怯懦，后者包含贪婪、不公、恶意、傲慢。明智、坚强、勇敢都把感官欲望作为一种抵抗的中介而预先假定了肉欲的存在。没有感性的人对感官的痛苦和恶行的恐惧，就不会有勇气；没有快乐的刺激，就不会有节制。社会的德性预先假定了感性的人的天生自私，没有这种自私也就不会有任何特定的人类形式的公正和仁爱。德性在反对邪恶的战斗中发展壮大。不义在旁观者或受害者心中引起了公正的观念和正义的感情，谎言和欺骗使真理和诚实有价值，残忍和恶意构成了对灵魂的温柔和高贵的陪衬。洪水教会我们勇敢，贫困教会我们仁爱，疾病培养了耐心、顺从、柔情和怜悯。我们通过恶而意识到善的必要及其真正价值。包尔生说："除去所有邪恶，你也就废除了生活本身。邪恶确实是邪恶，灾祸也确实是灾祸，可它们并不是绝对不应存在的东西。然而，它们决不是为它们本身的缘故，而是为了善的缘故而存在的。"②在这个意义上，恶甚至可以作为善的一个固有环节而加以理解。我们若是从历史中排除所有邪恶，我们也就同时排除了善与恶的斗争，排除了人类最崇高和最壮丽的东西：道德英雄主义。通过与平庸的、日常的、琐屑的性格与言行的对比，超出平凡而追求伟大的精神风貌才能最大限度地凸显出来。有如真的东西在与假的东西、美的东西在与丑的东西的斗争中被凸显一样，善的东西只能在与恶的东西的斗争中成长壮大。我们甚至不可能想象一个没有善恶对立的历史，不可能想象没有恶怎么可能有伦理学。善与恶的矛盾是伦理道德的基本矛盾，也是伦理学的基本问题。

善与恶的矛盾是伦理道德的基本矛盾，也是伦理学的基本问题。

如果上述分析是合理的，正确的态度就应该是："我们实在应该看清人类本心的伪善和恶劣，承认并承担这种恶劣，然后寻求拯救之道。"③可是，中国传统伦理学在大讲孔孟之道、天地良心时总是有种自我纯洁感，觉得自己已

---

① ［奥］乌克提茨：《恶为什么这么吸引我们？》，万怡、王莺译，社会科学文献出版社2001年版，第28-29页。

② ［德］包尔生：《伦理学体系》，何怀宏、廖申白译，中国社会科学出版社1988年版，第274-275页。

③ 邓晓芒：《新批判主义》，湖北教育出版社1988年版，第38页。

置身于一个一尘不染的世界。人们常常会觉得只要自己出于善良的本心,世界就会充满爱。按照孟子的思路,人性之所以普遍相近,是因为凡人都有先天的善端,正是这种善端为走向理想的人格之境提供了出发点。仁义礼智是理想人格的基本规定,而这种规定一开始便以萌芽的形式(端)存在于每一个主体之中,并构成了主体自我实现的内在根据。因此,中国伦理学基本上不讨论自由意志,并将善恶的探讨最终归于对人天生本性自然为善的假定。这样的伦理学在鲁迅的眼中最后构建出来的恰是伪道德。而西方伦理学既然承认了个人的自由意志,对善恶的探讨就必然要容纳性恶这种内在本源的可能性。这种考虑往往作为起码的基点,西方伦理学由此出发寻求由恶向善转化的途径、手段和拯救之道。这样一来,就不需要用外在的手段去禁止自由意志的恶劣倾向,而是就在恶中锻炼出善来。在康德看来,既然一切善恶都归于不可规定的自由意志,那么自以为本性纯洁并将"天真状态"当做善的规定,这本身就是一种恶,并且是根本恶,即伪善。没有人能够宣称和保证自己天生注定是善的;人的"本心"不是起点,而是可望而不可即的目标。康德认为,由于自由意志,所以人性可善可恶。"恶是起点,善是终点;恶是现实的,善是潜在的。善恶在无限历史过程中达到调和,因此道德是一个不断进化的过程。"①

与中国文化强调人性的善相反,西方思想家更乐意去面对人性的恶。无论是作为西方文化源头的古希腊罗马文化还是基督教宗教文化,都对人性抱有一种深刻的警惕。在基督教看来,只有上帝才是完美无缺的,而人则生而有罪,充满缺憾和不完美。卢梭强调,在人类历史的发展道路上,善与恶总是携手并进的,进步本身只是幸福与灾难的结合。他甚至把"文明社会的发展史"说成是"人类的疾病史"②。康德在对比自然演化与社会发展的差异时指出,大自然的历史是由善开始的,而社会的历史则是由恶开始的③。黑格尔认为,人性既善又恶:"直接意志的各种规定,从它们是内在的从而是肯定的来说,是善的。所以说人性本善。但是由于这些规定是自然规定,一般地与自由和精神的概念相对立的,从而又是否定的,所以必须把它们根除。因此又说人性本恶。"④人的生命、意志是绝对理念发展的必然产物和必要环节,所以人性是善的。但维持生

在人类历史的发展道路上,善与恶总是携手并进的,进步本身只是幸福与灾难的结合。

① 邓晓芒:《新批判主义》,湖北教育出版社 2001 年版,第 158 页。
② [法]卢梭:《论人类不平等的起源和基础》,李常山译,商务印书馆 1962 年版,第 79 页。
③ [德]康德:《历史理性批判文集》,何兆武译,商务印书馆 1991 年版,第 51 页。
④ [德]黑格尔:《法哲学原理》,范扬、张企泰译,商务印书馆 1961 年版,第 28 页。

命毕竟是一种自然需要,是精神得到自由的必要条件,而不是自由本身,所以如果把这种自然需要夸大为普遍原则,就会扼杀精神的自由,从而具有恶的性质。黑格尔还指出:"有人以为,当他说人本性是善的这句话时,是说出了一种很伟大的思想;但是他忘记了,当人们说人本性是恶的这句话时,是说出了一种更伟大得多的思想。"①恩格斯对黑格尔的这一思想给予了更深刻的阐释:"恶是历史发展的动力的表现形式","自从阶级对立产生以来,正是人的恶劣的情欲——贪欲和权势欲成了历史发展的杠杆"②。

现代学者埃利希·诺伊曼(Erich Neumann)的《深度心理学与新道德》被荣格称之为"旷野上的先锋"。这种新道德关注的核心就是阴影问题。阴影是人性中阴暗的一面,包括一切激情和不道德的欲望和行为。人身上的一切邪恶的根源都存在于阴影之中。人若要避免邪恶,就必须压抑和排斥阴影中兽性的一面。然而,阴影决不会被彻底征服。人格中被压抑的阴影总是暂时退隐到无意识之中,并伺机反扑。阴影一旦进行反扑,就会导致人格的分裂。自我如果不是拒绝阴影,而是接受阴影并把它整合到整个精神中去,就会显得富有活力和创造性。所以,诺伊曼指出,人类应该学会接受阴影、接受邪恶、接受自己的罪。只有接受了自己的阴影的人才是道德上可接受的人。道德上可接受的唯一的人是接受了他的阴影问题的人,即意识到自己的消极面的人。承认阴影就是承认自己的不完善。人总是不完善的。诺伊曼认为,善与恶是人格中最突出的一对对立面。只有把阴影整合到人格中,人格才臻于完善。诺伊曼试图深入人格的深处即人格中的阴影面去探索人的道德问题。在诺伊曼看来,现代人的基本问题是邪恶问题,现代人最需要的是认清邪恶,首先是认清他自身内部的邪恶,他自己低劣的人格和阴影。这是通往新的道德态度的出发点。我们大家都有罪,人性本身是有罪的。人类不是天使,这一点尽管注定会使理想主义者失望,然而,正视这一点,恰好是伦理学诞生的基础。

恶与道德的理想具有深刻的关联,这种关联恰好透露出道德的人生是悲壮的。历史上,道德哲学家苏格拉底的死其实已经是一个信号,这信号预告了人生的悲苦,也预示了伦理学的艰辛。罗素说:"柏拉图所描写的面临死亡的苏格拉底,无论在古代的还是近代的伦理上都是重要的。"③西方人认为,只有

① 《马克思恩格斯文集》第 4 卷,人民出版社 2009 年版,第 291 页。
② 《马克思恩格斯文集》第 4 卷,人民出版社 2009 年版,第 291 页。
③ [英]罗素:《西方哲学史》上卷,何兆武、李约瑟译,商务印书馆 1986 年版,第 176 页。

人若要避免邪恶,就必须压抑和排斥阴影中兽性的一面。

经过死的折磨与苦痛才能接近神的极乐境界。在自然世界里充满了恶、有限或不完善，完善的人生只有借助于神才能象征出来、建立起来。因为神是绝对的完善、绝对的无限和绝对的真实。所以，凡是追求绝对完善的思想家都强调达到神的生活才是最高的幸福。伦理学从它诞生之日起，所具有的使命就是建立起人的神庙，建立起精神的崇高性。正是意识到了这种使命，所以，西方历史上才不断有伦理学家提出，走向神性就是最大的美德。柏拉图把尘世的生命理解为一个精神试图从中逃出的牢笼，常常强烈地表现出一种把人性完全精神化的倾向，而神是免除了欲望的纯粹的思想，所以，柏拉图强调和神相似是人努力的最高目标。亚里士多德说，思辨的活动是最完美的幸福，因为它自身就是神圣的、合于本己德性的现实活动，而神的行为就是思辨活动，所以神的生活全部是至福。斯宾诺莎提出，我们的幸福和自由全都寄托在一种对神的持久的、永恒的爱上，人应当把一切归结到神，神是一切的一。心灵可以使自己把身体的一切感受和关于事物的一切表象都归结到神，因为一切存在的东西都存在于神中，没有神就什么都不能存在，也不能被认识。一切观念只要与神相联系，就是真的。精神的至善就是认识神，这就是它的最高美德。所以，黑格尔说，没有比斯宾诺莎的道德学更纯洁、更崇高的道德学了。

　　西方文化中的罪恶意识戳破了一个古老的秘密：灵魂与肉体的永恒矛盾。在这一永恒矛盾的背后，躲着的其实是一系列的二律背反。追求肉体的享乐，获得的必然是感性的欲望的满足；追求灵魂的完美，获得的必然是理性的道德。所以，究竟是要肉体还是要灵魂，这成为了摆在每个人特别是伦理学家面前的一道难题。你必须在并且只能在这二者中做出选择，除此之外别无出路。为了肉体的享乐而牺牲灵魂吗？那太可怕，因为灵魂不在的人还侈谈什么道德！为了灵魂的完美而牺牲肉体吗？那太理想，因为肉体不在的人连存活都成了问题。放弃这样的问题是最简单不过的了，然而那样做的结果刚好就是放弃了伦理学本身。因为这里正好蕴藏着伦理学的生长点。灵魂与肉体的永恒矛盾既是对伦理学提出的挑战，又是向伦理学发出的邀请。我们如果不想回避挑战、不想取消伦理学的话，就必须从这里起步。众多勇敢的富于冒险精神的伦理学家，立志要在灵魂与肉体的二难对立中找出伦理学的一条生路来。哪里有风险，哪里就有契机。伦理学正是要从这里获得发展的契机。

第二讲
论道德自律

越是在自由时代,人们越是喜欢讨论法规之类的问题;越是在法制时代,人们越是喜欢讨论自由之类的话题。"自"由与法"律"从来就是联系在一起的。自由总是相对于规范而言,规范也总是相对于自由而言。在道德领域,"自律"这一概念组合本身就已经很好地说明了这一点。然而,为了较好地理解这一概念组合,我们又必须把这一概念组合分开加以说明。

一、道德自律之"自"与自由

在"自律"概念中,我们首先遇到的是"自"这个概念。在道德自律概念中,"自"强调的是,道德是自由的象征,自由是道德的前提。

作为某种规范,道德的本质不是强制而是自由。也就是说,道德行为一定是自由行为。假使行善或作恶是命中注定而不得不如此的话,那么它就没有选择性,同时也就没有道德性。一个行为如果是无法选择的、不能不如此的行为,它就不再是自由的行为,也不再具有善恶的含义。的确,如果人注定为善,那就不存在真正的善;如果人注定为恶,那就不存在真正的恶。当中国传统伦理学假定人性为善的时候,实际上已经把人性假定为一种固定不变的东西,而不是在自由选择中来确定人性的性质,结果导致伪道德,甚至也导致一个错觉:似乎道德的善或恶是被给予的,而不是自己去创造或避免。然而,道德

作为某种规范,道德的本质不是强制而是自由。也就是说,道德行为一定是自由行为。

的世界绝对不是被给予的,而是处于被创造之中。其实,一个人在采取行动之前,不论他的目的、动机如何,他的行为的善、恶是未定的;人是自己把自己造成善人或恶人的,根本就没有人性本来或从来就是善或恶的问题。因此,道德的善是一个有待于自己去创造或完成的事情,而道德的恶也是一个有待于自己通过努力去避免或逃匿的事情。这就表明,一切的善行都是在善恶之间作出的自由选择,一切的恶行也都是在善恶之间作出的自由选择。人的意志是自由的,而人的自由意志不一定总是导致某种道德的善,否则这个世界便不会有恶了。自由意志之所以是自由的,就在于它既可以为善也可以为恶。世界上存在善与恶的可能性,而人具有在善与恶中进行两者择一的能力,这是一切道德活动之所以可能的条件。伦理学在道德上赞美人的善行,是因为他在善恶之间恰好选择了善,而他完全是可以选择恶的;同样,伦理学在道德上贬斥人的恶行,是因为他在善恶之间恰好选择了恶,而他完全是可以选择善的。所以,一个人无论是行善还是作恶,其实都已经把自由意志的能动选择作为前提条件肯定下来。这就揭示:对善恶的自由选择的意志是一切善恶之所以成为善恶的根源。

对善恶的自由选择的意志是一切善恶之所以成为善恶的根源。

　　如果不以自由为基础来谈论道德行为,不仅导致道德的前提的丧失,而且导致伦理学的机械主义与虚无主义。卢梭正确指出:"取消了自己意志的一切自由,也就是取消了自己行为的一切道德性。"①洛克也指出:"道德同机器既然不易调和,不易符合,因此,……采取机械主义:就不得不把一切德性的规则排斥出去了。"②一个尚没有自主能力的机器人或生物人,是根本谈不上性善性恶的;而不自愿地、不自觉地去做任何一件"好"事,都将是十分做作的。如果道德的思考总是有意无意地绕开人的自由意志,取消人的本原自发性和选择权,伦理学是很难提出真正的道德原则的。因为这表明,人们还只是把所谓道德、德性看做一种天然的、天赋的"性格",而不是一种自由意志创造的结果。对于伦理学来说,尽管自由意志本

① [法]卢梭:《社会契约论》,何兆武译,商务印书馆1980年版,第25页。
② [英]洛克:《人类理解论》上卷,关文运译,商务印书馆1981年版,第38页。

身还不是一条道德规范,但选择自由作为人特有的权力,却是道德思考的前提。当一个人不处于自由的状态下,他就不能保证他的行为是属于他自己的,如果连自己的行为都受制于人或事,他的行为的道德性从何谈起? 一个完善的道德行为首先应该是行为者在自由状态下自愿自觉地选择的结果。显然,伦理学必须建立在自由的基础之上。伦理学建立在自由基础上正可以体现伦理学的人学性质。因为人处于自然状态下时总是被动的,他的行为总是处于不得不如此的状态,因而没有选择权;只有当人处于自由状态下,他才是完全主动的,具有完全的自由选择权。强调道德的自由前提本质上就是弘扬人的主体性。康德曾经指出,人只有在道德领域才具有本体地位,而人在其中之所以具有本体地位,是因为人在这个领域具有自由。因此,自律概念的"自"高扬了道德的主体性。

每个人都必须承担必要的道德责任,这是一个不争的事实。然而,只要我们准备接受这一事实,我们就必须接受自由作为道德的前提。责任的必然存在意味自由的必然存在。人只有意识到了自己的自由,才能意识到自己的责任。在根子里,做事必定是自由的。你逃脱不了责任,你就逃脱不了自由,这样自由就在道德领域得到了确证。假设没有自由,这世界上也就不存在责任一说。自由是自己的自由,因而真正的责任首先体现为对自己的自由负责。因为人有自由意志,所以必然具有犯罪或作恶的可能性,就此而言,人必须准备为自己负责。任何人的自由意志都不能担保自己的选择是绝对正确的,但只要他们行使了自己的自由意志,他们就必须为其后果承担全部责任。如果没有自由,个体就不会有道德责任感,就会把许许多多的理由拿来作为行为的后果的托词。如果一切都被决定,人类固然因此解除了行动选择上的烦恼,从而在心理上逃避了自己的责任,但因此也就没有了道德可言。有了自由,我们就不再为自己的罪行或过失寻找借口,推卸责任。人作为道德上的自由主体,应当毫不犹豫地承担自己行为的一切责任。责任就是人负担起自己自由的重负,人一旦被抛到世界上来,就享有绝对的自由,因此就要承担起自由的重负,对自己的行动负责。责任是自由的逻辑要求,最极端的自由要求最极端的责任。如果自由是人的宿命,那么责任也是人的宿命。可见,道德责任总是围绕着自己的自由意志来立论的。

历史上,伦理学家们从来就特别强调自由与道德的深刻联系。亚里士多德指出,道德行为不仅是自愿的,而且是自愿中的选择。他认为,选择"是德性

因为人有自由意志,所以必然具有犯罪或作恶的可能性,就此而言,人必须准备为自己负责。

所固有的最大特点"①。德行在于意志,人生中一切真正善或恶的东西都仅仅取决于、依赖于我们的自由选择能力:"如若我们有能力做美好的事情和丑恶的事情,我们也有能力不去做。既然行为既可以是对善事的行为,也可以是对恶事的行为,那么,做一个善良之人还是丑恶之人,也就是由我们自己。"②自由概念对康德来说是开启崇高的实践原理的一把钥匙。因为,在康德看来,人只有有了自由,然后才涉及运用自己的自由的问题,即涉及纯粹实践理性——道德问题。康德认为,自由是实践理性的第一个必要假设,为了给道德提供必要依据,就必须假设人具有自由意志。自由是道德法则的根据和来源,没有自由就谈不上道德律令,整个道德理论就失去了根据。道德由于自由而可能,所以,他把道德律当成为自由律。显然,在康德那里,一切道德、义务和善不再是衡量自由意志是善或恶的外在标准。恰好相反,自由意志本身成了衡量一切道德、义务和善是真或假的内在绝对标准,因为所谓道德不过是自由意志自身的规律性("自律")。康德说:"自由是道德法则的存在理由,道德法则是自由的认识理由。因为假使道德法则不是预先在自己的理性中明确地思维到的,那我们便不应当认为自己有理由来假设'自由'这种东西。……但是如果没有自由,那我们就不可能在自身发现道德法则。"③黑格尔也说:"道德学的意义,就是主体由自己自由地建立起善、伦理、公正等规定。"④自由是存在主义哲学的起点。人在道德选择中绝对自由、绝对自主是存在主义伦理学的基本思想。存在主义伦理学把自我意识的自由创造看做是价值的唯一源泉和基础。道德价值是由个人每时每刻的自由选择所创造。人的真实存在就是绝对自由,人失去了自由就会成为非真实的存在,产生道德异化,变成无个性的人。在萨特看来,伦理学的首要任务就是在道德领域拯救人的自由,防止人趋向于无个性。康德和萨特都谈意志自律,不同的是,在康德那里,意志的自由根源于理性,理性给自然立法就是必然,理性给自己立法就是自由;在萨特那里,意志的自由根源于非理性——"反思前的我思"。康德的道德律令是普遍的立法形式;萨特的道德律令的立法则是人本身,他根本就不承认有什么道德律则的存在。道德究竟有没有"律"? 如果有,那么道德的"律"又该如何理解?

自由是道德法则的存在理由,道德法则是自由的认识理由。

---

① [古希腊]亚里士多德:《尼各马科伦理学》,苗力田译,中国社会科学出版社 1990 年版,第 45 页。
② [古希腊]亚里士多德:《尼各马科伦理学》,苗力田译,中国社会科学出版社 1990 年版,第 45 页。
③ [德]康德:《实践理性批判》,韩水法译,商务印书馆 1960 年版,第 1-2 页。
④ [德]黑格尔:《哲学史讲演录》第 2 卷,贺麟等译,商务印书馆 1960 年版,第 42 页。

二、道德自律之"律"与法律

历史上和生活中相当多的人之所以不能在自由与道德之间建立起必然的联系,主要是因为他们往往把自由理解为"任性"或"胡作非为"。这样一来,自由就成为了社会秩序的腐蚀剂,社会动荡的总根源。显然,问题的关键在于,自由是不是等同于随心所欲或任意妄为。考察人类思想史,我们发现,哲学家们不仅没有把自由等同于随心所欲,反而强调自由是有规则的,有规律的,是理性的。按照斯宾诺莎的观点,自由的人就是按照理性的指导而生活的人,一个人越理性就越自由,自由不能摆脱必然规律而存在,自由仅仅是也只能是对客观必然规律的认识和对客观世界的改造,只有认识了必然性并实现了对客观世界的改造,人们才能获得真正自由。康德强调自由是有法则的,只不过这法则是不同于自然法则的理性法则。按照黑格尔的观点,不受理性制约的自由不能算是真自由,只能算是主观的任意。显然,与道德密切相关的自由是有法则或规律的。只不过与其他规律相区别,道德自由的规律是一种特殊的规律。人们习惯地称为"道德自律"。

历史上,康德曾经讨论过道德规律与自然规律的不同。他认为,道德规律是先验的,是人们根据理性先天地建立起来的;自然规律则是经验的,是人们通过认识知道的。道德规律以自由为本质,是一个应然世界(本体界)的基本规律,它使一个超感性的自然成为可能;自然规律则以自然必然性为本质,是一个已然世界(现象界)的基本规律,它保证自然事物依恒常秩序不断更替。人作为现象,作为属于感性世界的存在,受自然规律支配;人作为本体,作为超感性的智性存在,则受道德规律所支配。康德指出,道德规律和自然规律虽然都是一种因果必然性,但毕竟属于两个不同世界的规律,它们的本质也不相同,前者是一种自由因果性,后者是一种自然必然的因果性;虽然都是自然(在最普泛的意义上,仅就形式而言,道德规律

历史上和生活中相当多的人之所以不能在自由与道德之间建立起必然的联系,主要是因为他们往往把自由理解为"任性"或"胡作非为"。

也可以说是一种普遍的自然规律)，但毕竟属于两个不同世界的自然，前者是超感性的自然，后者是感性的自然。

道德自律的"律"(即道德律)与一般意义上的法律也不尽相同。道德律与法律是规范社会生活的两种不同的手段。法律一般地说是由国家机关制定、认可和解释，通过国家强制力保证实施，以合法和违法为基本范畴调整行为关系、治理社会秩序的规范体系；道德律是主要通过社会舆论、个人良心等非强制性力量发挥作用，以善和恶、正当与不正当为基本范畴调整行为关系、维护社会秩序的价值导向体系。法律意味一种限制，人必须把自己置于法律的约束范围之内，严格按照法律的规定行使权利履行义务。这就是美国著名法哲学专家博登海默所说的："规范性制度的存在以及对该规范性制度的严格遵守，乃是在社会中推行法治所必须依凭的一个不可或缺的前提条件。"①法律对义务的履行的制约具有外在的强制性。道德对义务的履行的制约不具有外在的强制性，道德律意味着个人的自我立法、自我命定，道德行为是个体的自我约束行为，即自律行为，内蕴着个体的自觉与自愿。主体的意志对于道德规范来说是自由的。在这个意义上，道德是自由的体现，道德使人得到自由，而不是感到限制。所以，伦理学尽管肯定道德作为规范也是法律，但强调这是自己给自己立法。一般意义的法律没有自己的加入，总是带有强制性。道德律通过人自己的加入，自在的必然性就转化成为我的必然性。规范由法律转换为道德律，表现为主体自身的行为动机由原来的外在约束转换为内在约束，由外在的立法和命令转化为内在的自我立法、自我命令。尽管作为有理性的存在者执行道德律也是强制的，道德法则对理性者也表现为一种绝对命令。但道德律作为自律由于是自我强制，所以不体现出被迫性、压迫性，不让人感到是异己的、消极的。这是道德律与一般的法律的基本不同。

① [美]博登海默：《法理学、法律哲学与法律方法》，邓正来译，中国政法大学出版社1999年版，第239页。

道德律规范社会生活靠的是内在的良心。良心就是每个人的自律,道德良心内在于个体自身,没有良心就没有道德。良心是道德的自律性最集中的表现形式。道德有行为规范的要求,却没有对违规行为的硬性制裁。道德规范不须使用强制性手段为自己开辟道路。可见,道德规范是非制度化的,非强制性的,非外在化的一种特殊的规范。道德规范的特殊性,就是在于它是柔性的,是一种软约束,重在教化,重在范导。道德不是一种制约行为的行为规范,而是一种影响选择的价值向导,它的命令以"应当"为联系词,但不一定是"非得如此"的规范,而更具有劝导的意味。而法律是刚性的,法律是一种硬约束,重在制裁,法律不允许对它的命令有任何相反的作为,甚至不允许提出疑问。法律从制定到实施,靠的是国家强制性手段来为自己开辟道路的。如果说法律是以"必须怎样"为调解尺度,那么道德是以"应该怎样"为调解尺度。如果说法律的至高无上出于人们的畏惧,那么道德的崇高感出于人们的敬仰。法律规范的主要作用,是在人们犯罪之后给以必要的惩罚,道德规范的主要作用是在人们犯罪之前给以道德教育,使人们有羞耻之心,有道德责任心和道德义务感,并使这种义务感和责任心能够转化为人们的实际行动,从而不去违法犯罪。法律与道德的这种不同,导致这样的情况:迫于压力而循规蹈矩的人可以是法律意义上的好公民,但不一定是道德意义上的能自觉自愿做好事的善人。在一定情况下,一个人所做的在法律上不允许的事却可能是合乎道德的。如一个人处理了一件由他代管的物品,使这件物品的所有者蒙受损失,这在法律上是错误的,作为一种背信行为,这种做法应受到惩罚。但在道德上它却是正确的。假如他只有挪用他保管的这件东西方能使自己和他人免于一场大祸,他也许就可以这样做而不受良心责备。在法律面前他可以是有罪的和该受罚的,但在良心和道德法庭面前他是无罪的。这又是法律与道德律之间的不一致。

三、几点看法

根据上面的分析,我们可以得出以下几点看法:

其一,自律之"律"表明,自由一定有自己的规律即限度,这也就是我们所说的游戏也得有自己的规则,否则游戏就不可以进行下去。理性赋予我们自由,但也强制我们尊重他人的自由,自由在实际运作时必须与理性结合。在理

良心就是每个人的自律,道德良心内在于个体自身,没有良心就没有道德。

性的指导下,每个人寻求他自己的自由,不仅不会导致对别人的伤害,而且对别人最为有益。所以,自由必须与理性相配合来运作,才能构成道德自律的完整概念。个人可以自由地进行道德判断,但唯有立足于理性基础上即诉诸普遍性来判断,才是道德上可辩护的。因此,自我决定与理性法则构成了道德生活的充分必要条件。自由没有理性之先是一种经验的自由,不是积极意义上的而是消极意义上的自由。一个单单只能被感性冲动所规定的自由,只能算是纯粹动物的任意。动物的任意不仅是由感性的动因所刺激起来,而且是直接被最强烈的冲动所规定,由于动物的任意终究以对象的实现为目的,因而归根结底是一种他律。在实践领域,任意要成为真正的自由,就必须在对行动的关系中,接受意志(作为实践理性)的规定,使自己的准则符合理性规律,换言之,按照意志自律原则起作用。意志自律是一种理性意义上的自由。每个具有意志的有理性存在者都是自由的,并且依从自由观念而行动,他的意志是一种自由因果性,它独立于外来原因对它的规定而起作用(反之,一切无理性存在的因果性都是自然必然性,它们的活动都被外来原因所规定)。这是自由的消极意义。而自由的积极概念则是:意志所固有的性质就是它自身的规律,也就是意志自己给自己提供规律,即意志自律。因此,意志自由就是意志独立于外在作用而自律。这种意义上的自由概念揭示了意志对外在作用的独立性,突出了意志自行立法的积极本质,同时表明了自由并不是无规律,自由本身就是一种因果性和规律性,只不过和自然因果性和规律性不同罢了。

如果抛弃理性规则,只认可某个人的自由,那么一个人的自由很容易构成对另一个人的自由的侵害,并最终使个人的自由变得不可靠,且导致矛盾与冲突。为了化解冲突与矛盾,达于互惠与和谐,自由的主体必然发展出对普遍法规的需求。普遍法规作为一种界限和尺度就是要阻止自己对他人自由的干涉,并且也阻止他人对自己自由进行这种干涉。真正的自由意味着,个人要求自由时,也尊重和不伤害他人的自由。这也就是说,自由应该平等地对所有人开放,自由

唯有立足于理性基础上即诉诸普遍性来判断,才是道德上可辩护的。

不应该是个别人的特权,自由是所有人的自由,而绝对不是个别人的自由。就此而言,自由作为一种权利虽然意味着摆脱约束与限制,但并不等于不要任何限制和规范的任性妄为。自由并不等于随意行事,想做什么就做什么。真正的自由冲破的是不合理的限制,而不是取消一切限制。道德追求的境界就是自由自在而又不失规范。用孔子的话说就是随心所欲而不逾矩。这恐怕就是早在1903年严复翻译密尔的《论自由》时干脆把书名确定为《群己权界论》的原因。

其二,自律之"自"表明,法律一定要体现人的自由意志,否则法律就会成为一架纯粹的机器,敌视人的生命,并导致独裁专制。一切他律的法律规范都必须转化为自律的道德规范。不能离开自由谈法律。法律本来就是自由主义时代最伟大的成就之一。漠视自由的法律一定不是良法。这里就有一个法律自身的合法性或正当性问题。法律作为自由人的法律必然内在地表现为一种对人类命运的价值追问和意义关切,发挥应有的价值规范和价值导向作用。而法律要发挥作用必须诉诸个人的内在自觉。对于一个没有在内心深处认同法律的人来说,法律不过是一纸空文。法律要关切人类命运和发挥价值导向作用,就必须内化为自己心中的道德律。法律只是一种外在的规则,假如没有道德主体的内在价值支撑,这规则就是一个摆设,对于人来说就是外在的强制力量甚至就是暴力,就会导致消极守法。只有人对法律产生了认同,法律才不再是异己的力量,人才能从情感上对法律感到亲切,并在行动上自觉遵守。否则,法律将形同虚设。在伦理学的意义上法律可以接受的基本理由就是法律肯定人的自由意志。这就是黑格尔所说的:"当个人尚未认识法律、理解法律时,法律在个人看来便是暴力。……法律在最初的时候,必须是强制性的暴力,等到人们认识了法律,等到法律变成了人们自己的法律时,它才不是一个外来的东西。"[1]

其三,道德之"自律"表明,道德与法律互为补充。正因为道德和法律在现实生活中具有不同的范导和调节作用,所以对于一个健全的社会来说,道德和法律都是不可缺少的。任何充分的德性伦理都需要法律作为其副本,就像任何充分的法律制度都需要道德作为副本一样。有许多问题超出法律之外,需要道德来解决。道德是一种实践精神,是一种把握世界的特殊方式,它不能随意接受法律提供的许多成果,更不能由法律所取代。所以,罗尔斯顿说:"法律能禁止那些最严重的违规行为,但却无法使公民主动行善。"[1]法律更多的

如果抛弃理性规则,只认可某个人的自由,那么一个人的自由很容易构成对另一个人的自由的侵害,并最终使个人的自由变得不可靠,且导致矛盾与冲突。

---

① [德]黑格尔:《哲学史讲录》第1卷,贺麟等译,商务印书馆1959年版,第166页。

是强调行为的必须,即必须做什么和不做什么,否则,就会受到制裁。法律的缺点在于,法律不能强迫人们在内心里认同法律规范。因此,只要人们的内心信念不服从法律,或者没有真诚守法的自觉性,那么,人们如果只是因为惧怕法律的惩罚后果而免于犯罪, 那么在可逃避法律制裁时就可能钻法律的空子,以身试法。历史和现实都表明,道德在社会生活中具有法律所不可替代的独特作用。如:道德可以成为人们的内在约束力,有道德的人可以自觉地按照理论原则规范和约束自己的行为。又如道德可以成为人们的精神支柱,有了道德,人们就可以获得某种理想性和崇高性以及内在驱动力。纯粹靠暴力无法形成真正的和谐社会,理想的社会不能缺少道德的熏陶。道德是提升人的精神境界, 使人从自然世界超生出来,进入文明社会的保证。然而,法制也是国家赖以存在的保障机制, 法制是防止作恶的有力武器, 法制是调节冲突的有效手段, 法制是制约行为的基本手段。没有任何人可以完全将法律置之于不顾, 而仅仅依靠个人超凡的道德理想来生存。同样有许多问题并不涉及道德,因此要靠法律来解决。法律为了调整社会秩序而存在,法律为了保持社会安宁而存在,法律为了维持社会现状而存在,法律为了实现大多数人的权益而存在。法制之所以不可缺少,不仅是因为法律可以限制人的行为,防止犯罪或惩罚犯罪,起震慑作用,而且可以规范人的行为。有国家就有法制,法制并且是文明国家的象征。文明的现代国家甚至被称作法治国家,文明的现代社会甚至被称作法治社会。建设文明健康和可持续发展的现代社会,既要坚持不懈地加强法制建设,又要坚持不懈地推进道德建设。法律和道德作为上层建筑的组成部分,都是维护、规范人们思想和行为的重要手段,它们相互联系、相互补充。法治以其权威性和强制手段规范社会成员的行为。德治以其说服力和劝导力提高社会成员的理想认识和道德觉悟。道德规范和法律规范应该相互结合,统一发挥作用。

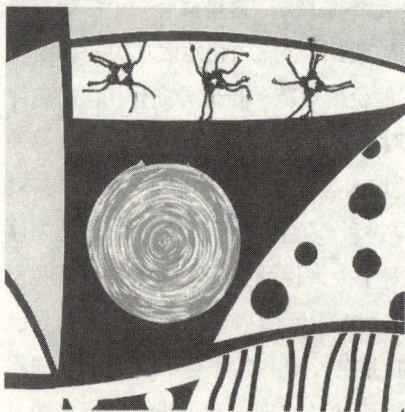

当个人尚未认识法律、理解法律时,法律在个人看来便是暴力。

① [美]罗尔斯顿:《环境伦理学》,杨通进译,中国社会科学出版社 2000 年版,第 433 页。

第三讲
道德世界的超自然性

摆在我们面前的有两个世界，一个是自然世界，一个是自由世界。这是两个完全不同的世界。自然世界有外在自然和内在自然之分。前者是指存在于我们周围的大千世界，后者是指存在于我们自身的自然本能。自由世界则是指摆脱了被盲目力量和客观规律所支配与奴役而能自觉地创造自己的历史的精神状态。在伦理学的历史上，恰好有两种伦理学家，他们分别立足于自然世界和自由世界来思考伦理学的问题，并分别把自然和自由作为道德的前提。

我们认为，道德的前提必须超越于自然。这是因为道德世界和自然世界是属于两个不同的世界。道德世界不同于自然世界。最简单的道理在于，道德只是人的道德，道德世界只是属人的世界。只有人才具有善恶的意识、正义及非正义的意识。外在自然无所谓善恶，不可以进行道德判断。但自然主义伦理学家基本上都没有意识到这一点。在他们看来，"一种动物，既然从自然得到了一种如此成熟、如此聪明的本能，在它的活动能力所达到和所允许的范围内能够判断、联系、推动和思考；一种动物，既然具有和我们的机体相似的机体组织，能作同样的活动，有着同样的情感，同样的痛苦，同样的快乐，只是因为想象能力的大小和神经纤维的精粗不同而在敏锐程度上有所不同：这样的一种动物岂不明白地表示它是知道自己的过错和我们的过错，懂得善恶，总

道德只是人的道德，道德世界只是属人的世界。只有人才具有善恶的意识、正义及非正义的意识。

之,是能够对它自己的行为有所意识的吗? "①

其实,我们决不可以在动物王国里倡导"不许盗窃"、"不许说谎"等道德观念。就此而言,立足于外在自然的自然主义伦理学永远也不可能正确,伦理学必须立足于人。

不过,"人"又是一个有很多歧义性的概念。比如主张自然人性论的思想家认为,如果把外在自然当做大宇宙的话,那么内在自然就是小宇宙,作为小宇宙的内在自然不过是作为大宇宙的外在自然的精确副本。在这种观点支配下,人成了自然界的一部分,从自然中产生并受制于普遍的自然法则。因此,自然的本性就是人的本性,而人的本性从根本上看就是人的自然本性、生理机能和生物属性。而我们恰恰认为,从伦理学的眼光来看,人自身恰恰不能做出自然主义的理解,人之为人恰恰在于他必须超越自身的自然属性。当一个人处于自然的状态中时,无所谓品性和美德的问题。中国古代伦理学的重要麻烦就在于,它在很大程度上立足于宗法人伦,建基于自然血缘亲情。"道德世界不同于自然世界,自然生命无法为人的存在提供价值尺度。道德状态本身就意味着人对自身的自然状态的超越。传统伦理以血缘关系为依据或回返自然性,这就等于取消了道德的超越功能。血缘关系的有限性和自然世界的自私性使传统伦理无法扩展为绝对的神圣法则,起码在逻辑上不能避免某些人被排斥在价值关怀之外,不能保证道德的普适性。"②

人的天性愚蠢绝对不是一种罪或恶,同样人的天性聪慧也绝对不是一种善。江畅先生指出:"不能对这种自发形成的人性进行道德评价,因为道德评价只适用于那种有意识的意志行为,那种无意识的行为不在道德评价的范围。对(自然)人性不能进行道德评价,就如同不能对无知的孩童的行为、自然现象进行道德评价一样。③卢梭指出,在自然状态中的人类,彼此间没有任何道德上的关系,也没有人所公认的义务,所以他们既不可能是善的也不可能是恶的,既无所谓邪恶也无所谓美德。除非我们从生理学意义上去理解善恶,把那些妨害自我保存的性质叫做邪恶,把那些帮助自我保存的性质叫做美德。卢梭带有讽刺意味地说:"在这种情形下,就应该把对于单纯的自然冲动

① [法]拉·梅特里:《人是机器》,顾寿观译,商务印书馆1959年版,第42页。
② 戴茂堂、江畅:《传统价值观念与当代中国》,湖北人民出版社2001年版,第136页。
③ 江畅:《理论伦理学》,湖北人民出版社2000年版,第32页。

不加以抵抗的人叫做最有道德的人。"①在自然那里，无论是在外在自然还是内在自然那里，都不可能建立起真正的伦理学。现代哲学家石里克曾经谈到这样的情况："在许多伦理学家那里，天然和道德是作为相互对立的事物出现的：康德认为，作为天然生命体的人和作为道德理性生命体的人必须区分开来；在费希特看来，道德不外乎克服'外部的和内心的天然'；詹姆士把道德行为定义为沿抗拒力最大方向发生行为（相反，天然所遵循的是阻力最小原理）。按照这一理论，道德从来不是天然的也从来不是不言而喻的。"②

　　道德世界与自然世界之不同，在很大程度上表现为自然律与道德律之不同。自然律是表示自然现象的恒久统一性的公式，意味着有一种不存在任何例外的绝对必然性。其实，自然在其本来意义上几乎就是必然规律的代名词。在这里，一切都受到必然的机械的因果规律支配，只有决定论的地盘。自然主义伦理学就是建立在人的自然本性基础上，建立在自然的客观规律之上的。因此，对于自然主义伦理学来说，人在道德领域必须服从必然性，没有选择的自由。似乎道德行为的发生都是受到严格规定的。历史上有许多伦理学家如霍尔巴赫就因为把道德建立在自然之基础上，结果走向了决定论。然而，人总是希望自己是能够自我决定的个体。对于人来说，服从自然和命运的必然性，最多只能算是奴隶的"美德"。而实际上谁也不会以当奴隶为荣，就如同谁也不愿意骄傲地夸耀自己的卑贱一样。这样一来，在自然律之外，便发展出了道德律。与自然律相反，道德律不是必然性和决定论的产物，不是一位高居万民之上的君主或不可控制的专横命令，而是人类生活的内在规律的自觉表现。道德立足于外在自然和内在自然，结果

---

① ［法］卢梭：《论人类不平等的起源和基础》，李常山译，商务印书馆1962年版，第97页。

② 石里克：《伦理学问题》，华夏出版社2001年版，第98页。

道德从来不是天然的也从来不是不言而喻的。

都只会被必然的规则所左右,无法深入到个体的内心体验,而道德的东西不可能越出人的内心自由抉择的界限。对善恶的自由选择的意志是一切善恶之所以是善恶的前提。卢梭指出:"放弃自己的自由,就是放弃自己做人的资格,放弃人的权利,甚至于是放弃自己的义务。一个人放弃了一切,是不可能有任何东西作补偿的。这样一种放弃与人的本性不相容,使自己的意志失去全部自由,就等于使自己的行为失去全部道德价值。"①

道德世界与自然世界的这种区别,伦理学家们往往把它理解为"应该"与"是"的区别。道德律宣称"应该是"什么,自然律宣称"是"什么。道德律与自然律的这一区别是原则性的、根本性的。正是意识到了这种区别的原则性,历史上休谟、康德还有新康德主义者才有了那么多关于"事实判断"与"价值判断"之区别的讨论,施莱尔马赫的伦理学才以伦理学与物理学、道德律与自然律的对比研究为基础而展开。人性从生物学的事实上讲"是"利己的,但这不能导出人从价值上讲"应该"是利己的。因为人的道德活动就是一种超越自然法则的限制、排除自然本能的诱惑、单纯出于"应该"的自由活动。人类理性有能力不顾自然生理法则的束缚去追求和实现"应该"的道德理想。正是这"应该"体现了人不同于一切自然存在物的本质。在自然中,只有过去曾是,现在即是,将来必是的事实,没有也不可能有任何"应该"的事物。道德不能建立在事实上,相反,它体现为对事实的超越。而自然主义伦理学刚好把"是"与"应该"混淆起来了。如果把事实上的东西当做应该的东西去赞美,那么区别善恶的任务就没有了,伦理学也就无事可做了。所以,德国生态哲学家萨克塞指出:"从自然科学不可能推导出伦理原则,因为自然只展示有什么,并不展示应该有什么。"②的确,问题只是在于:事实上存在的东西是否就是应当存在的东西?自然主义伦理学显然缺少这种反思和对比。由于缺少这种对比和反思,自然主义伦理学必然把人降低为生物,把具有人文科学性质的伦理学降低为具有自然科学性质的生物学。

道德世界与自然世界之不同,表现在道德是绝对的、无限的,而自然无论是外在自然还是内在自然都是处于时空之中,并因而是有限的。而有限的自然无论如何也不可能为无限的道德提供保证,至少它不可能保证道德的普世

① 北京大学哲学系外国哲学史教研室编译:《西方哲学原著选读》上卷,商务印书馆 1982 年版,第 71 页。

② [德]萨克塞:《生态哲学》,文韬、佩云译,东方出版社 1991 年版,第 34 页。

性。相比于人的道德，自然不具有任何优先性或优越性。以对"自然"这种有限的东西的理解去理解那无限的绝对的"道德"，本身就是矛盾的，因而是不可能的。自然主义者陶醉于自然的先在性和优先性中，强调自然先于人类而存在，并且极力维护自然的初始性，蕴含着对自然的崇拜。但自然主义者遗忘了自然本身是通过人的反思和实践活动而加以确证的。也就是说，尽管在时间上，自然先于人而存在，但在逻辑上，人又是自然的先在性的现实基础。①康德曾经讨论过，以对有限的东西的理解去理解那无限的绝对总体，以对现象界的把握去追寻那物自体，必然产生幻象。所以，康德的实践理性固然也是理性，却与现实的自然规律无关。康德将整个现实的经验世界全部排斥在道德法则之外，他的实践理性便归结为几条纯形式的、逻辑性的抽象原理或规则，却无关乎好恶即人的自然的天然的情感。康德把现象界主要理解为自然科学的对象，将整个现实的经验世界、自然世界、现象世界全部排斥在道德法则之外。这是十分重要的。这实际上暗示出，要建立起真正的伦理学，就必须有一个新的立足点，就必须把"自然态度"彻底、干净地排除出去，悬搁起来，把自然世界无论是内在的还是外在的都统统"加上括号"，"存而不论"。现象学的伦理学就是按照这个思路展开的②。

　　康德认为，道德形而上学高于自然形而上学，道德世界高于自然世界。果真如此的话，那么，道德确实不能从自然那里得到支持和说明。因为较高的东西可以说明较低的东西，但较低的东西总是不能很好地说明较高的东西。所以，马克思特别强调："人体的解剖是猴体解剖的一把钥匙。"从自然科学角度看，人是自然界长期演化发展的结果，没有自然就没有人。然而，从哲学上看，人的感性活动本身可以把外部对象世界的客观存在作为自身内部的一个不言而喻的环节包含自身，是客观世界在主体之外确实存在的唯一可靠的证

道德世界与自然世界之不同，表现在道德是绝对的、无限的，而自然无论是外在自然还是内在自然都是处于时空之中，并因而是有限的。

① 戴茂堂：《超越自然主义》，武汉大学出版社1998年版，第2页。
② 可参考本书第二十讲《当今中国伦理学的现象学还原》。

明，正因客观世界是人的感性活动所决定，故而带上了人化的性质，成为"人的无机的身体"。这样客观世界不仅为人在自然界的存在定了位，而且本身也成了人的存在。没有人之前，自然界是怎样的，人永远也不能给予自然科学的证实。任何这样的证明就像要一个今天出生的人谈昨天的观感一样违背情理或逻辑不通。在人产生之前，自然界是不完整的、未完成的、没有被打开的，不具有任何意义。所以，马克思强调，不与人的感性发生关系的自然界是抽象的，甚至就是"非存在物"。只有人才使自然界变得丰富完整，人使自然界的一切潜在属性获得实现。人赋予自然界根本性的意义。所以，从外延（自然科学）上看，人是自然界的一部分，但由于它是最高级、最本质的部分，所以从内涵（哲学）上看，自然恰恰成为了人的实践的一部分。这就表明，自然不能解释人的道德性，反而只有人才能去说明自然的非道德性，自然不能为人立法（包括道德法），反而是人为自然立法，同时也为人的道德立法。

至此，我们发现，讨论道德世界的超自然性具有重要意义，因为它直接宣布了自然主义伦理学无效。自然主义伦理学最大错误在于道德的前提上的错误。自然主义伦理学主张在人的自然本性中寻找道德的客观根据，寻找人们行为的目的、动机和原则，并且把人的自然本性理解为先天固有的从动物那里继承下来的生物或心理品质。自然主义伦理学力图通过自然现象来解释道德现象，把生物价值与道德价值等同起来，忽视了道德恰好是人超越自然现象的突出表现这一事实，具有还原主义特征。这种还原主义必然掩盖道德的真正前提，进而否定道德问题讨论的前提。道德的前提是超自然的。真正的伦理学一定是超越自然主义的。"自然主义""伦理学"的概念搭配本身就是一种荒谬。就道德表现为个人企图超越外在自然和内在自然的内心要求，就道德本来只是意味着自由对自然的胜利而言，"自然主义"伦理学就注定只能是一种"不道德的"伦理学。伦理学必须从在自然中寻求道德的前提的误区中出来。伦理学必须从自然走向自由。自由是人的本质，也是伦理学的根本追求。

伦理学必须从自然走向自由。自由是人的本质，也是伦理学的根本追求。

第四讲
论道德的公共性

　　当今强调公民道德建设,显然不同于以往一般性地强调道德建设,是道德建设事业的推进与提升。因为"公民道德建设"这一概念的提出,既意味着要把公民确认为道德建设的主体,又意味要把公德确定为道德建设的重点。这两层意思,都是过去一般性的道德建设所阙如的。

　　在西方社会,由于平等与民主观念根深蒂固,由于公民意识萌发较早,公德也就较早得到强调。具有公民意识的西方人把道德当成是每个合格的社会公民都应当遵守的基本义务,并且特别强调公共道德建设。这最明显的体现在对"公正"的道德推举上。这是因为公正的设计体现了公共利益,指谓的几乎就是公共道德本身。众所周知,公正是古希腊的最主要的道德条目。古希腊有一个著名的谚语:"公正是一切德性的总汇"。为什么公正是一切德性的总汇? 亚里士多德给出了一个权威性的解释:"最善良的人,不但以德性对待自己,更要以德性对待他人。待人以德是困难的。所以,公正不是德性的一个部分,而是整个德性;相反,不公正也不是邪恶的一个部分,而是整个邪恶"①。很显然,公正之所以是一种完全的德性,是因为在各种德性中唯有公正是关心他人的德性。有了这种德性,就能以德性对待他人,而不只是对待自己。因循

公正之所以是一种完全的德性,是因为在各种德性中唯有公正是关心他人的德性。

---

　　① ［古希腊］亚里士多德:《尼各马科伦理学》,苗力田译,中国社会科学出版社1990年版,第90页。

伦理学讲座

罗金远
戴茂堂 著

这一理路,中世纪提出了特有的待人以德的公德概念,即仁爱学说。仁爱针对的显然不是自己,而是强调对他人、对所有人都要仁慈,甚至对仇人也要慈悲。公正在近代自由主义的大背景下理所当然地成为伦理学最为关切的话题之一。卢梭说:"爱人类,在我们看来就是爱正义。"①爱尔维修说:"一个人一切行动都以公益为目标的时候,就是正义的。"②黑格尔说,公正就是"成为一个人,并尊重他人为人"。③费尔巴哈说:"正义是绝对相互的、或两方面共同的幸福;它反对旧世界的单方面的、利己主义的、或不公平的幸福。"④不管这些近代伦理学家对公正的表述多么不同,但在把公正理解为对公众的、公民的普遍道德要求上是完全相同的。在现当代,由于个人主义的盛行,公正问题更是成为伦理学关注的热点。其中美国伦理学家罗尔斯在现当代西方对公正给予了最为经典的论述。关于公正原则,罗尔斯的经典表述是:"第一个原则:每个人对与所有人所拥有的最广泛平等的基本自由体系相容的类似自由体系都应有一种平等的权利。第二原则,社会和经济的不平等应这样安排,使它们:1.在与正义的储存原则一致的情况下,适合于最少受惠者的最大利益,并且,2.依系于在机会公平平等的条件下职务和地位向所有人开放。"⑤

与此不同,中国传统文化一直没有提出公民概念,也不具有公民意识。在中国古代社会,思想家们努力构建的是一种精英道德,即成圣成贤的道德,尽善尽美的道德。于是,道德对很多平常人或普通人来说变得虚无缥缈,变得望不可及。在这种情况下,公德即道德的公共性或公共性道德并没有被凸现出来。道家是出世的、隐逸的,追求的是个人身心平衡、洒脱飘逸和逍遥自在。道家讲重生是纯粹为己的,除了保全性命、完善心神、达道成仙外,再无其他目的。很显然,在这里,公德建设无从谈起,事实上,道家主张"绝仁弃义",是鄙视道德建设的;尽管儒家是入世的,但儒家走的是内在超越之路,强调的是独善其身,修身养性,没有公德建设的要求和意向。尽管儒家也有仁爱之说,并且"仁爱"讲的也是两个人或两个以上的人的关系,但这个关系在儒家那里

中国传统文化一直没有提出公民概念,也不具有公民意识。

---

① [法]卢梭:《爱弥尔》上卷,李平沤译,商务印书馆1978年版,第356页。

② 北京大学哲学系外国哲学史教研室编:《十八世纪法国哲学》,商务印书馆1963年版,第463页。

③ [德]黑格尔:《法哲学原理》,范扬、张企泰译,商务印书馆1961年版,第46页。

④ 《费尔巴哈哲学著作选集》上卷,荣震华、李金山译,商务印书馆1984年版,第593页。

⑤ [美]罗尔斯:《正义论》,何怀宏译,中国社会科学出版社1988年版,第292页。

只能是血缘亲情延展出来的有等
级的而不是平等的或公平的，所谓
君君臣臣父父子子，天地君亲师，
等级的划定是"天命"，不可更改。
与宗教式的普遍仁爱可以开放性
地指向社会生活中的任何一个人
不同，血缘亲情则局限于那些与自
己具有血缘关系的亲人。所以，中
国之德多为私德，公德阙如。梁启
超说："人人独善其身者谓之私德，
人人相善其群者谓之公德。"[①]这就
是说，人自修其身是私德，善待他人为公德。

　　与那个没有独立人格的时代不同，今天的中国已经进入个人拥有独立
人格的公民时代。公民时代意味有公共空间，并且这公共空间对所有公民
开放。任何个人的生存都是在公共空间中的生存，任何个人的活动都是在
公共空间中的活动。公民可以在公共领域活动并理性地、自由地讨论社会
或政治事务，对政治国家形成有效的制约。"公民"原非中国传统文化的自
有概念，而是由西方输入。在西方，公民反映了具有某些特定权利和义务
的个体与其政府的关系以及与其他有相同身份、地位的成员的关系。公民
是一个政治共同体中完全平等的成员。公民概念揭示了公民的权利对国
家公共权力的本源性。新中国成立后，公民第一次被写进 1954 年颁布的宪
法，成为政治主体。然而，在计划经济体制下，公民实际上不可能当家做
主，没有主人翁意识。只是改革开放之后，个人才真正被设定为一个具有
自主权利的独立个体而具有公民身份。公民身份是对持有政治权利及其
他相关权利并且承担相应责任的诉求，表达的是一种公共承诺，包括相互
关联着的两个方面的内容：一方面它承诺尊重每个公民；另一方面它期求
被每一个人当成公民加以尊重。这是因为人作为人所具有的尊严在程度
上是没有差异的，全人类都平等地具有做人的尊严。

　　正是在今天中国社会特有的公共生活平台上，2001 年中共中央印发《公

今天的中国
已经进入个
人拥有独立
人格的公民
时代。公民时
代意味有公
共空间，并且
这公共空间
对所有公民
开放。

---

①　梁启超：《饮冰室合集》第 6 册，中华书局 1989 年版，第 18 页。

民道德建设实施纲要》，第一次将公民道德建设问题提了出来。在一个普遍交往和公共生活越来越重要的年代，公民道德建设的核心当然是公德建设。因为普遍交往和公共生活得以维系需要有对公共道德的普遍坚守。也正是在这样的逻辑下，公民道德建设问题在中国很快就引起社会各界人士的广泛关注和热烈讨论。公德既是说道德应当是大众的、公民的，又是说道德应当是公共的、普遍的。在缺乏公共空间的时代，一个人的生活角色是生来就自然承担着的，是由地缘或血缘所规定了的，其中每一角色都处于一种特殊的关系之中，都代表着一种特殊身份。在每种关系中，关系对象都是一个同我们处于特殊关系中的单数的他者，每种关系都与其他关系不同，每一种伦理关系都是个人对另一个人的直接关系，并且要求个别的、直接的相互回应。人们常把这种交往关系视为私人事务。在那种情况下很难确立一种普遍的交往关系。严格说来，只有在公民社会，才有了日常生活与公共生活的边界意识，才能产生出超出私人立场而具有普遍意义的道德原则。因为公民的相互关系是一般的、无差别的关系。在公共生活中典型的交往关系是一个人同陌生人的关系。日常交往关系的本性在于感情联系，公共生活关系的本性则在于社会交往。公共生活的准则是具有普遍适用性的公意，而日常生活中则没有适合所有关系的准则。在公共生活中，做一个公民对每个人都意味着相同的内容；在私人生活中，做人对于一个人的涵义可能与对另一个人非常不同。所以，日常生活没有适合所有关系的准则，而公共生活则要求具有普遍性的道德准则①。康德的道德律，如果一句话来概括，就是：应该这样地行为，使得你的意志的主观准则任何时候都能同时被看做一个普遍立法的客观原理。

应该这样地行为，使得你的意志的主观准则任何时候都能同时被看做一个普遍立法的客观原理。

---

① 廖申白：《公民伦理与儒家伦理》，载《价值与文化》第 2 辑，北京师范大学出版社 2004 年版。

从肯定或积极意义上,公德指的是所有人,无论你多么高贵,都必须接受一种作为最低的底线的要求来坚守的道德义务。在这里,绝对不得有任何例外。公德就是全体公民在社会交往和公共生活中应该遵循的行为准则。正是在这个意义上,道德并不只是属于少数精英,而是有一种人人都能遵守的可能性,因此是可以普遍化的,是能够达致一种为大家所承认的共识的。实际上,最有独创性的出类拔萃的人同时也是最具全人类性质的人。人同此心,心同此理,说的就是关于人性的普遍性这个道理。从这里,我们恰好可以明白一个问题:如果将人性仅仅局限于任性或自私性基础上,是不可能建立起公德的,当然也不能理解道德的公共性;如果要有效地开展公民道德建设,最要紧的是合理地把握道德的公共性,最关键的是努力寻找并认真说明人性的普遍结构。

从否定或消极意义上,公德指的是任何人,无论你多么普通,都不允许有破坏公共活动的任何行为。在这里,绝对不得有任何例外。正是在这个意义上,道德是面向所有的人的,任何人都不得以任何借口逃离道德的监督之外。不管你是什么人,追求什么样的生活方式或价值目标,总有一些基本的规则不能破坏,一些基本的界限不能逾越。不以善小而不为,不以恶小而为之,说的就是这个道理。对此,何怀宏先生有一个通俗的说法是:你不想被偷、被骗、被抢、被杀、被强制和被伤害,那么,你也不能对别人做这些事。也就是说,把他人视为和自己平等的人、同样有尊严的人,以人为本,决不把人仅仅作为手段对待。例如不侮辱他人,不杀人放火、不坑蒙拐骗等,即把人当人看,己所不欲,勿施于人。即便"君子爱财",也应"取之有道"等等。从这里,我们恰好也可以明白一个问题:公民道德建设的实施和道德公共性的认定关键在于塑造公民的道德自律精神;最有成效的公德建设应该是尊重每个公民的自由,同时又指出不是"主观的任意"而是"理性的自由"才是"真自由"。

说到这里,我们已经发现,公德问题归根结底相关于人性的问题,公民道德建设归根结底取决于对人的理解。一方面,人是独立自主的,具有高度的自由。人生没有现存的模式,每个人的角色都必须自己去自由创造,人的一生就是一个不断地创造自己的本质,不断地在通向未来的道路上自己自由地造就自己的过程。并且也正是在自由的前提下,我们才可以讨论一个行为是否是道德的。对此,卢梭有很好的论断:"放弃自己的自由,就是放弃自己做人的资格,放弃人的权利,甚至是放弃自己的义务。一个人放弃了一切,是不可能有

公德问题归根结底相关于人性的问题,公民道德建设归根结底取决于对人的理解。

031

任何东西作补偿的。这样一种放弃与人的本性不相容；使自己的意志失去全部自由，就等于使自己的行为失去全部道德价值。"①这就说明，公民道德建设首先应该尊重人的自由，因为自由恰恰是一个行为得以被认定是道德的前提。但另一方面，从人的自由个性从来都不能推出结论说，人没有普遍性、规律性的结构。也许最恰如其分的表述刚好是：每个人所具有的自由性及其由这种自由性所导致的不可重复性、不可替代性本来就是人性的最普遍、最有规律性的东西。这也就是说，个人自由应该被尊重，但其前提是个人必须承认并愿意承受那种为"全体"所共有的东西。这里，存在着一个交互主体和交互自由的问题。在社会的普遍联系和多元发展中，个人只有接受普遍的规范，履行一般的义务，才能实现自己的目的，把自己上升为真正自由的人。一个真正自由的人恰恰是懂得自由是属于每个公民的人，恰恰是像尊重自己的自由一样尊重别人的自由的人。

所有关于公民道德建设问题的讨论，如果不想偏离主题的话，恐怕都必须从智慧地面对这种最普遍最有规律性的自由的东西起步。否则，失败的命运将不可避免。

公民道德建设首先应该尊重人的自由，因为自由恰恰是一个行为得以被认定是道德的前提。

---

① 北京大学哲学系外国哲学史教研室编译：《西方哲学原著选读》下卷，商务印书馆1982年版，第71页。

第五讲
经济行为与道德行为的悖谬

长期以来,在经济伦理学界有人"从正确理解的利益是整个道德的基础"这一经典命题出发,指出市场经济就是一种道德经济,经济行为就是道德行为,经济行为具有其制度上的道德合理性,经济行为与道德行为之间具有深刻的相关性,并进一步指出,这种相关性表现为道德行为具有经济功能(如"道德也是生产力"、"道德总是包含经济利益于其中"、"道德是经济运行之无形资产"等观念),也表现为经济行为具有道德功能(如"市场经济必然蕴涵特定的道德原理"、"名牌产品既是物质实体也是伦理实体"等观念)。因此,极力主张经济伦理学就是要对经济行为进行道德分析,对道德行为进行经济分析,并寄希望于通过经济行为的伦理分析来推动企业发展,也寄希望于通过经济行为的伦理分析来强化伦理学的应用研究和实证分析。这是可能的吗?回答这样的问题,首先需要我们认真考察经济行为和道德行为究竟是怎样的关系?

一、经济行为与道德行为之悖谬的表现

其实,经济行为本身并不包含道德伦理的意蕴。经济行为过程中也许会

极力主张经济伦理学就是要对经济行为进行道德分析,对道德行为进行经济分析,并寄希望于通过经济行为的伦理分析来推动企业发展。

提出"公正"、"平等"、"诚实守信"等道德要求,但这并不意味经济行为具有道德性,恰恰相反,正是因为经济行为本身不可能产生"公正"、"平等"、"诚实守信"之类的道德原则,人们才呼唤"公正"、"平等"、"诚实守信"之类的道德原则出来对经济活动进行范导。正是看到经济行为缺乏真正的人的道德而必然带来种种恶果,在 19 世纪 40 年代,马克思才从哲学和道德上对资本主义商品经济带来的人的异化现象进行了深刻分析和严肃批评,并揭示出经济行为和道德行为、效益意识和道德意识之间的对抗和冲突。马克思指出:"在一极是财富的积累,同时在另一极,即在把自己的产品作为资本来生产的阶级方面,是贫困、劳动折磨、受奴役、无知、粗野和道德堕落的积累。"①马克思还说:"资本来到世间,从头到脚,每个毛孔都滴着血和肮脏的东西。"②

显然,经济活动是道德养成的障碍,经济行为与道德行为之间具有二律背反性。经典作家把经济行为与道德行为的二律背反解释为:一方面,极度追求利益必然"违反人类良心的一切准则的原则"③,另一方面,"道义上的愤怒,无论多么入情入理,经济科学总不能把它看做证据,而只能看做象征。"④

万俊人先生在《论市场经济的道德维度》一文中,一方面把道德作为经济的价值要素和评价标准,另一方面又把经济行为作为人类道德的利益基础,似乎并不认为经济行为与道德行为之间具有二律背反性。其实,只要我们对经济行为与道德行为给出合理的界定,我们就会发现,经济行为与道德行为二者总是处于某种对抗状态之中。所谓经济行为与道德行为的一体化,永远都是一种美好的期待或者说是一种乌托邦式的幻想。

在我们的理解中,经济行为是相关于利害考虑的;物质利益追求的最大化是推动经济行为的内在动力。经济行为的目的就是在利用"看不见的手"驱使个人发财致富,使其生产物的价值达到最大化程度。对于经济行为来说,"货

> 经济活动是道德养成的障碍,经济行为与道德行为之间具有二律背反性。

---

① 《马克思恩格斯文集》第9卷,人民出版社 2009 年版,第 291 页。
② 《马克思恩格斯全集》第 44 卷,人民出版社 2001 年版,第 871 页。
③ 《马克思恩格斯全集》第 13 卷,人民出版社 1962 年版,第 222 页。
④ 《马克思恩格斯文集》第9卷,人民出版社 2009 年版,第 156 页。

币不仅是致富欲望的一个对象，而且是致富欲望的唯一对象。这种欲望实质上就是万恶的求金欲。"在这里，"货币本身就是共同体，它不能容忍任何其他共同体凌驾于它之上。"①资本主义生产过程的动机和目的，是资本尽可能多地自行增殖，也就是尽可能多地生产剩余价值，因此也就是资本家尽可能多地剥削劳动力。马克思生动地指出："资本害怕没有利润或利润太少，就像自然界害怕真空一样。一旦有适当的利润，资本就胆大起来。"②资本家"为了50%的利润，它就铤而走险；为了100%的利润，它就敢践踏一切人间法律；有300%的利润，它就敢犯任何罪行，甚至冒绞首的危险。如果动乱和纷争能带来利润，它就会鼓励动乱和纷争。走私和贩卖奴隶就是证明"③。恩格斯在《政治经济学批判大纲》中也指出："商人为了自己的利益必须同廉价卖给他货物的人们和高价买他的货物的人们保持良好的关系。因此，一个民族要是惹起它的供应者和顾客的敌视，那它就实在太愚蠢了。它表现得愈有好，就对它愈有利。商业的人道就在于此，而这种为了达到不道德的目的而滥用道德的伪善手段就是贸易自由论所引以自豪的东西。"④

其实，商品拜物教、货币拜物教不仅是资本主义经济的必然现象，而且也是一切经济行为的必然归宿。企业是以盈利为目的的经济组织，利益原则是经济行为的首要准则，利益驱动是经济行为最原始的动因和最直接的动力。可见，在经济行为中，真正的道德无从建构，非善的、不道德的行为反而无法避免。因为道德行为恰好不是以利害考虑而是以或多或少的利益牺牲和无偿奉献为基础的。经济行为没有道德基础。恰恰相反，由于道德，经济学家最基本的逻辑被打破了。

伴随经济行为的最大利益化，产生的必定是人格的资本化和资本的人格化，必定是追求个人利益并通过市场机制来实现利益最大化的人即"经济人"。这种经济人其实就是具有资本属性的市场人。因此，经济人本身已内含着丰富的非伦理性因素。经济人所盘算的只是他自己的利益。人不能只是一个经济人。马克思断言，资本家并不是真正意义上的人。因为资本家不仅把工人当成是机器而不是人，而且也把自己仅仅变成了追求利润的工具和剥削工

① 《马克思恩格斯全集》第46卷上册，人民出版社1979年版，第171-172页。
② [德]马克思：《资本论》，人民出版社2004年版，第875页注252。
③ [德]马克思：《资本论》，人民出版社2004年版，第875页注252。
④ 《马克思恩格斯全集》第1卷，人民出版社1956年版，第601-602页。

商人为了自己的利益必须同廉价卖给他货物的人们保持良好的关系。

人的剥削者。可见,在经济行为中,人处于异化状态,人的尊严变成了交换价值,绝不具有道德的理想价值。经济学是绝不会把道德人格作为自己的理想人格的。与此相反,道德世界拥有对人的终极关怀,这里才有人的尊严、人的挺立。经济人总是试图用功利主义解释道德。然而,道德本身恰好本身是绝不为功利而功利、为利益而利益的。道德一旦被称之为道德,就已经与功利主义分道扬镳了。道德是超功利的。只有摆脱了功利的算计,人才可能成为真正的"道德人"。道德人不会像经济学家假定的经济人那样行事。利益是经济行为的主体(经济人)的追求目标,经济人强调的是人的生理上的需要的直接满足。尽管这种满足非常重要,但它终究体现不出人对道德境界的崇高理想和不懈追求。而这种理想和追求恰好源自于对自身自然生命的超越与突破。在一般的经济关系中,一个人的付出就是另一个人的所得。在道德关系中,当一个人付出了什么之后,并不觉得自己损失了什么,相反却觉得自己获得了什么。因为他感受到了超越功利之上的东西,感受到了生命的超越性意义。

有人力图从企业也会承担社会责任这一角度否定经济行为与道德行为的二律背反性。我们承认,企业承担社会责任是企业由追求自身权利向追求权利时也尽到责任和义务的发展,但是我们不要忘记,即是经济行为强调道德责任,从来也不会把意志自由作为社会责任的前提,只有利益才是经济行为的永恒前提。这也就是经典作家所指出的,对资本家而言"共同利益就是自私利益的交换。一般利益就是各种自私利益的一般性"[①]。而道德行为与经济行为在强调社会责任时也根本不同。道德行为不仅强调社会责任,更把意志自由作为道德责任的前提。道德行为应该是自觉自愿的,是出于意志自由的活动。它不受任何利害原则的左右。如果道德行为不是出于意志自由,而是出于利害的考虑,那就谈不上行为的道德性。意

① 《马克思恩格斯全集》第46卷上册,人民出版社1979年版,第197页。

志自由是道德选择的内在根据,它使人在多种可能性中根据自己的需要、理想和信念进行独特的选择。意志自由使人获得独立的人格和地位,使人不是屈从外界的压力,按照别人指定的方式去生活,而是按照自己的意愿,通过选择自己的生活方式、行为方式来造就自己的德行和价值。意志自由使道德选择得以进行,又赋予选择主体以道德责任。意志自由是人之为人的本质,是道德的唯一前提。道德的基础在于意志自由。这就是说,个人的道德行为准则完全是由自己来制定的。当一个人本身没有任何功利考虑和外在强制,就去自由自觉地履行自己的义务时,他的行为才是道德的。任何被迫遵守的道德都是不道德的,至少不是道德的。从利害的考虑出发,企业即使有承担社会责任的意愿,但在道德动机上也是不纯粹的。这就有必要进一步讨论自律和他律的差异问题。

经济行为是他律的,企业行为只能以对方的需要这一外在尺度来选择自己的活动方式和发展自己的能力。一切对象事物都属于人的身外之物,它对人的存在来说,并不具有本体的意义。因此,以功利为目的的经济行为只能是一种他律性的非道德行为。就此而言,经济行为本质上是一种他律性的行为。而道德行为是自律的。"道德的基础是人类精神的自律"①。道德动机必须超越狭隘的功利,并且正因为超越功利,道德方能达到自律。只有那种不计荣辱、不计得失,只为行善而行善的行为,才具有自律的意义,从而属于道德行为。道德规范处于他律性之下时,人只是受制于某种外在必然性的支配和调节,在道德领域内就没有自由。这时候道德所产生的力量不是来自道德主体自身,不是道德主体自身对道德命令的绝对认同、内心敬畏和自由服从,而是来自一个超越于个人之上的东西。停留于他律阶段的道德规范无论人们怎样尽职地去遵守,它终究是一种外在于道德主体的异己的力量。只要道德主体尚未将道德规范内化为自己的道德品格,尚未走完从他律到自律的历程,那么道德规范的道德性就是不完全的。道德规范只有在为人们真心诚意地接受,并转化为人的情感、意志和信念时,才能得到实施。道德规范如果不具有自律性,即不转换为道德主体的自己的规律,那么对道德主体是无道德意义可言的。因此,一切他律的道德规范都必须转换为自律的道德规范。道德规范的他律性转换为自律性的最重要特征,表现为道德主体自身的行为动因由原来的

道德行为应该是自觉自愿的,是出于意志自由的活动。它不受任何利害原则的左右。

---

① 《马克思恩格斯全集》第 1 卷,人民出版社 1979 年版,第 119 页。

外在约束转换为内在约束,由原来的外在导向转换为内心引导,即转换为主体自己的意志约束。也就是说,道德的自律性表现为把外在的规律看成是自己的内在规定,把社会的客观道德要求转换为主体自身的道德需要。道德主体一旦将道德义务升华为内心的道德责任感,道德义务就由他律走向自律,道德义务那种似乎压抑人、束缚人的力量就转变为道德主体行善的巨大推动力,道德义务就不但不是道德主体行动的枷锁,而是道德主体发展德性的前提条件。这时,主体不但不把道德规范视为异己的东西,而且把它奉若神明,并且能够按照这样的准则来行动而感受到一种神圣的道德崇高体验。这种崇高感在经济活动中是没有存在的根据的。

道德和法律是调节社会生活的两种手段。经济行为的调节手段是外在的法律,道德调节社会生活靠的是内在的良心。道德有行为规范的要求,却没有对违规行为的硬性制裁。道德是"法",但道德是主体自己为自己立下的法,因此道德立法强调道德主体要把外在的法则内化为心中的道德信念,培养良知,达到内省和自律。道德良心是道德规范自律性的最集中的表现形式,良心在道德主体的自律性活动中担负着最重要的职责,事关道德的命运。没有良心也就没有道德。道德良心是社会的客观道德义务在道德主体的内心深处,以自律准则的形式积淀下来的人的道德的自制能力。道德规范是非制度化的、非强迫性的、非外在化的规范。道德规范的特殊性就在于它不是由政治的、行政的机关来强制执行,也不靠强迫、威胁的手段去维护,而是由人们约定俗成,并且靠人们的内心信念和社会舆论来维护。一般情况下,不需要由政治的、行政的机关来强制执行,而是通过社会舆论、传统习俗、内心信念、榜样力量来维持和发展其功能作用。所以,与作为经济活动的调节手段的法律不同,道德是一种特殊的规范调节方式和把握世界的特殊方式。道德规范是一种内心的规范,不须要强权来为自己开辟前进的道路。而法律的立法,从制定到实施,靠的都是国家机关,在很大程度上不是出于人们的自愿。法律将规范和要求上升为国家意志,使之制度化,并且对违规者加以强力约束和强力制裁。法律规范是制度化的规范,是经国家、政治团体或阶级以宪法、章程、司法机构等形式表现出来的意志,是特殊的社会制度。法律以"必须怎样"的准则为调节尺度,道德以"应当怎样"的准则为调节尺度。道德规范的至高无上的地位是靠人们的敬仰来确立,而法律的至高无上的地位靠的是人们的恐惧来确立。那种迫于压力而循规蹈矩的人可以是法律意

经济行为的调节手段是外在的法律,道德调节社会生活靠的是内在的良心。

义上的好公民，但不一定是道德意义上的善人。法律只不过是一架机器。从道德的自由意志基础看，作为机器的法律本身就是可以提出道德质疑的。有人认为，任何社会的经济行为都不能缺少道德的调节力量，其实，企求以道德规范来调节经济行为是不现实的，就如同企求以法律手段来调节伦理问题一样不合适。

二、经济行为与道德行为之悖谬的人性根源

以上，我们已经揭示了企业行为与道德行为之背谬的诸多层面。而经济行为与道德行为之悖谬其实根本上来源于人性的二元分裂结构。

在历史上，哲学对人有双重误解：要么把人神化，从而把人看成是超自然中的一员，因此认为人与（精）神无异；要么把人物化，从而把人看成是自然中的一物，因此认为人与（动）物无异。

人原本是自然中的动物，也是一种自然存在物，须依赖自然而生存，受到自然法则的制约。人一旦处于永恒轮回的自然循环中就无法逃脱这无情的必然法则。这个时候，自然对人的意义在于给我们人提供物质食粮。人因为本身就是大自然的一个部分，所以人的心理、生理以及活动才与自然节律存在着一种原始的同构对应。池田大作说："不能无视人类也是一种动物，并且有种种本能的欲望这个事实。"[1]作为有机体，人只是一个物种，并且是地球上极为平淡的一个物种。在力气上他比不上象，在速度上他比不上马，在嗅觉上比不上狗。

然而，自从人从自然中进化过来后，人就不再是纯粹的自然物或动物。鼾声、响屁、饱嗝、"嗟来之食"之所以使人难堪，是因为它们暴露了人的动物性一面。排泄无可救药地、万劫不复地是动物性行为，所以人总是躲着去做，连最亲密的朋友也不让知道。人之所以无法忍受那种内部没有遮隔的厕所，那是因为彻底地暴露人的动物性会使人感到莫名的羞愧与屈辱。动物全然没有精神，只有欲望的直接表达方式。人不直接等同于欲望的满足，在欲望的满足与不满足中会产生"焦虑"、"忧郁"等感受。彭富春先生说："人是自然史经过漫漫长夜之后所吐露的黎明的光辉。人是自然史的觉醒并获得自我意识的标

① ［英］汤因比、［日］池田大作：《展望21世纪：汤因比与池田大作对话录》，荀春生等译，国际文化出版公司1985年版，第3页。

经济行为与道德行为之悖谬其实根本上来源于人性的二元分裂结构。

伦理学讲座

罗金远
戴茂堂 著

志。"①这个时候，自然的更高意义是给我们人提供精神食粮。胡塞尔认为，人一方面是自然的一部分，必然要服从因果自然律；另一方面人又对自然物可以采取一种现象学的超越态度，把自然和客体用括号"括起来"，从而获得人的独立自主性。人给自然立法，人可以打碎自然。"人毕竟不是那种彻头彻尾的动物，以致对理性向自身所说的一切也都漠不关心，而把理性只用为满足他作为感觉存在者的需要的工具。因为人虽然具备理性，然而倘若理性仅仅有利于人达到本能在动物那里所达到的目的，那么在价值方面，这就完全没有使人升华到纯粹的动物之上；这样，理性仅仅是自然因素装备人以便其达到它规定动物所要达到的那个目标的特殊方式，而不给他规定更高的目标。"②恰恰相反，只有当人实现了从对自然的肯定性向对自然的否定性的飞跃后，人才成其为人。

苏格拉底说，人既然生活在世，就难免考虑自己的"人身或财产"，但人"首先并且主要地要注意到心灵的最大程度的改善"③。如果只看到人的物质活动的特性，而不顾及人的精神活动的特性，那么人将不属于人，而是动物，而且是低级动物。把人与动物区别出来的是人的精神或灵魂。人始终是具有精神性的存在并且拥有存在的精神性。布伯说："精神是人的根本。人是独特的个体，假如我们只把人当作自然的现象，就无法把握人的本质。"④精神是我们的生存之梦。精神贫困是最深层次的人性异化。一方面精神成就了人，另一方面人创造了精神。克尔凯郭尔断言，人即精神。人应当远离感性直接性和思辨而追求个体的精神目标。但人不是精神实体，而是处于成为精神的努力中。精神始终体现为生存奋斗中的张力，越是上升，张力越大。

人是有理性的动物。正是这理性必定要实现对自然性和动物性的颠倒和

人是自然史经过漫漫长夜之后所吐露的黎明的光辉。人是自然史的觉醒并获得自我意识的标志。

---

① 彭富春：《生命之诗》，花山文艺出版社 1989 年版，第 181 页。

② [德]康德：《实践理性批判》，韩水法译，商务印书馆 1960 年版，第 66—67 页。

③ 北京大学哲学系外国哲学史教研室编：《古希腊罗马哲学》，商务印书馆 1982 年版，第 148-149 页。

④ 刘小枫主编：《二十世纪西方宗教哲学文选》上卷，上海三联书店 1991 年版，第 107-108 页。

否定。人内心的道德律和道德情感使人独立于动物界甚至独立于全部感性世界，追求崇高的道德理想，摆脱尘世的限制，向往无限的自由世界。这才真正体现了人类的价值和尊严。汤因比说："制定人为的规范来处理与所有的动物相同的肉体器官和生理机能——人类的这种行为进步到何种程度，可以说是衡量人类文化和文明的一把尺子。"[①]恩格斯说，最蹩脚的建筑师比最聪明的蜜蜂也要高明许多。吃喝是人的动物性行为。但是，美食把它提升为人的行为。两性结合是动物性行为。但是，情爱把它提升为人的行为。生育是动物性行为。但是，母爱把它提升为人的行为。人是一种具有超越性的动物。也就是说，人能够凭借自己的文化条件创造出一种新的生存格局。所以，兰德曼说："人没有文化将是虚无。"[②]人的生命必须成为有意识的生命并达到生命的意识，人的活动必须成为有意识的活动并达到活动的意识。只有意识和文化，才将人的活动最终提升为自由的活动和精神的活动。如果我们不能警惕自己的动物性，我们是很容易退化为动物的，人与动物的根本区别很快就会消失。达尔文进化论表明，人是从动物进化而来。我们担心的是，动物或许也会从人而来，只不过不是进化而来而是退化而来。但这已经不是达尔文意义上即自然科学意义上的推断，而是一种哲学意义上的"反思"、一种马克思曾经说过的"向后追溯"。其实，当我们断言"人是从动物进化而来"时，我们已经独断论地即毫无根据地或者说自欺欺人地确信了这样一个不可证实的事实："在人之先自然界包括动物已经存在"。如果别人非要这样断言，那我必须指明这只不过就是这样一种"反思"或"向后追溯"的结果。因为在没有人之前自然界是怎样的，这样的问题，人永远也不能给予自然科学的证实，所以只能采取现象学式的存而不论的态度。

人的世界完全不同于动物的自然世界。席勒说："神性所具有的一切，人格也都具有。而且，人在他自身的人格中就有达到神性的天赋和达到神性的道路。"[③]实际上，我们每个人都不满足于现状，都要求突破现状，都有自己的神性和向往的"庙堂"。人的世界是具有超越性的世界，超越不断给人提供理想的蓝图并在未来开拓出无限广阔的可能性。人与动物的区别实际上就是"理想与事实"、"可能性与现实性"的区别。如果说，人是一个动物，那人也只

精神是我们的生存之梦。精神贫困是最深层次的人性异化。一方面精神成就了人，另一方面人创造了精神。

---

① [英]汤因比、[日]池田大作：《展望21世纪：汤因比与池田大作对话录》，荀春生等译，国际文化出版公司1985年版，第4页。

② [德]兰德曼：《哲学人类学》，张乐天译，上海译文出版社1988年版，第219页。

③ [德]席勒：《美育书简》，徐恒醇译，中国文联出版公司1984年版，第74页。

能看成是一个特别的动物。人总是生活在理想世界之中,总是向着可能性前行,总是努力建设自己的乌托邦和理想国,而动物总是被动地接受直接给予的"事实",而且永远不能超越现实性的规定。人的存在本身即是超越。"人生"一词说的是,人不是完成了的,而是生成中的。超越就是人的存在的不断提升,人的存在的不断向前。这种超越主要有三种体现:首先是人从自然的束缚中超越出来,其次是人从社会的束缚中超越出来,最后是人从他人的束缚中超越出来。事实上,真正的人每时每刻都处于超越之中,这种超越本质上是自我超越和超越自我。超越把人引向生存的审美化和生存的道德化。人的一生正是在这种生命的不断超越中显现出自身的自由本性和强力意志。没有超越,人生简直就像是没有内容、没有内涵。为了丰实人生的内容和内涵,每个人都不愿意止步不前,都在竭尽全力地追求卓越。即使是在所谓的不可超越面前,人也依然高扬自身的超越精神,知其不可为而为之,表现出对命运的抗争。这就是人真正的超越本性。人性不是一个给定的数据而是一个问题,不是某种一致的东西,似乎它的基本特征可以一劳永逸地被人发现。当人性不是精神而是天性时,人就不能超拔出来。浮士德精神就是人类的一种超越精神———一种现实对于理想的热望,一种有限对于无限的期待,一种瞬时对于永恒的向往。事实上,几乎所有人都在有意无意受到超越性的指引,努力向往着去做一个神圣的人。

但人又不可能是纯粹的神。人自身的自然性时刻阻止人通达神圣,这是伴随着人生全部历程的原罪和阴影。人永远只能做人,不能做神或上帝。这不仅因为神具有全知、全能、全善的本质,而且更在于其本质可以不受自然性的搅扰而与其存在达到直接同一。从逻辑上说,人也不能成为纯粹的神,假设人都成为了神,谁来崇拜并赞美神?这会导致一种悖论式的自我否定。恰如前面已经表明的,人不能只有弱点(动物性),因为人还有超越性;现在,我们又要表明,人不能没有弱点,因为那是天堂之梦。把人等同于动物者,看不到人的精神,这是糟糕的;把人等同于神者,看到了人的精神,但又把人的精神变成了乌托邦。如果说,人与神的特殊关联使人永远不会成为动物的话,那么,人与物的特殊关联使人永远也变不成神。关于人、物、神三者之间的区分与关联,彭富春先生说道:"人与那些非人的动物都属于广义的动物家族,是生命的存在。但动物是非理性的,人则是有理性的。人与神都是有理性的,但神是有理性的存在,人则是有理性的动物。人既不是纯粹的动物,也不是纯粹的

神,而是一个有理性的动物。在这样的一个规定中,人首先是一个动物,然后是一个特别的动物。"①在自然物面前,人呈现出他的神圣性和崇高;而在神面前,人又呈现出他的自然性和局限。因为人不是神,所以每个人都有自卑感;因为人与众不同,所以每个人都有自信心。

维持和繁衍生命是人的动物性,寻求生命的意义是人的神性。人具有双重角色,但又不是双重角色中的任何一个。也就是说,人既不是动物,又不是神。没有任何一个人要么只是罪恶深重的,要么只是完美无缺的。人的位置就在动物和神之间。人不可能永远是动物,也不可能永远是神。人便是两个世界之间的一个连环,一个世界是人从其中成长起来的自然世界,一个世界是精神世界。人如果摆脱了肉体,就只能在纯粹的想象力中驰骋,从而漂浮不定;人如果没有了精神,就只不过是行尸走肉,在庸庸碌碌中消磨一生。人几乎就始终处于这种悖论式的生存状态之中。人性的结构就是一个矛盾结构,并且是一个永远的矛盾结构。正是这种矛盾推动着人的自我完善、自我发展、自我演变。以往哲学对人的双重误解源于将人的位置摆在了动物与神这两端而不是之间。其实,人不是一个既定的、现成的概念,而是一个无限开放的、无限发展的可能性概念。神性与动物性是人可能发展的极点。人处于动物与神之间,分有神性和动物性,说的就是人有向极善(神)和极恶(动物)发展的可能性。人的位置在两端之间的游移而呈现出人性的强弱变化,表现出人性的张力关系和表演结构。两端的一方是神,神是一种绝对的理念和理想,是深藏于每个人心底的美好期待。两端的另一方是自然物,物是人的立足之地,但也随时可能诱惑人走向万劫不复的深渊。一方在天,一方在地。天地有多远,在神与物之间的距离有多大,人性的张力就有多大,人性的矛盾就有多深。

而正是人性结构的永恒矛盾决定了经济行为与道德行为之悖谬的永恒性。如同(动)物的世界与(精)神的世界处于两个不同层面一样,经济行为与道德行为也是属于两个不同层面,永不相交。就此而言,经济行为本身无伦理道德性,经济学本身不谈道德性问题。经济行为只是一个经济学问题。或者说,只有作为经济学的问题,经济行为才可能以积极的心态去开展正面研究。而伦理学面对经济行为只能是采取一种批判的消极的态度。经济行为不能以道德性为标准,恰如道德行为不能以经济行为为标准一样。真正按照道德行

人与神的特殊关联使人永远不会成为动物的话,那么,人与物的特殊关联使人永远也变不成神。

---

① 彭富春:《论中国的智慧》,人民出版社2010年版,导论。

为的要求做企业，一定无法实现经济的增长，同样真正按照经济行为的要求搞道德，一定没有真正的道德学。一旦用道德的最高标准来指导经济行为，就会使经济行为失去其本来性质，并会阻碍经济的发展；相反，市场经济的交换原则一旦用于非经济活动领域，必然会导致人性的堕落和道德的滑坡。也许伦理学从其产生之日起就承担着与经济学完全不同甚至截然相反的使命。如同经济学家谈道德是"不务正业"一样，伦理学家谈企业利益也是"不务正业"。有人主张，经济行为与道德行为之间存在相辅相成的关系，经济行为需要伦理原则的启动与疏导，伦理原则呼唤经济行为的充实与支撑；没有伦理规范，经济行为只是低层次的一般性劳作，没有经济的铺垫，伦理原则只是徒劳的劝谕。其实，在经济行为与道德行为二者之间，这种所谓的"辩证关系"只是人们的主观臆想。

伦理学与经济学之间的冲突是一个所谓的"亚当·斯密"问题。即亚当·斯密作为道德哲学家写就的《道德情操论》和作为经济学家写就的《国富论》之间主题观念的相互冲突问题。在《道德情操论》中，斯密基于人性本善的假定，把源自于人的同情心的利他主义情操视为人类道德行为的普遍基础和动机；而在《国富论》中，他却把人性本恶作为政治经济学的前提假设，把个人利己主义的利益追求视为人类经济行为的基本动机。斯密问题作为一个横亘于伦理学与经济学之间无法公度的理论问题正好暗示了经济行为与道德行为之间的内在紧张，昭示了经济生活与道德生活之间的深刻悖论。经济学界有"'不道德'的经济学"之说，伦理学界似乎也应有"'非经济'的伦理学"之说。伦理学必然超越经济学的视野，一如经济学必然超出伦理学的视野。换言之，伦理学只是作为经济学、道德行为只是作为经济行为的对立面才获得存在的理由和根据。所以，如果说，有一门"经济伦理学"的话，那么，这样的伦理学的任务也不是研究经济行为的道德性或道德行为的经济性，不是探讨经济行为背后的伦理动因，而是研究经济行为的非道德性或道德行为的反经济性，反对经济原则对伦理原则的干扰，批判经济原则的非道德性。有人认为：加强经济行为的道德分析和道德行为的经济分析的研究是中国伦理学研究走向成熟的关键一步。并认为，这种研究不仅能促进伦理学与经济学之间相互渗透与融合，而且会极大地拓宽伦理学研究领域，突破"经济非道德"或"道德不经济"的固有模式。在我们看来，这种研究只能破坏伦理学研究的纯粹性，混淆伦理学与经济学之间固有的学科界限，不利于经济学和伦理学这两个学科双边的健康发展。

人便是两个世界之间的一个连环，一个世界是人从其中成长起来的自然世界，一个世界是精神世界。

第六讲
"道德法律化"论评

关于道德与法律的关系,长久以来就是学界十分关切的话题。在道德与法律相关性问题的讨论中,流行一种法律优先理论。该理论主张法律是高于道德的更好的社会规范手段和制约机制,在当今道德滑坡日趋严重的情形下,应该走道德立法的道路,即将道德变成法律规则强制人们去遵守和执行,这就是所谓的"道德法律化"。我们将通过分析道德法律化的困境,提出法律道德化以及走向道德自律的相反主张。

一、从道德与法律之关系说起

通常认为,道德和法律是人类文化史总结、提炼出来的两种基本的社会规范手段和制约机制。法律一般地说是由国家机关制定、认可和解释,通过国家强制力保证实施,以合法和违法为基本范畴调整行为关系、治理社会秩序的规范体系;道德主要是通过社会舆论、个人良心等非强制性力量发挥作用,以善和恶、正当与不正当为基本范畴调整行为关系、治理社会秩序的价值导向体系。法律意味一种限制,人必须把自己置于法律的约束范围之内,严格按照法律的规定行使权利和履行义务。这就是美国著名法哲

道德和法律是人类文化史总结、提炼出来的两种基本的社会规范手段和制约机制。

045

学专家博登海默所说的："规范性制度的存在以及对该规范性制度的严格遵守，乃是在社会中推行法治所必须依凭的一个不可或缺的前提条件。"①法律强调义务的履行，但这种强调具有强制性、外在性，与此不同，道德对义务的履行的强调不具有外在的强制性，相反，包含某种自觉与自愿。义务的履行者对于道德规范来说是自由的，而不是受限的。所以，伦理学尽管肯定道德是一种规范，就像法律是一种规范一样，但伦理学强调，道德规范往往是自己给自己立法。而一般意义的法律因为没有自己的加入，总是带有强制性。道德（律）通过人自己的加入，自在的必然性就被消解，就转化成为我的必然性。规范由一般的法律转换为道德（律），转换为自律，表现为主体自身的行为动机由原来的外在约束转换为内在约束，由外在的立法和命令转化为内在的自我立法、自我命令。

进一步说，道德规范社会生活靠的是内在的良心。良心就是每个人的自律，道德良心内在于个体自身，是道德的自律性最集中的表现形式。道德有行为规范的要求，却没有对违规行为的硬性制裁。道德规范不须使用强制性手段为自己开辟道路。可见，道德规范是非制度化的、非外在化的一种特殊的规范。道德规范的特殊性，就是在于它是柔性的，是一种软约束，重在教化，重在范导。而法律是刚性的，法律是一种硬约束，重在制裁，法律不允许对它的命令有任何讨价还价的余地。法律从制定到实施，靠的是国家强制性手段来为自己开辟道路的。

正因为道德和法律在现实生活中具有不同的范导和调节作用，所以对于一个健全的社会来说，道德和法律都是不可缺少的。首先，历史和现实都表明，道德在社会生活中具有法律所不可替代的独特作用。如：道德可以成为人们的内在约束力，可以成为人们的精神支柱。可是，社会生活中有许多问题并不涉及道德，因此要靠法律来解决。法律可以限制人的行为，防止犯罪或惩罚犯罪，起震慑作用，而且可以规范人的行为。本来，法律就是为了调整社会秩序而存在，法律就是为了保持社会安宁而存在，法律就是为了实现大多数人的权益而存在。建设文明健康和可持续发展的现代社会，要坚持"两手抓"，既要坚持不懈地加强法制建设，又要坚持不懈地推进道德建设。

正因为道德和法律在现实生活中具有不同的范导和调节作用，所以对于一个健全的社会来说，道德和法律都是不可缺少的。

---

① ［美］博登海默：《法理学、法律哲学与法律方法》，邓正来译，中国政法大学出版社1999年版，第239页。

二、道德法律化的困境

当然,法律与道德之间除了存有以上重要的区别之外,也有深刻的关联。人们把道德规范称之为道德"法"或道德"律",本身就表明了法律与道德之间的深刻关联。不过,学界在道德与法律之间的关联问题上,形成了各有偏重的两种趋向:

一种趋向是以法律为轴,从道德向法律关联,强调法律是高于道德的更好更优的社会规范手段与制约机制。历史上,"毕达哥拉斯派认为服从法律是最高的善,而法律本身("好的法律")则是最大的价值。"①代自然法理论认为,基于人性的自然法就是社会关系的基本准则,是正义的最高标准。因此道德的善恶最终要依据自然法。如霍布斯就认为,关于自然法的科学就是真正的道德科学,自然法就是道德法,正义的根据在于植根于人性之中的自然法。伦理学家的一切道德准则都从自然法中推导出来。洛克认为,法律上许可的行为在道德上都是善的,法律上禁止的行为在道德上都是恶的。伦理的善恶与道德的邪正主要看行为是否符合于一种法律所拟的模型而定。"所谓道德上的善恶,就是指我们的自愿行动是否契合于能致苦乐的法律而言。它们如果契合于这些法律, 则这个法律可以借立法者底意志和权力使我们得到好事,反之则便得到恶报。这种善或恶,乐或苦是看我们遵守法则与否,由立法者底命令所给我们的,因此,我们便叫它们为奖赏同刑罚。"②西方历史上这种法律高于道德、法律造就一切的思想影响和推动下,今日学界产生了道德立法的呼声,要求使道德获得法律的强力支持,甚至将道德变成法律规则,强制人们去遵守和执行,这就是所谓的"道德法律化"之论。

另一种趋向是以道德为轴,从法律向道德关联,强调道德是高于法律的更好更优的社会规范手段和制约机制。学界认为,法律的约束并不能从人的思想上消除犯罪的根源。因此,只有加强了道德教育,提高了人们的道德觉悟,才能从根本上改善社会风气,才能消除人们违法犯罪的思想根源。以德治国是依法治国得以实施的前提条件。道德价值是人们理解和自觉接受法律的唯一理由。道德是法律的伦理确证,是法律的思想基础。法律是道德的最低要求。法律只是最低限度的道德和对人的低层次要求。社会问题往往是由于社

所谓道德上的善恶,就是指我们的自愿行动是否契合于能致苦乐的法律而言。

---

① [苏]涅尔谢相茨:《古希腊政治学说》,蔡拓译,商务印书馆 1991 年版,第 33—34 页。
② [英]洛克:《人类理解论》上卷,关文运译,商务印书馆 1959 年版,第 328 页。

会的法律要求不能转化成道德主体的内心自觉。法律离开道德就可能变成恶法。有了规范意识，有些人知法犯法，利用法律知识规避法律，逃避责任。因此只有内心树立起法的权威和尊严，崇尚法的公平和正义的精神，理解并认同法律，外在的法律规范才能变成内在的行为准则。根本上说，法不是靠国家来维护，而是靠人们的信仰和信任。实际上法治本身就有很高的道德诉求，道德自律是现代法制国家本身的内在需求。道德自律是公民意识的最高境界，也是法治建设的最高形式。高级社会应该是靠道德自律建立秩序的社会。在这种思想趋向的推动下，学界产生截然相反的呼声，这呼声要求将纸上的法律变成心中的道德律，这就是所谓的"法律道德化"之论。

在时下关于道德与法律之间的关联问题的讨论中，道德法律化之呼声明显高于法律道德化之呼声。然而，在我们看来，道德法律化之论必然遭遇历史和现实的双重困境。

在时下关于道德与法律之间的关联问题的讨论中，道德法律化之呼声明显高于法律道德化之呼声。

从现实层面上看，当今几乎所有持道德法律化之论的人们，都是有感于现实生活中道德滑坡之势愈演愈烈，而寄希望于通过法律手段来拯救社会风尚和推进道德建设。基于这样一种现实的考虑，持道德法律化之论的人们纷纷去寻找他们自以为是的理论依据。他们认为，道德是一种不完善的法律，虽有行为规范的要求，却没有对违规行为的硬性制裁，而法律则是一种完善的道德，它可以起到普遍伦理价值准则的作用，它可以在道德的基础上加上一个强力制裁，从而弥补道德的这一天然缺陷。因此，道德应该法律化。在他们看来，道德法律化是文明进步的标志，文明的发展必然使道德转化为法律的步伐越来越快，并最终将道德融于法律之中。这种要求道德法律化的主张的背后暗含着极度显明的法律崇拜意识。然而，现实生活中，法律远非人们想象得那么美妙与完善，当然法律也并不必然带来社会的道德进步。道德是一种实践精神，是一种把握世界的特殊方式，它不能随意接受法律提供的许多成果，更不能由法律所取代。首先，法律是一架机器。作为一架机器，法律必然漠

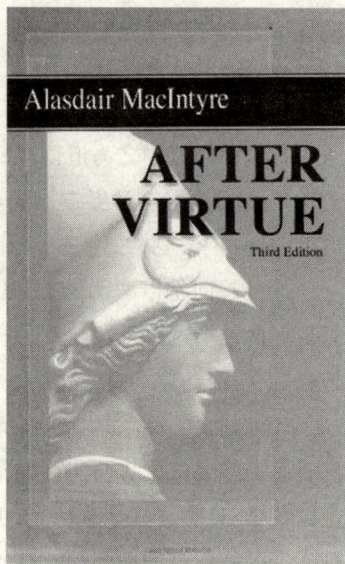

视人的生命。邓晓芒先生指出:"法律是(并且应当是)一架机器,人心却不是机器,它不能够仅仅是加减乘除。"①正因为法律是一架机器,席勒借《强盗》的男主人翁摩尔之口说:"法律永远不能产生伟大人物,只有自由才能造成巨人和英雄。"②卢梭甚至明确断言:"法律的力量是有限度的。"③其次,国家的法律可以是好的也可以是坏的,不好的法律是恶法,恶法显然不可能阻止道德沦丧,改进社会风尚,好的法律是良法,而良法不能靠法律自身来确认,却要靠道德去保证,去确认。法律善恶的衡量标准尺度是正义。在亚里士多德看来,法律的制定总是会有一定的根据的,而这个根据就是道德上的善和正义。在阿奎那看来,真正的法律是公正的,不会与道德发生冲突,不会违背道德的基本原则。再次,法律发挥作用必须诉诸个人的内在自觉。罗尔斯顿就曾说过:"法律能禁止那些最严重的违规行为,但却无法使公民主动行善。"④对于一个没有在内心深处认同法律的人来说,法律不过是一纸空文,是一种外在的秩序或规则。如果没有人的正义美德的参与,这秩序或规则就不能变成自己的法律,就只能是一个摆设。这就是美国政治哲学家麦金泰尔所说的:"只有那些具有正义德性的人才有可能知道怎样运用法律。"⑤黑格尔也说过类似的观点:"当个人尚未认识法律、理解法律时,法律在个人看来便是暴力。……法律在最初的时候,必须是强制性的暴力,等到人们认识了法律,等待法律变成了人们自己的法律时,它才不是一个外来的东西。"⑥

从历史层面上看,中国古代社会大多主张将道德理念和道德规范借助于立法程序以法律的、国家意志的形式表现出来并使之规范化、制度化。在法律与道德这两种社会制约机制中,有人简单地以为,中国古代没有法律只有道德,其实,中国是有法律的,如《唐律》《清律》等等,只不过中国古代的法律是道德化了的法律,是改装了的道德条目。与其说中国古代没有法律,不如说中国的伦理就是法律,中国的法律是道德法。所以不需要再有另外一套道德之外的法律。支配中国古代法律的思想主流是儒家的以"法"释"礼"、融"礼"于"法"、礼法合一、德主刑辅

① 邓晓芒:《灵之舞》,东方出版社1995年版,第116页。
② 毛崇杰:《席勒的人本主义美学》,湖南人民出版社1987年版,第2页。
③ [法]卢梭:《论戏剧》,王子野译,三联书店1991年版,第86、87页。
④ [美]罗尔斯顿:《环境伦理学》,杨通进译,中国社会科学出版社2000年版,第433页。
⑤ [美]麦金泰尔:《德性之后》,龚群等译,中国社会科学出版社1995年版,第192页。
⑥ [德]黑格尔:《哲学史讲演录》第1卷,贺麟等译,商务印书馆1959年版,第166页。

法律能禁止那些最严重的违规行为,但却无法使公民主动行善。

的道德礼教型法律观。从最能代表中国古代法系的《唐律》中可以看出中国法律的道德礼教型本色:如居丧生子,徒刑一年;居丧作乐,杖八十;妻子殴打丈夫,不论有伤无伤,一律徒刑,伤重者加凡人三等治罪,若丈夫被殴致死,则处以绞刑,而丈夫殴打妻子,却减凡人二等处刑,非有伤者不罪……中国传统道德优先的文化,为伦理礼俗"侵入"法律大开了方便之门。所以情况往往是,中国的道德经典就具有法律效应。礼俗成为"准法律",违背了礼俗就等于触犯了法律,犯了"法"的人就是犯了"伦"的人。然而,在中国古代社会,以道德改装而成的法律并不成功,它导致法律量刑无一定规,具有极大的活动余地和弹性(所谓"从重从轻,从宽从严")。历史上那些以法律的方式制度化、规范化了的道德理念固然具有了威严的形式,但却剥夺了与自由意志的内在联系,结果导致古代中国既没有真正意义上的法律,也没有实实在在地促进道德风尚的改进。也许这正是中国专制统治的哲学狡计——道德被赋予法律的威严形式,从而保护了专制统治;法律披上道德的温柔外衣,恰使酷烈的刑罚变得温情脉脉。而用追求确定性的西方法律眼光来审视,这种道德礼教型法律根本上是反法律的。并且这一切使得德将不德,法将不法,两边都上不了岸,两头都不能落实。所以有学者指出:"以道德原则作为法律原则去强制每个人的自由意志,将带来不可估量的恶果,它将使人丧失自己作为道德选择的资格,使道德本身变得虚伪,最重要的是:它彻底否定了人作为一个自由存在者的尊严,因而也否定了一切道德。"①

中国传统道德优先的文化,为伦理礼俗"侵入"法律大开了方便之门。

历史和现实均表明,道德问题的解决是不能一劳永逸地求助于法律来完成的,相反,法律问题的解决却有待于从道德中吸取力量。这就是卢梭说过的:"道德和一般正义问题不同于私法问题,不能靠命令和法制来节制;假如有时法律也对道德发生影响,那只是因为法律从道德中吸取自己的力量。"②

---

① 邓晓芒:《灵之舞》,东方出版社 1995 年版,第 133 页。
② [法]卢梭:《论戏剧》,王子野译,三联书店 1991 年版,第 86、87 页。

三、法律走向道德化

鉴于法律必须从道德中吸取力量才能发挥作用的事实，我们认为，倒是可以提出一种法律道德化的主张。显然，问题涉及究竟是法律优先于道德还是道德优先于法律？

黑格尔的整个哲学体系由逻辑学、自然哲学和精神哲学三部分构成。精神哲学又被分为三部分：主观精神、客观精神和绝对精神。进而黑格尔又把客观精神分为"抽象法"、"道德"和"伦理"三个环节。黑格尔认为，黑格尔认为，抽象法是自由意志借外物（特别是对财产的占有）实现自身，而道德则是自由意志在内心的实现，所以道德从它的形态上看，就是"主观意志的法"。从这个意义上看，"道德的观点就是自为地存在的自由"①。抽象法阶段，自由意志表现在外部对象上，到了道德阶段，它表现为道德意识。出于道德意识的行为都是自愿的，不同于出于法律的行为。道德也是法的一种，是内心的法。因此，道德是法的真理，是扬弃了抽象法而达到的更高阶段，道德阶段高于抽象法阶段。从抽象法到道德，是人的规定即自由意志从客体转化为主体，从外部转向内部，从低级进展到高级的发展。显然，遵守道德比遵纪守法更加困难，遵守道德是一种更高的要求。这是因为道德本身不仅是法，而且是建立在自律基础上的道德法、道德律。在这个意义上，我们认为道德优先于法律，而不是法律优先于道德。如果非要在道德与法律之间分出高下，更根本的是道德而不是法律。任何一种法律体系的建立都必须具备一定的道德基础和道德目的，否则就会与社会价值观念发生冲突，就会遭到人们的道德谴责。因此不应该追求道德的法律化，而应该追求法律的道德化，不是应该把法则作为道德的尺度，而是应该把道德作为法律的尺度。法律合理性的尺度就是道德的正义。只有合乎正义的法律才是值得信守的法律②。

法律道德化的过程就是法律主体化、心理化的过程，就是外在的制度、规则内化为个体自身的道德品性、道德良心的过程。只有通过这样一个内在化

道德和一般正义问题不同于私法问题，不能靠命令和法制来节制；假如有时法律也对道德发生影响，那只是因为法律从道德中吸取自己的力量。

---

① ［德］黑格尔：《法哲学原理》，范扬、张企泰译，商务印书馆1961年版，第111页。

② 戴茂堂：《西方伦理学》，湖北人民出版社2003年版，第348—352页。

的过程,法律才成为"我们自己的意志的记录",才算是经过所有人的同意而制定的,才代表了公意,因此遵守它才是自由的而不感觉是一种负担。在某种意义上,可以说法律道德化的过程就是法律内在化的过程,而法律内在化的过程其实就是道德主体自由化的实现过程。这正可凸现伦理学的人学品格和终极关怀。如果伦理学的思考总是有意无意地绕开人的自由意志,取消人的本原自发性和选择权,伦理学是很难提出真正的道德原则的。因为这表明,人们还只是把所谓道德、德性看做一种天然的、天赋的"性格",而不是一种自由意志创造的结果。对于伦理学来说,尽管自由意志本身还不是一条道德规范,但选择自由作为人特有的权力,却是道德思考的前提。当一个人不处于自由的状态下,他就不能保证他的行为是属于他自己的,如果连自己的行为都受制于人或事,他的行为的道德性从何谈起?一个完善的道德行为首先应该是行为者在自由状态下自愿自觉地选择的结果。显然伦理学必须建立在自由的基础之上。伦理学建立在自由基础上正可以体现伦理学的人学性质和人文关切。因为人处于自然状态下时总是被动的,他的行为总是处于不得不如此的状态,因而没有选择权;只有当人处于自由状态下,他才是完全主动的,具有完全的自由选择权。强调道德的自由前提本质上就是弘扬人的主体性。康德曾经指出,人只有在道德领域才具有本体地位,而人在其中之所以具有本体地位,是因为人在这个领域具有自由。一切法律如果不能内化为人们心理世界的道德自觉和良心发现,那就不能实际上发挥作用,那就等于零。法律一旦失去道德的人文价值支撑,对于人来说,就是外在的强制力量,就会导致消极守法(比如出于功利的考虑而被迫不犯法),法制建设就难以落到实处。对于没有产生道德认同之情的人来讲,法律是一种绝对异己的对抗力量。只有人们对法律产生了认同,法律才能与自由真正同行,才不再是异己的外在力量,不再是自己的对立面,自己才能够从感情上对法律感到亲切,并在行动上做到自觉地遵守与维护。显而易见,不能仅仅停留在对遵守法律的呼吁上,而应上升到对法律的尊重和敬仰上。只有当人们不单单具有关于法律的知识,而且也有自觉自愿地遵守法律的情感要求时,法律才真正变得具有意

法律合理性的尺度就是道德的正义。

义。所以卢梭强调:"尊重法律是第一条重要的法律;而严格的惩罚只是一种无效的手段,它是气量狭小的人所发明的,旨在用恐怖来代替他们所无法得到的对法律的尊重。"①

为什么那么多人执法犯法、知法犯法? 道理很简单,那是因为在他们那里法律的道德化程度还不够。他们从来就不在心底里认同、信仰那些他们非常熟悉的法律,即没有将守法内化为一种道德义务,没有以对待道德义务的态度和方式对待法律义务。道德主体一旦将道德义务升华为内心的道德责任感,道德义务就由他律走向自律,道德义务那种似乎压抑人、束缚人的力量就转变为道德主体行善的巨大推动力。法律可以创设某些特殊的义务,但不可创设服从法律的法律这样的义务。因为"一项要求服从法律的法律将是没有意义的。它必须以它竭力创设的那种东西的存在为先决条件,这种东西就是服务法律的一般义务。这种义务必须,也有必要是道德性的。"②假如缺少这种对法律义务的道德转换,服从法律就具有极大的被迫感和强制性。法律规定人们应当遵守法律是一回事,但法律是不是一定就会被遵守却是另外一回事。法律更多的是强调行为的必须,即必须做什么和不做什么,否则,就会受到制裁。法律的缺点在于,法律不能强迫人们在内心里认同法律规范。因此,只要人们的内心信念不服从法律,或者没有真诚守法的自觉性,那么,人们如果只是因为惧怕法律的惩罚后果而免于犯罪,那么在可逃避法律制裁时就可能钻法律的空子,以身试法。伯尔曼指出:"法律必须被信仰,否则它将形同虚设。"③在有了人们对法律的信仰之后,法律就不再是死法,不再是教条,不再是狂言。在人们没有产生对法律的爱护和信仰之前,遵守法律可能就是一种负担,而如果内心充满了对法律的爱和信,遵守法律就肯定不会成为一种负担,也就不会出现执法犯法、知法犯法之类的情况。在这个意义上,黑格尔说:"由于伦理(即风俗礼教)是活生生的法则,同样也就没有独立自存的抽象的法制,而法制必然要与伦理相联系,并且必然洋溢着一个民族的活生生的精神。"④

---

① [法]卢梭:《论政治经济学》,王运成译,商务印书馆1962年版,第10页。

② [美]米尔恩:《人的权利与人的多样性——人权哲学》,夏勇、张志铭译,中国大百科全书出版社1995年版,第35页。

③ [美]伯尔曼:《法律与宗教》,梁志平译,三联书店1991年版,第28页。

④ [德]黑格尔:《哲学史讲演录》第2卷,贺麟等译,商务印书馆1960年版,第249页。

第七讲
道德自觉·道德自信·道德自强

所谓道德自觉是指道德对于时代的伦理使命和教化责任要有一个自觉的担当和深切的认同。

在我国经济体制改革深刻变革、社会结构深刻变动、利益格局深刻调整、思想观念深刻变化的新形势下,道德问题日益凸显。认真思考以什么样的视角认识道德、以什么样的态度对待道德、以什么样的思路推进道德,成了道德文化建设必须解决的重大问题,具有极强的针对性和紧迫性。云杉2010年在《红旗文稿》上发表的《文化自觉文化自信文化自强——对繁荣发展中国特色社会主义文化的思考》一文,立足于我国改革开放和社会主义现代化建设全局,紧密联系国内外文化建设历史经验,从探索中国特色社会主义文化发展道路的高度,就"文化三自"即文化自觉、文化自信、文化自强作了全面系统深刻的阐述,不仅对深化我国文化体制改革发展具有重要的启示,而且对于我们思考"道德三自"即道德自觉、道德自信、道德自强也具有重要的启示。

一、关于道德自觉

所谓道德自觉是指道德对于时代的伦理使命和教化责任要有一个自觉的担当和深切的认同。也就是说,道德要自觉承担起用先进文化引领社会进步的责任、提高精神境界的使命和责任。我们的伦理学作为一门实践的学科,

应当着力去强化这种道德自觉。时代需要道德，道德也需要时代。一个时代赢得道德，是时代的幸事；一种道德赢得时代，是道德的幸事。道德不能悬置在天空，道德必须落实在大地。特别是在这样一个社会转型、问题丛生的时代，道德更应自觉地成为社会的良心，成为问题的声音，成为时代的守护者，成为密涅瓦的猫头鹰。道德要努力地构建时代的精神高地。一个时代，没有道德就没有灵魂；一种道德，没有时代就没有舞台。最好的道德不是远离时代的道德，而是贴近时代的道德。最好的道德就是最能够承担时代的伦理使命和教化责任的道德。负责任的道德必须严肃地回答时代究竟应该具有什么样的伦理风尚和精神风貌，并自觉地为时代真正能够具有这样的伦理风尚和精神风貌而开辟前行的道路。有没有强烈而自觉的责任担当，是一种道德是否成熟、是否有生命力的重要标志。

　　很长一段时间，有一种伦理学只是满足于抽象的伦理玄谈和干瘪的思想说教，既不能严肃地回答时代究竟应该具有什么样的伦理风尚和精神风貌，更不能自觉地为时代能够具有那种真正的伦理风尚和精神风貌而开辟前行的道路。那种伦理学尽管制定了许多的道德条目和行为规范，但对于时代来说，那些条目和规范又是那样的隔陌和生硬，那样的高高在上，有如身外之物和天外来客，只是一种冷冷的理性法则和体面的思辨玄学。当我们的伦理学家用那套行为规范和道德条目对大众进行启蒙、教化和规训时，不仅缺少对生活的亲和力，反而还表现出一种曲高和寡和居高临下的尴尬，表现出一种对时代的精神冷淡。现在看来，那样的道德是缺乏自觉、没有觉醒的道德，那样的伦理学当然也就是缺乏使命感、没有责任感的伦理学。当今中国，伦理学的道德自觉性和责任担当意识都在不断加强和提升。其中，应用伦理学的繁荣发展充分显示出伦理学责任担当意识的高度自觉和极大觉醒。比如，经济伦理学热情地参与和介入经济问题之中，努力地承担起给经济发展提供价值坐标、指明伦理方向的道义责任；又比如，科技伦理学积极地参与和介入科技问题之中，热忱地承担起对科技发展展开道德批判、提供伦理反思的道义责任；还比如，生态伦理学广泛地参与和介入生态问题之中，深刻地剖析了狭隘的人类中心主义立场，倡导了环境友好原则和生态公平原则，自觉地承担起保护生态环境的道义责任。

　　当今中国正在从新的起点上向新的目标迈进。这样的时代，既培育我们的道德自觉，也考量我们的道德自觉。可以预期，时代对道德的吁求将会不断

有没有强烈而自觉的责任担当，是一种道德是否成熟、是否有生命力的重要标志。

扩大，道德对时代的影响将会不断升华。

二、关于道德自信

文化自信，是一个国家、一个民族、一个政党对自身文化价值的充分肯定，对自身文化生命力的坚定信念。只有对自己文化有坚定的信心，才能获得坚持坚守的从容，鼓起奋发进取的勇气，焕发创新创造的活力。中华民族素有文化自信的气度，正是有了对民族文化的自信心和自豪感，才在漫长的历史长河中保持自己、吸纳外来，形成了独具特色、辉煌灿烂的中华文明①。中华道德文化无疑是中华文明最核心的内容。对于中华道德文化，我们应该有充分的肯定和欣赏，有足够的自信心和自豪感。这种自信和肯定至少表现在两个方面：

其一，在内涵上，相信并坚守自己道德文化的优势和优越。罗素曾经说过，"中国至高无上的伦理品质中的一些东西，现代世界极为需要"，"若能够被全世界采纳，地球上肯定比现在有更多的欢乐祥和。"②事实上，中华传统道德文化中讲仁爱、重道义、守诚信、崇自然、尚和合、求大同等等思想，积淀着中华民族最深层的精神智慧，不仅铸就了中华民族历史的辉煌，而且经过创造性转换，也可以开掘出极大的现代价值。在这里，我们要反对自卑自弃、自暴自弃。只有不卑不亢，才是道德的自信。

当然，在世界范围内各种思想文化相互交织、相互激荡的复杂背景下，道德自信不应是盲目的，而应是坚持和发展的统一、自主性和包容性的统一。每个民族的道德文化都积淀着该民族最深层的精神追求和行为准则，符合民族心理，反映民族特征，体现民族品格。因此，我们又要坚持实事求是，反对狭隘

① 云杉：《文化自觉文化自信文化自强——对繁荣发展中国特色社会主义文化的思考》，载《红旗文稿》2010年第17期。

② [英]罗素：《中国问题》，秦悦译，学林出版社1996年版，第167页。

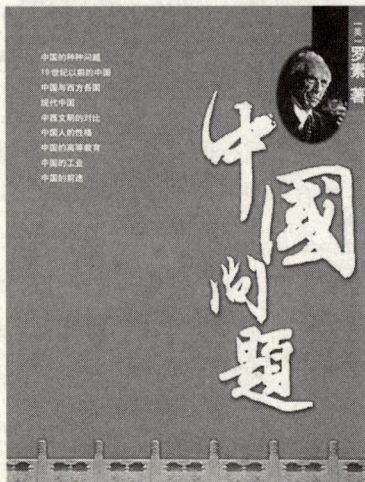

的自大自傲的民族心理。每个民族的道德文化互有差异，但都各有所长，都以各自的方式为人类的文明做出自己的贡献，都是人类宝贵的精神财富，应该加以尊重和包容。"差异是社会存在的客观现实，多样是社会发展的必然趋势。……尊重差异，就是要尊重广大群众在思想意识、价值观念上的差异性，……包容多样，就是要树立多样共生、和而不同的意识。"①最自信的道德最勇于、也最最善于汲取人类创造的一切优秀文明成果。"人类社会思想文化领域的多样化，是一种正常状态。社会思想的多种多样，有利于促进思想的解放，激发起社会的活力，推动理论、科技、文化等各方面的创新。"②

　　其二，在外延上，相信并扩大自己道德文化的实力和魅力。所谓扩大自己道德文化的实力和魅力，就是充满自信地将自己的道德文化普遍化地推向世界，并将能否普遍化地推向世界作为考察自己道德文化是否有实力和魅力的试金石。我们常说，越是民族的，就越是世界的。事实上，民族的，并不一定都能成为世界的。这是因为，只有那些真正有实力和魅力的民族文化，才能成为世界的。因此，能否成为世界的，是对民族文化是否真正有实力和魅力的一个巨大考验。具体到道德自信这个问题来讲，只有那些具有最大普世价值的道德文化才是可以自信并值得坚守的。自我封闭、抱残守缺的道德，充满了私人性和偏见，是绝对没有实力和魅力的。道德必须通过它的实力和魅力来赢得最大的普遍性。优秀的道德往往扎根于民族的文化土壤，但又能够超越狭隘的民族利益，具有高度的开放性和绝对的普遍性，具有最大的普世价值。道德的这种所谓最大的普世价值，如果用康德的话来表达，就是：让你的意志的主观准则任何时候都能同时被看做一个普遍立法的客观原理。道德具有最大的普世性，就可以最大限度地凝聚社会思想共识和传递普世价值观念。当今时代，世界一体化的趋势越来越明显，普遍交往和公共生活也越来越频繁。普遍交往和公共生活得以维系必然要求道德规范具有最大的普世价值，并且还要求有对具有最大普世价值的道德规范的普遍坚守。显然，最好的道德应该充满自信地提出什么是真善美，什么是假恶丑，应该充满自信地倡导坚持什么，反对什么，以便最好地为全体社会成员判断行为得失、做出道德选择提供普世的价值标准和行为规范。

只有那些具有最大普世价值的道德文化才是可以自信并值得坚守的。

---

　①　中共中央宣传部：《社会主义核心价值体系学习读本》，学习出版社 2009 年版，第 62 页。

　②　中共中央宣传部理论局：《六个"为什么"——对几个重大问题的回答》，学习出版社 2009 年版，第 12 页。

为此,如同从内涵上建立道德自信一样,从外延上建立道德自信,也同样要有与时俱进的品格和开放包容的气度。只有海纳百川、博采众长、兼收并蓄、积极对话,道德才能突破自己偏狭的私人立场,从而拥有不竭的发展活力。"只有坚持'百花齐放、百家争鸣',才能避免思想停滞、观念僵化、声音单调,增强社会主义学术和文化的生命力、吸引力和影响力。"[①]只有吸收外来,着眼未来,从世界文明发展大势中来审时度势,才能拓展道德自信的空间。

三、关于道德自强

如果说关于道德自觉的讨论是把道德置于时代来展开的,体现了一种时间维度;关于道德自信的讨论是把道德置于世界来展开的,体现了一种空间维度;那么关于道德自强的讨论,我们将通过道德与法律的比对来展开。

道德是一个民族、一个国家、一个个体的精神支柱、心灵灯塔和价值向导。一个民族、一个国家、一个个体,如果没有自己的精神支柱、心灵灯塔和价值向导,就等于没有了灵魂和方向,就会失去生命力和精神的归依。过去,我们常说,知识是一种力量。其实,德性也是一种力量,这是一种感召人心的力量、鼓舞人心的力量和凝聚人心的力量。道德不仅是一种力量,而且是一种特别强大的力量。道德的力量之所以特别强大恰恰是因为它立足于人性内部,来自于人性自身。也就是说,道德可以自强是因为道德可以从人性自身汲取永恒的力量。我们可以通过把道德与法律进行比对来说明道德的自强。

道德与法律历来是规范社会生活的两种手段。只不过,它们又是两种很不相同的手段。法律一般地说是由国家机关制定、认可和解释,通过国家强制

---

① 中共中央宣传部理论局:《六个"为什么"——对几个重大问题的回答》,学习出版社 2009年版,第14页。

力保证实施,以合法和违法为基本范畴调整行为关系、治理社会秩序的规范体系;道德是主要通过社会舆论、个人良心等非强制性力量发挥作用,以善和恶、正当与不正当为基本范畴调整行为关系、治理社会秩序的价值导向体系。法律意味一种限制,人必须把自己置于法律的约束范围之内,严格按照法律的规定行使权利履行义务。这就是美国著名法哲学专家博登海默所说的:"规范性制度的存在以及对该规范性制度的严格遵守,乃是在社会中推行法治所必须依凭的一个不可或缺的前提条件。"[①]法律对义务的履行的制约具有强制性。道德对义务的履行的制约不具有外在的强制性,道德意味着个人的自我立法、自我命定,道德行为是个体的自我约束行为,即自律行为,内蕴着个体的自觉与自愿。主体的意志对于道德规范来说是自由的。在这个意义上,道德是自由的体现,道德是自由的象征,道德使人得到自由,而不是感到限制。所以,伦理学尽管肯定道德作为规范也是法律,但强调道德是自己给自己立法即自律。一般意义的法律没有自己的加入,总是带有强制性。道德通过人自己的加入,自在的必然性就转化成为我的必然性。规范由法律转换为道德律,表现为主体自身的行为动机由原来的外在约束转换为内在约束,由外在的立法和命令转化为内在的自我立法、自我命令。尽管作为有理性的存在者执行道德律也是强制的,道德法则对理性者也表现为一种绝对命令。但道德律作为自律由于是自我强制,所以不体现出被迫性,不让人感到是异己的、消极的。这是道德律与一般的法律的根本不同。

正是这种根本不同,才显示出道德较之于法律所具有的更加强大的力量。我们承认一个社会不能没有法律,我们也承认法律具有极大的社会作用。但是,我们必须指明的是,法律要发挥作用必须诉诸个人的内在自觉。对于一个没有在内心深处认同法律的人来说,法律不过是一纸空文。所以,罗尔斯顿

① [美]博登海默:《法理学、法律哲学与法律方法》,邓正来译,中国政法大学出版社1999年版,第239页。

伦理学尽管肯定道德作为规范也是法律,但强调道德是自己给自己立法即自律。

伦理学讲座

罗金远
戴茂堂
著

说:"法律能禁止那些最严重的违规行为,但却无法使公民主动行善。"①法律更多的是强调行为的必须,即必须做什么和不做什么,否则,就会受到制裁。法律的缺点在于,它不能保证人们在内心里去主动认同法律。因此,只要人们的内心信念没有接受法律,或者没有真诚守法的自觉性,那么,人们如果只是因为惧怕法律的惩罚后果而免于犯罪,那么在可逃避法律制裁时就可能钻法律的空子,并以身试法或知法犯法。法律要关切人类命运和发挥价值导向作用,就必须内化为人心中的道德律。一般来说,法律只是一种外在的规则,假如没有道德主体的内在价值支撑,这规则就是一个摆设,就会成为一架纯粹的机器,敌视人的生命。这规则对于人来说就是一种外在的强制力量甚至就是暴力,就会导致消极守法并导致独裁专制。只有人对法律产生了认同,法律才不再是异己的力量,人才能从情感上对法律感到亲切,并在行动上自觉遵守。否则,法律将形同虚设。这就是黑格尔所说的:"当个人尚未认识法律、理解法律时,法律在个人看来便是暴力。……法律在最初的时候,必须是强制性的暴力,等到人们认识了法律,等到法律变成了人们自己的法律时,它才不是一个外来的东西。"②可见,法律要发挥积极的社会作用,它必须内化为心中的道德律,必须转化为自律的道德规范,必须从道德中汲取自己的力量。而道德却不需要借助于某种外在的附属的力量。因为它自身拥有一种自强的力量,拥有一种内在的约束力和内在的驱动力。道德正是以它这种自强的无形的内力渗透于有形的社会生活,感染着、激励着每一个人。

> 法律要发挥积极的社会作用,它必须内化为心中的道德律,必须转化为自律的道德规范,必须从道德中汲取自己的力量。

---

① [美]罗尔斯顿:《环境伦理学》,杨通进译,中国社会科学出版社 2000 年版,第 433 页。

② [德]黑格尔:《哲学史讲演录》第 1 卷,贺麟等译,商务印书馆 1959 年版,第 166 页。

第八讲
"集体主义"的道德阐释

"集体主义"在今天的中国学术界应该说已经成了一个既让人爱又让人恨的概念。当极端利己主义和个人主义泛滥的时候，人们就渴望集体主义；而当个人利益和个人自由得不到基本保证的时候，人们就怨恨集体主义。看来，对集体主义爱也好、恨也好，总是与个人牵连在一起。集体与个人究竟是什么样的关系？是不是从个人出发就一定导致反对集体？又是不是从集体出发就一定导致反对个人？回答这些问题，需要我们对集体主义有一种新的解读。下面的解读将立足于伦理学视角从集体主义"是什么"和"不是什么"两个维度展开。

一、集体主义其实是一种公德

在西方社会，由于平等与民主观念很早就开始形成，所以公民意识萌发较早，公共道德即公德较早得到强调。具有公民意识的西方人把道德放在公共生活平台中去理解，即当成是每个合格的社会公民都应当遵守的基本义务，所以特别强调公共道德建设。这最明显地体现在对西方人"公正"这一美德的强力推举和无限热衷上。众所周知，公正是古希腊的四美德之一，并且排在四美德之首。古希腊流行一个著名的谚语："公正是一切德性的总汇"。为什

具有公民意识的西方人把道德放在公共生活平台中去理解，即当成是每个合格的社会公民都应当遵守的基本义务

伦理学讲座

罗金远
戴茂堂 著

么公正是一切德性的统领和汇聚？亚里士多德给出了一个权威性的解释："最善良的人，不但以德性对待自己，更要以德性对待他人。待人以德是困难的。所以，公正不是德性的一个部分，而是整个德性；相反，不公正也不是邪恶的一个部分，而是整个邪恶"①。很显然，在亚里士多德看来，公正之所以是一切德性的统领和汇聚，是因为它是一种完全的德性。而公正之所以是一种完全的德性，又是因为在各种德性中唯有公正不只是关心自己而是关心他人的德性，讲究公共利益，通向人们今天所说的集体主义。亚里士多德曾经说过："正义以公共利益为依归"②。中世纪提出的爱的学说明显具有集体主义内涵。中世纪的爱的学说强调的是对他人、对所有人甚至包括你的敌人都要讲仁慈，否则就是不义的。中世纪哲学家阿奎那说："如果一个自由人的社会是在为公众谋幸福的统治者的治理之下，这种政治就是正义的，是适合于自由人的。相反地，如果那个社会的一切设施是服从于统治者的私人利益而不是服从于公共利益，这就是政治上的倒行逆施，也就不再是正义的了"③。阿奎那正义观与亚里士多德公正观在强调服从公共利益这一点上是完全一致的。公正在近代自由主义的大背景下理所当然地成为西方伦理学最为关切的话题之一。爱尔维修说："一个人一切行动都以公益为目标的时候，就是正义的"④。费尔巴哈说："正义是绝对相互的、或两方面共同的幸福；它反对旧世界的单方面的、利己主义的、或不公平的幸福"⑤。由于个人主义的盛行，公正问题更是成为现代西方伦理学关注的热点。其中美国伦理学家罗尔斯在现代西方对公正给予了最为经典的论述。关于公正原则，罗尔斯的权威表述是："第一个原则：每个人对与所有人所拥有的最广泛平等的基本自由体系相容的类似自由体系都应有一种平等的权利。第二原则，社会和经济的不平等应这样安排，使它们：1，在与正义的储存原则一致的情况下，适合于最少受惠者的最大利益，并且，2，依系于在机会公平平等的条件下职务和地位向所有人开放"⑥。罗尔斯确立了一个以正义为核心的价值体系，个人权利应当服从平等的原则。不管这些西

正义是绝对相互的、或两方面共同的幸福；它反对旧世界的单方面的、利己主义的、或不公平的幸福。

---

① [古希腊]亚里士多德：《尼各马科伦理学》，苗力田译，中国社会科学出版社 1990 年版，第 90 页。
② [古希腊]亚里士多德：《政治学》，吴寿彭译，商务印书馆 1965 年版，第 136 页。
③ 《阿奎那政治著作选》，马清槐译，商务印书馆 1963 年版，第 46 页。
④ 北京大学哲学系外国哲学史教研室编：《十八世纪法国哲学》，商务印书馆 1963 年版，第 463 页。
⑤ 《费尔巴哈哲学著作选集》上卷，荣震华、李金山译，商务印书馆 1984 年版，第 593 页。
⑥ [美]罗尔斯：《正义论》，何怀宏译，中国社会科学出版社 1988 年版，第 292 页。

方伦理学家们对公正的表述多么不同,但在把公正理解为一种对公众、对集体的普遍道德要求上是完全相同的。正是在这个意义上,我们可以说,西方不仅有集体主义,而且普遍地把集体主义理解为一种公德(合乎公正的德性)。我们认为,集体主义作为一种公德,没有理由不去渴望它、接受它。

从集体主义立场上去理解的公德概念在中国传统文化和中国古代社会是不存在的。这是因为中国传统文化和古代社会一直没有提出公民概念,也不具有公民意识。相反,在中国古代社会,思想家们努力构建的是一种精英道德,即成圣成贤的道德,尽善尽美的道德。于是,道德对很多平常人或普通人来说变得虚无缥缈,变得可望不可及。

在道家那里,公德建设无从谈起。道家是出世的、隐逸的,追求的是个人身心平衡、洒脱飘逸和逍遥自在。道家讲重生是纯粹为己的,除了保全性命、完善心神、达道成仙外,再无其他目的。在道家哲学的不同发展历程上,都共同体现了全生避害的终极目标。为了"为我"与"贵己",杨朱主张"轻物重生",面对与"己"对立的外界生活,他们主张"避",这种避世态度不仅给自己提出了杜绝"肥肉厚酒"的养生方式,而且体现了对社会公共生活以及公德伦理的漠视。为了全生避害,老子主张谨慎地活着,以柔弱、谦虚、知足的态度生活,因为"不知常,妄作,凶",顺德的生活应该是"无为"指导下的"朴"的生活。谨守"道"的人就是圣人,这种人不仅可以较好地保全自我,而且是可以为王的圣人。老子认为,圣人之治天下,重心在于取消一切治乱之源,法令仁义,皆排除之,要以无为为之,以不治治之,要"使民无知无欲",最后达到"大文明若野蛮"的理想社会。在这种由"绝仁弃义"的个人所组成的理想国中,自然无须讨论公德建设了。在庄子看来,顺乎德可以使人获得绝对幸福,达到"圣人无己,神人无功,圣人无名"的境界,然而,顺乎人却只能带来痛苦和不幸,因此,在他看来,一切法律、道德、制度、政府的目的都是立同禁异,都在"以人灭天"、"以故灭命",是违背天然本性的做法。当人了解了自然万物的本性时,当人顺着本性而活时,他就能不为外物所搅扰了,这种人就成了"心斋"之人和"坐忘"之人,就是无所待的人,是"乘天地之正,御六气之辩,以游无穷者",用这种方式,这种人就可以达到逍遥乃至幸福的极致。在这个意义上,对社会公德的讨论就自然而然地淡出了庄子学说的视野。

相对道家的出世而言,尽管儒家是入世的,但儒家走的是内在超越之路,强调的是独善其身,修身养性,基本上就产生不出公德建设的要求和意向。尽

在中国古代社会,思想家们努力构建的是一种精英道德,即成圣成贤的道德,尽善尽美的道德。

管儒家也有仁爱之说，并且"仁爱"讲的也是两个人或两个以上的人的关系，但这个关系在儒家那里只能是血缘亲情延展出来的有等级的，而不是平等的或公平的，如君君臣臣父父子子，天地君亲师，并且等级的划定是"天命"，不可更改。与西方宗教式的普遍仁爱可以开放性地指向社会生活中的任何一个人不同，儒家的血缘亲情则局限于那些与自己具有血缘关系的亲人。这种以"己"的自然血缘为基础而建立起来的道德体系的最大缺点在于它公开倡导了一种中国特色式的道德相对主义，从根本上取消了中国道德传统走向超越和普遍的可能性，也取消了建立社会公德的现实和理论基础。"血缘关系的有限性和自然世界的自私性使传统伦理无法扩展为绝对的神圣法则，起码在逻辑上不能避免某些人被排斥在价值关怀之外，不能保证道德的普适性。"①对于家庭血缘关系与建立社会公德之间的关系，英国18世纪道德哲学家弗朗西斯·哈奇森（Francis Hutcheson）选取了与中国儒家截然不同的思想路径来进行讨论，他认为，不能以家庭血缘为基础来建立社会公共道德，相反，公德的建立必须对家庭血缘之利进行适当的遏制，"公共感情，在其更亲近的范围内，经常不仅会压倒荣誉之乐，而且甚至会压倒羞愧之痛。这是生活中最常见的事件，为某种被认为是后代、家庭、朋友之利的缘故，人们会无视获取荣誉的机会，甚至会招致羞愧和鄙视"②。正是这样，如果说"人人独善其身谓之私德，人人相善其群者谓之公德"③，那么，我们可以说，中国之德多为私德，公德阙如。所以，我们发现，"试观《论语》、《孟子》诸书，吾国民之木铎，道德所从出者。其中所教，私德居十之九，而公德不及其一焉"④。在梁启超先生看来，"根据西方道德标准的判断，传统的中国道德只在家庭伦理范围有很好的发展，在社会和国家伦理方面，传统道德被证明有严重的缺陷。为了改变传统中国伦理对私德的偏重，中国最急需的是公德或民德"⑤。对此，梁漱溟先生也认为，公德"恰为中国人所缺乏，往昔不大觉得，自与西洋人遭遇，乃深切感觉到"⑥。

① 戴茂堂、江畅：《传统价值观念与当代中国》，湖北人民出版社2001年版，第136页。

② Francis Hutcheson: An Essay on the Nature and Conduct of the Passions and Affections, with Illustrations on the Moral Sense. Liberty Fund, 2002, P.100.

③ 梁启超：《饮冰室合集》第6册，中华书局1989年版，第18页。

④ 吕滨：《新民理论与新国家》，江西教育出版社2000年版，第105页。

⑤ 北京大学哲学系中国哲学教研室编：《中国哲学史》，北京大学出版社2003年版，第467页。

⑥ 鲍霁：《梁漱溟学术精华录》，北京师范学院出版社1988年版，第251页。

以"己"的自然血缘为基础而建立起来的道德体系的最大缺点在于它公开倡导了一种中国特色式的道德相对主义，从根本上取消了中国道德传统走向超越和普遍的可能性。

从公德缺失这个意义上说，中国恰好不具有西方所有的那种集体主义。也许正是有感于中国历史上公德的缺失，新中国一建立，集体主义作为一种公德很快就被中国人提了出来，且被不断地加以强化。不过由于公德是与私德相对的，因此，中国人普遍认为，集体主义的对立面是个人主义，所以中国人越是强化集体主义就越是反对个人主义。中国人普遍相信，集体既在个人之外又在个人之上，集体的利益高于个人的利益，为了集体的利益可以并且应该牺牲个人的利益，只有集体才是个人所应服从的"真理"，只有在集体中才能找到个人的生活意义，服务集体、服从集体乃是个人的最高义务。个人是如此之渺小，以至于个人的利益轻易地成为了敬献在公共利益和集体利益这一祭坛之前的牺牲品。在这种情形下，人们相信，为了追求社会或集体的共同目标，可以无限制地忽略任何个人的任何权利和价值。简单地认定集体的生活相比于个人的生活永远具有优先性，是集体主义作为一种公德的严重异化。这种异化根源于集体主义没有能够把个人的权利和价值作为一个不可或缺的环节统摄和容纳于自身之中，而是走向了对个人的遗忘与蔑视。由于这种异化，集体主义在市场经济条件下遭遇了强烈的冲击和极大的挑战。由于这种异化，人们产生了对集体主义的普遍怨恨情绪。显然，我们必须去思考一个问题，那就是：集体主义作为一种公德一定导致对个人的反对吗？

二、集体主义其实不是个人的对立面

毫无疑问，集体主义的确不是个人主义。但事实很清楚，确切地说，离开了个人便没有集体。正是在这个意义上，我们说，没有社会的人，只有人的社会性。如果把个人从集体中剥离了出去，集体也就成了一个空壳，成了一种虚幻之物。这是因为只有自由、独立的个人组成的集体才是真实的集体。马克思

从公德缺失这个意义上说，中国恰好不具有西方所有的那种集体主义。

指出，在这种"真正的共同体的条件下，各个人在自己的联合中并通过这种联合获得自己的自由"①，真正的集体主义应该充满对个人的重视、对个性的尊重、对自由的维护。中国人往往不能正确面对集体主义的这一理论定位，结果是一会儿走向对集体主义的无限崇拜（改革开放之前最典型），一会儿走向对集体主义的无限怨恨（改革开放之后最典型）。

而西方对集体主义却有理性的处理与定位。在西方，作为公德的集体主义本身不是产生于对个人的自由或自由的个人的一种消极肢解，而是产生于对个人的自由或自由的个人的一种积极保护。虽然自由对个体的发展、成熟和人类的进步至关重要，有着极为珍贵的价值，但是由于一个人的自由通常会与另外一个人或一些人的自由发生冲突，所以一切自由主义者都不可避免地遭遇个人自由的正当性问题。为了积极有效地保护和发展个人自由，讲究理性的西方人一方面主张，个人自由应该得到最大的尊重和保证，个人本身就是目的，具有最高价值；另一方面也特别强调个人并不具有随心所欲、为所欲为的自由权利，个人自由总是有边界的，即个人自由应当以不破坏、不伤害集体和他人的自由为前提条件。理性赋予个体以自由，但也要求个体尊重他人和集体的自由。自由必须与理性相配合才能保证普遍性，才能具有集体意识，从而才是合乎道德的。因此，自我决定与理性法则构成了集体主义能够称得上是一种公德的的充分必要条件。所以，考察西方伦理学史，我们发现，伦理学家们都特别强调自由不是随心所欲、任意妄为，而是有条理的、有规律的。斯宾诺莎、康德、黑格尔都强调了一个观点，那就是不受理性制约的自由不能算是真正的自由。西方伦理学家之所以如此强调个人自由的理性规则，原因就在于他们心中有一种集体意识或集体情结。也正是依赖这种集

真正的集体主义应该充满对个人的重视、对个性的尊重、对自由的维护。

① 《马克思恩格斯文集》第 1 卷，人民出版社 2009 年版，第 571 页。

体意识或集体情结,西方伦理学努力地在寻找一种个人与集体之间的平衡点,并且保证在这个平衡点上能够达到个人与集体的双赢,保证一种合适的集体主义能够通过从个人出发而稳妥地达成。这就是斯宾诺莎所说的:"人要保持他的存在,最有价值之事,莫过于力求所有的人都和谐一致,使所有人的心灵与身体都好像是一个人的心灵与身体一样,人人都团结一致,尽可能努力去保持他们的存在,人人都追求全体的公共福利。由此可见。凡受理性指导的人,亦即以理性作指针而寻求自己的利益的人,他们所追求的东西,也即是他们为别人而追求的东西"①。

　　然而,从个人的自由本身内在地、逻辑地生长出来的集体观念和公正意识回过头来注定是保护个人自由的。给个人的自由划出一个边界恰是对于每个公民人格独立与人格尊严的承认与尊重。集体的和谐与社会的公正并不是历史发展的最后目的。只有个人才是历史发展的最后目的。所谓集体的和谐与社会的公正只是要为实现个人的全面自由的发展提供积极的也是最后的保证而已。集体主义的发展过程实质上是人自身的发展过程和人的本质的生成过程,即人对人的本质的不断追求、不断创造、不断实现和不断完善的过程。因此,不断实现人的本质本身就应该是集体主义的深层本质。只有用心去保证个人的全面自由发展的社会或集体才可能是公正而和谐的。我们有理由相信,不仅充满个性和自由的生活应该是公正的社会与和谐的集体的固有特性,而且只有公正的社会与和谐的集体才能真正创造条件让人成为有个性有自由的人,才能真正留下最大的空间激发人们去追求和创造有个性的生活,才能使人的自由本性得到最好实现、最快发展。按照哈耶克的说法,"实际上,在共同目标对人们并非一种终极目标而是一种能够用于多样性意图的手段的地方,人们才最可能对共同行动达成共识"②。德国现代哲学家、伦理学家哈特曼说:"个体不会为集体的统一而存在,而集体统一则是为个体而存在的。……因为一种组织、一种共同生活结构也是个体为他自己的私生活所需求的。如果没有个体的私生活,没有任何他自己的价值,团体也是毫无意义的。"他还说:"唯有个体才能树立各种目的并去追求它们,但只有当他对这些目的感兴趣并在它们当中看到某些对他自己的价值时,他才会这

集体的和谐与社会的公正并不是历史发展的最后目的。只有个人才是历史发展的最后目的。

---

①　[荷]斯宾诺莎:《伦理学》,贺麟译,商务印书馆1983年版,第184页。

②　[英]哈耶克:《通往奴役之路》,王明毅等译,中国社会科学出版社1997年版,第62页。

么去做。因此,团体必须尊重个体的目的"①。

人是这样一种存在:一方面他是集体的、社会的,只有在集体、社会中才能生存下去;另一方面,即使在集体、社会中,他也从来不想与他人的世界重合,永远有一种独立自主的倾向。这种独立自主的倾向就是人的绝对的自由本性。每个人都拥有一种神圣不可侵犯的绝对权利,在诺齐克看来,这种权利的绝对不可侵犯性即使以社会、集体利益之名也不能逾越。基于这样一种对人的定位,我们坚决反对任何人任何社会以集体主义为借口来把人作为手段而不是目的。其实,集体主义作为一种公德原本只不过是要为个人发展争取更大的空间,为实现个人权益创造条件、积蓄力量。这也许就是黑格尔所说的人的"理性的狡计"。

不过从人的自由个性从来都不能推出结论说,人没有普遍性、规律性的人性结构。也许最恰如其分的表述刚好是:人的自由性及其由这种自由性所导致的不可重复性、不可替代性本来就是人性的最普遍、最有规律性的东西。这也就是说,个人自由应该被尊重,但其前提是个人必须承认并愿意承受那种为"集体"所共有的最普遍、最有规律性的东西。在社会的普遍联系和多元发展中,个人只有接受普遍的规范,履行一般的义务,才能实现个人自己的目的,把自己上升为真正自由的人。马克思指出:"全面发展的个人——他们的社会关系作为他们自己的共同的关系,也是服从于他们自己的共同的控制的——不是自然的产物,而是历史的产物。要使这种个性成为可能,能力的发展就要达到一定的程度和全面性,这正是以建立在交换价值基础上的生产为前提的,这种生产才在产生出个人同自己和同别人的普遍异化的同时,也产生出个人关系和个人能力的普遍性和全面性。"②只要是个人,就一定有一种普遍化的要求,而个人的这种普遍化也许才是深层次意义上的集体主义。并且,真正的集体主义只有在坚持个人的普遍性立场上才能达到个性与共性的统一,并且这种统一性是在个人自身内部实现的,所以才是真正的内在统一。在这里,个人的独立自主不会妨碍集体的和谐统一,集体的和谐统一也不会妨碍个人的独立自主。

只有用心去保证个人的全面自由发展的社会或集体才可能是公正而和谐的。

① 转引自万俊人:《现代西方伦理学史》下卷,北京大学出版社1992年版,第74-75页。
② 《马克思恩格斯全集》第46卷上,人民出版社1979年版,第108-109页。

第九讲
道德哲学与医学的两层关系

哲学与医学的关系，是医学界尤其是哲学界普遍感兴趣的一个研究课题。但研究者一般都是把医学当成是一门具体科学，并从"哲学与具体科学的关系是共性与个性的关系"这一广为流行的"经典"立场出发，把哲学与医学的关系抽象地解释为：哲学是医学的指导，医学是哲学的基础。然而，这样抽象地解释哲学与医学的关系既是空洞的也是没有意义的。哲学与医学的关系必须还原到现实的人生才能得到真切的理解和生动的展开。为什么这样说呢？因为哲学与医学在人类千百种学科中最关怀现实的人生，其中医学是自然科学中最关怀现实的人生的，哲学是人文科学中最关怀现实的人生的。正是在关怀现实的人生这个问题上，道德哲学与医学表现出最奇特、最深刻的关系，并值得我们人类给予其最大的尊重。正因如此，对于道德哲学与医学关系的解释就得撇开那种抽象的说理，而选择从现实的人生来切入。当我们从现实的人生切入的时候，我们很容易发现：道德哲学是另一种医学，而作为医学的道德哲学恰恰承担着救护人类灵魂的功能。

> 道德哲学是另一种医学，而作为医学的道德哲学恰恰承担着救护人类灵魂的功能。

一、道德哲学是另一种医学

人是无可选择地被"抛入"这个世界而展开现实的人生的。现实的人生注

伦理学讲座

罗金远
戴茂堂
著

定面临各式各样的问题,而最大的问题,从哲学的眼光来看,就是人的有限性问题。其有限性体现在人的事实性存在或当下处境,如宏观上受制于自己的社会、种族、国家、文化,微观上受制于性别、经验、意志、情感。还可以说,所谓人的有限性是指人不管是在时间上还是在空间上,都有一个限度。在时间维度上有限,就是说人不能永生,终有一死。而在空间维度上有限,就是说人不能在广度上把自己的活动范围延伸到无限远的地方;人不能在深度上把自己的活动范围延伸到无限深的地方。人的有限性对于一个有能力思想的人来说无疑是一个困境,并且是一个绝对严肃的困境。因为所谓有限,就是有局限,有局限就是有问题,有疾患,有病症。这一切都表明,人不可能既要在世,又想不有限。

尽管海德格尔说人是无可选择地被抛入这个世界,但人却必须对人的有限性做出绝对严肃的处置与选择。也就是说,人必须就人的有限性做出治疗、给予处置。人类到目前为止所发明的各种各样的思想或技术,其实都可以看做是关于人的有限性问题的治疗方式。这些治疗方式大致可以归纳为两种:一种是医学(日常意义上的),一种是哲学特别是提供终极关怀的道德哲学。除此之外,别无其他。在绝大多数人的观念当中,医学是一门与道德哲学截然不同的学问,是属于自然科学领域内的一门具体学科。然而我们认为,实际上,就哲学也是关于人的有限性问题的治疗方式而言,哲学本来就是最有道德性的,就是道德哲学。而作为最有道德性的哲学当然也是一种医学,是另外一种医学。对于人的有限性,道德哲学与医学都开出了"处方",只是开出的"处方"有所不同,存在差异。道德哲学与医学,是从两个不同的维度,运用两种不同的策略来解决人的有限性问题的。正是这种不同,展露出道德哲学特有的伦理功能。

医学(尤其是西医)建立在自然科学领域内的自然观之上,按照这种自然观,医学解决人的有限性问题,主要是在时空中尽量延伸人身体性存在的跨度,在空间上把人拉大,在时间上把人扩展。医学或者说医院、医生最大的工作,就是拉大、扩展人有限的生命,使之尽量地趋向无限化。这是医学发展的一个最基本的目标,也是医学存在的一个最基本的理由。几千年的医学就是围绕着如何最大限度地扩张人的身体和生命这个问题而产生和发展的。然而,我们会发现,医学对人的有限性的这种治疗方式,不彻底,不根本,也不可能彻底,不可能根本。无论付出多大的努力,事实上,医学永远也不可能彻底治疗和解除人的有限性问题。医学对于人的有限性的处置方案永远是相对有效的。这是因为,医院永远救不活一个必死的人,医生所救治的一切病人最终

几千年的医学就是围绕着如何最大限度地扩张人的身体和生命这个问题而产生和发展的。

都将死去。迄今为止,所有死去的人,除非没钱医治,几乎都通过医院进行过拯救,即使对于医生自己,只要稍加思考,我们就会注意到,"有多少医生在频繁地对病人皱拢眉头之后死去"①。在这个意义上说,医学来到这个世界上,具有很大的欺骗性。只不过这是一种善意的、积极的欺骗,它欺骗我们使我们暂时忘记我们必死无疑,人渴望这种欺骗,并会因这种善意的欺骗而获得健康与快乐。不过,一旦真正切切地意识到人的必死无疑,我们不免会产生这样的疑惑:既然我们最终会死去,我们为什么要努力工作?既然"陋室空堂,当年笏满床;衰草枯杨,曾为歌舞场",既然人生这场戏最终会以死亡来谢幕,我们为什么要在世界这个舞台上不辞劳苦地演出并努力把自己做大做强?既然每个生命的终点都是死亡,我们为什么在走向终点的过程中要选择做一个高尚而非卑劣的人?对于以把人的自然性在时空上无限延展为己任的医学而言,实在难以回答这些问题。

在这个时候,就需要有道德哲学。道德哲学发展的一个最基本目标也是要解决人的有限性问题,而且是力图求得一种根本的解决,这也是道德哲学存在的一个最基本的理由。医学的"死"以人的自然肉体为对象,心跳停止且无自主性呼吸运动一般被视为死亡的标志。然而,道德哲学却认为,时间不是死亡的标志,心跳不是死亡的指针,死不等于不在,在不等于没有死。道德哲学的"死"以人的精神为对象。道德哲学家提醒世人要呵护精神与灵魂,奥勒留认为"这是一个羞愧:当你的身体还没有衰退时,你的灵魂就先在生活中衰退"②。柏拉图在描述"灵魂被无数的恶糟蹋成的样子",即"他原来的肢体部分已被海水多年浸泡冲刷得断离破碎,身上又盖了一层贝壳、海草和石块之类,以致本相尽失,看上去倒更像一个怪物"③的时候,曾恳切地提醒世人要把眼光转向爱智,也即爱惜灵魂与精神。在道德哲学看来,精神高于肉体,"精神内

道德哲学发展的一个最基本目标也是要解决人的有限性问题,而且是力图求得一种根本的解决。

---

① [古罗马]马可·奥勒留:《沉思录》,何怀宏译,中央编译出版社 2008 年版,第 51 页。

② [古罗马]马可·奥勒留:《沉思录》,何怀宏译,中央编译出版社 2008 年版,第 73 页。

③ [古希腊]柏拉图:《理想国》,郭斌和、张竹明译,商务印书馆 2002 年版,第 414 页。

伤,身必败亡"、"受伤的灵,使骨枯干"。不仅如此,而且哲学进一步认为,每天有心跳、有呼吸但却失掉精神与灵魂的人才是真正的死人,他们是活着的死人,虽然在普通医学的意义上活着,但在精神意义上却早已死亡,正是这样,我们可以看见,埋葬死人的人未必是活人,相反"死人(可以)埋葬他们的死人"①。有的人活着,却已经死了,说的就是人应当留意精神的重要性。马克思把哲学看成是"自己时代精神的精华"和"文明的活的灵魂"。②道德哲学发生和存在的根据在于人的存在、生活及其发展的内在逻辑。道德哲学本身已经成为人类特有的一种精神存在方式。道德哲学的存在是人类的一种精神需要。人类不仅需要食物以维持肉体的生存,而且需要一个精神上的安身立命之所以阻止人生的迷茫和混沌。"人类有一种根深蒂固的需要,即把世界描绘成一幅可以想象和理解的画面,以满足精神上的需要。"③

　　道德哲学作为医学,也要思考并解决人的有限性问题。如果医学从身体上解决人的有限性问题,那么道德哲学从观念上解决这个问题。几千年的哲学发展史告诉我们,所有的优秀哲学家都会讨论本体论这个问题,就是讨论这个世界有没有一个最根本的东西。所谓最根本,就是最绝对、最无限,即在空间上最基础,在时间上最永恒。古希腊最早的一批哲学家,都在寻找一种被他们称为"绝对"(或者叫做"始基"、"本体")的最高的东西。泰勒斯说是"水",毕达哥拉斯说是"数",柏拉图说是"理念",赫拉克利特说是"火",而德谟克利特说是"原子"。尽管名称各不相同,但它们却都是哲学家心目中绝对的最高的本体。在哲学家看来,相对的东西没有绝对的意义,不可以成为绝对的依靠。在这个世界上,可以安慰我们的东西必须具有绝对的确定性,相对的东西只会让我们感到瞬息万变,不可捉摸,风雨飘摇。当然,这种确定性在现象的世界是找不到的,所以哲学家在精神和灵魂中寻找这种绝对、无限的本体,为的是让我们有限的人,感到一种心灵的慰藉。在这个意义上,哲学是最道德的学问,并且就是道德哲学。作为道德哲学的哲学也是一种"医学",是精神医学、道德医学,哲学家是灵魂的导师,伦理学家是心灵的医生。聚焦精神、救护灵魂、关爱心灵是道德哲学的最高价值和使命所在。伊壁鸠鲁说:"不能医治人们的痛苦的哲学家的话是空洞的。不能医

---

① 《圣经·马太福音》8:22。

② 《马克思恩格斯全集》第 1 卷,人民出版社 1956 年版,第 121 页。

③ [德]摩根史特恩、齐默尔:《哲学史思路——穿越两千年的欧洲思想史》,唐陈译,中国人民大学出版社 2006 年版,第 2 页。

治心灵疾病的哲学和不能医治躯体疾病的医学一样无益。"西塞罗说:"哲学是灵魂的医师,它能消除精神上空虚的烦恼,使我们摆脱欲望和驱走恐惧。"①

作为"医学"的道德哲学,它与医学一样,都着眼于人的有限性问题来提出治疗方案,承担着解决人的有限性问题的艰巨使命;它与医学不同的是,不是通过把人的身体、人的寿命尽可能地延长来治疗人的有限性,而是通过在精神上发现这个世界有一个崇高的东西,一个绝对的东西,一个永恒的东西,一个无限的东西,来给人提供一个精神的支撑,供人去依赖、慰藉和期待。作为有限的人,如果没有一种无限的东西可以去依赖,可以去期待,那么,人的境况会很悲惨,人的生存会很悲哀,人的处境会很灰暗。张世英先生指出:"我们的确应该意识到有限与无限的差异,应该承认有限的人的生存离不开无限整体的支持这一事实。"②有限的人必须要有关于无限的理想、信念、信仰和期待,哪怕这种无限只是想象当中的、假设当中的。缺乏这种想象和假设,人生会非常可怕甚至不堪忍受。人之所以能够乐观、充满激情地生活在这个世界上,工作在自己的岗位当中,很大程度上就是依靠精神领域内的这种无限的东西来进行自我鼓励和自我鞭策的。

道德哲学和医学从它们所要解决的根本问题来看,它们都是鼓舞人心的学科,都是人道的学科,它们共同支撑着一个完美的生命。德谟克利特说:"医学治好身体的毛病,哲学解除灵魂的烦恼。"③一个完美的生命应该由"身"和"心"两个部分构成。人生最大的期待,人生最大的目标,就是身心合一,身心健康。人不仅要身体健康而且要精神健康。一个没有身体的人,固然很让人觉得可怕;一个没有精神的人,更让人觉得失去了生存的意义。只有有限的身体,人就被事实性和琐屑性所窒息,只有无限的心灵,人如逐幻影,无所依凭。如果脱离了肉体,心灵只能在纯粹的想象力中驰骋,并因没有根基而漂浮不定,如果没有心灵,也就没有了理想,就会成为行尸走肉。因此,一个真正的人必须是身与心、有限与无限的综合。一个健康的人,一个全面发展的人,必须是由完美的身体加完美的精神组合在一起的完美个体。传统儒家所谓的"圣

> 有限的人必须要有关于无限的理想、信念、信仰和期待,哪怕这种无限只是想象当中的、假设当中的。

---

① 转引自[美]艾德勒等编:《西方思想宝库》,《西方思想宝库》编委会译,吉林人民出版社1988年版,第1318页。

② 张世英:《哲学导论》,北京大学出版社2008年版,第225页。

③ 北京大学哲学系外国哲学史教研室编译:《西方哲学原著选读》上卷,商务印书馆1981年版,第52页。

人"在一定意义上即是将身、心加以完美融合之人①。而医学和哲学,就是从"身"与"心"这两个方面对人的完美与健康来进行思考并实施自己的解决方案的。所以,医学和哲学应该联手与合作,共同创造美好的人生。反之,如果医学或者哲学,都仅仅从自己的角度出发来理解人生,则将导致人生的片面化、畸形化,势必产生出马尔库塞所说的"单向度的人"。显然,在以往,道德哲学与医学之间缺乏联手与合作,过于孤立与绝缘,这既不利于道德哲学也不利于医学的健康发展。在未来,应该尽可能多地寻找两个学科的交叉、结合、融通的空间,构筑一个医学与道德哲学的对话平台。惟其如此,才会寻找到解决人的有限性问题的完美处方与策略。

可喜的是,道德哲学与医学以往在理论上的分裂,今天已经开始越来越多的得到事实上的弥合。现在的道德哲学和医学正在相互接近。一方面是医学越来越关注精神。比如,在医学界,医院越来越重视对患者的精神与心理治疗,越来越意识到自身的功能,不仅仅是拯救人的身体与生命,治疗人的生理疾病,而且还应当介入到人的精神生活世界,给患者以情感的力量和心灵的安抚。为此,很多医院甚至设置了精神卫生科。精神卫生科的设置至少表明医学界正在突破传统狭隘的医学观,承认精神也有一个是否健康的问题,而且精神是否健康也是一个真正的医学问题。医学的使命不仅让身体健康,而且让精神健康。医学应该具有越来越多的人文视野和哲学智慧。未来的医院应该是疗养院甚至是度假村。那个时候,医患关系不再紧张,医学将充分人性化,医学不再只是一门技术,更是一门艺术,一门人体艺术。基于现代医学之父希波克拉底"健康所系,性命相托"誓言的《日内瓦宣言》是世界医学会第一个也是最重要的一个文件。它倡导:医生应具备哲学家的全部最好品质,医院需要的并不仅仅是一个出色扮演医生角色的人,而是一诚实善良、有责任感和人文情怀的真正的好医生。1967 年,美国宾夕法尼亚州立大学医学院首次开设了医学人文课程,到 1995 年美国几乎所有医学院都开设了人文课程。近些年来,西方多个国家的医学院逐渐形成了综合性大学人文社会学科优势为依托的医学人文学科群,包括哲学、历史、文学、宗教、人类学、伦理学以及法律等人文课程。

另一方面是哲学越来越关注身体。现代和后现代哲学都非常热衷于去讨论人的身体问题。尼采认为,人不是别的,就是对世界怀有强力意志(the will

医学治好身体的毛病,哲学解除灵魂的烦恼。

---

① 姚才刚:《儒家道德理性精神的重建》,中国社会科学出版社 2009 年版,第 114 页。

to power)的身体。尼采把身体当成生命力的同义语,并且在身体与灵魂的关系中颠覆了柏拉图主义和基督教思想传统,使身体的肉身性获得了前所未有的审美意义,也使身体成为了哲学的中心和思想的原则;海德格尔认为,身体是在天、地、人、神的世界中形成的,因此它相关于人居住在此大地上的存在方式;梅洛—庞蒂以重视身体并对身体的在世结构进行了细致研究而闻名,他认为身体是我在世的方式,人与世界的关系在某种意义上就是身体与世界的关系;当代女权主义者主张把身体作为武器来战斗;在后现代思想的眼里,身体成为了欲望的、工具的和智慧的三种话语的游戏活动,身体不仅是这三种话语的游戏之所,而且就是这三种话语自身①。20世纪是身体美学迅速扩张的世纪,人体借助大众传媒的崛起之势跃升为最重要的审美对象,各种有关人体美的文本(文字、影像、音乐、图画)大量涌现。以往,治疗被认为是医学的事情,现在,哲学也主动要求介入到治疗活动之中。近年来在咨询业颇为发达的西方国家出现了一种颇为新鲜的活动,就是哲学咨询(Philosophical Counseling)。哲学咨询(如对话、讨论、建议、热线电话)作为一种思想治疗、伦理关怀的实践方式在国外已有相当的发展空间。哲学咨询的基本形式是在咨询师和来访者之间展开一种自由的心灵对话。1981年德国哲学家阿申巴赫(Achenbach)率先创建世界上第一家哲学咨询机构,对外公开打出了哲学咨询的旗帜。1982年他又成立了德国哲学实践协会。1987年改名为国际哲学实践协会。该协会还创办哲学实践杂志。此后很多国家出现了以哲学咨询为名的思想治疗工作室、哲学咖啡馆和相关的协会。如加拿大哲学实践协会、以色列哲学咨询协会、挪威哲学实践协会、英美哲学实践协会。1994年在加拿大召开了第一届国际哲学咨询大会,来自18个国家的100多位哲学家和咨询师参加了大会。除了开展哲学咨询实践外,还有咨询师的资格认证培训以及哲学咨询出版物的大量刊行。精神分析疗法、阿德勒疗法、存在主义疗法、女性主义疗法、后现代主义疗法等其实都是一种哲学治疗。哲学咨询就是要重塑哲学实践形象,回归生活经验,再造思想治疗功效,恢复与公共生活的亲密关系。在现代人精神健康问题日益凸现的"治疗化社会"(Therapeutic society),哲学家本来就应该做提升思想和净化灵魂的医生,应该负担起生活顾问的职责,并因此而介入到普通人的生活中间,比如可以在咖啡馆就众人关注的伦

医生应具备哲学家的全部最好品质。

---

① 彭富春:《哲学美学导论》,人民出版社2005年版,第132页。

理善恶问题展开自由的辩论。如此,哲学才能与人生、与生活问题进行亲密接触,并显示出高超的生活艺术和人生智慧,展示出强大的精神救助功能。

二、道德哲学是医学的医学

虽然道德哲学也是一种医学,但它是区别于一般意义上的医学的另一种医学。作为另一种医学,它高于一般意义上的医学。因为道德哲学具有对一般意义上的医学的反思力和批判力。这种反思和批判,其实就是对一般意义上的医学提出哲学层面的质疑和诊断,以求最好地促进医学向人性化方向发展与进步。哲学是学术的制高点,是人类的第三只眼睛,天然地具有一种批判的形而上的眼光。事实上,我们可以发现,医学的所有重要突破最后都被提交到了哲学尤其是伦理学的层面去理解。医学的所有重大进步与成果如试管婴儿技术、安乐死技术、克隆技术等等,最后都演化成为了哲学和伦理学的话题,并提交给哲学进行最后的讨论与处置。每一次重大医学革命和医学发展,到最后几乎都无法解决自己的问题。医学可以救别人,却救不了自己。在此意义上,我们可以形象地说,道德哲学是医学的医学,甚至说,道德哲学是最高的医学。

对此,我们可以从道德哲学与医学必须共同面对的生死话题来做进一步讨论。生死构成了人的生命的起点和终点,是人生的主要内容。任何道德哲学都要面对死亡问题,漠视生死问题的哲学家一定是蹩脚的哲学家。人的生死问题,首先是医学必须面对的最高问题。任何医学行为,总是与人的生死有关。它要么是促成一个生命的诞生,要么是挽救一个生命的不死。一个生命是从医生的手中来到世界的,医生有责任把这个生命在时间上尽可能延长。在医学看来,人的生命是最为宝贵的,人的死亡是最为悲惨的。人一旦来到这个世界,就要爱惜自己的生命,精心地呵护和保养它,让它尽量地远离死亡。死亡意味着高贵生命的结束,医生知道生命对于自身岗位的重要性,所以,医生的天职就是治病救人、救死扶伤,医学的使命就是把生与死拉开,使人在生和死之间保持一个最大的距离。对于医生或护士而言,死亡等于失败。尽管,死不可避免,但是,因为在医学眼中,"生"高于"死",所以,医学是从"生"出发去理解"死"的问题,把死解释为生命的完结和终了。就此而言,医学理解死亡的态度是消极的,医学以防守的方式默默地驱赶死亡,紧紧地抓住生的绳索,回避那不可回避的死亡。但是,世界万物"生"得越长久,就会越来越接近"死",

"死"被回避地越多,它就越来越靠近回避者本身。立足人的自然性,医学对生命的呵护虽然令人敬畏,但一切终将被死的必然性所吞噬。美国作家海明威在《老人与海》中说过,"人可以被征服,但不可以被打败"。当医学被死亡征服的时候,它从来没有消极地认输,而是以善意的欺骗引导人积极地生活,从而在历史的长河中留下了璀璨的医学成果。

人的生死问题,也是道德哲学首先必须面对的基本问题。只不过,在医学那里,生死问题是自然问题,在道德哲学这里,生死问题上升成了形而上学问题。所有真正的道德哲学家,都会思考这个问题,思考生和死是什么关系,生和死意味着什么。不过,道德哲学的思考角度和处置方式与医学很不一样甚至恰恰相反。在道德哲学看来,要理解"生",必须要先理解"死",只有理解了"死",才会更好地理解"生",只有意识到"死"的必然性,意识到"死"的不可避免,才会更好地去筹划应该怎样"生"。所以,道德哲学把死看成是人生中非常积极的力量,认为死不是游离于人生之外的东西,而是内在于人生之中的东西。道德哲学把死看成是生命展开过程的一个环节,看成是对人生有限性的最友好的说明和提示。人生就是一个去与向你不断逼进的死抗争的过程,人生的意义也在这一抗争的过程当中来展现和完成。在道德哲学看来,死不仅不是生命的终点,而应该是生命的起点,因为"死亡急促地唤醒了我了解生命中事物的渴望"[1]。死神潜在的威胁催促每个意识到这种威胁的人开始以全新的视角认识人自身以及周围的世界,引发我们的思考,"强行将我们变成思想者,变成一种沉思的存在者"[2],而这个时候,人已经从医学意义上的自然人上升为了哲学意义上的精神人了。对于死的理解决定着个人一生的信念,也决定着个人赋予他的生活以怎样的意义。在某种意义上说,死亡观恰好是人生观的核心,死亡哲学恰好是人生哲学的深化,因为恰恰是死亡之光照亮了生活的意义,构成了生存的条件,标示了事业的完成。在这个意义上可以说,死亡并不能理解为人生的一个消极的或否定的阶段,而是要理解为一个积极的或肯定的阶段。哲学家对死亡如果抱有一种欣赏也就不足为奇了。在费希特看来,一切死亡都是诞生,正是在死亡中可以明显地看到生命的升华。费希特

在医学那里,生死问题是自然问题,在道德哲学这里,生死问题上升成了形而上学问题。

① [西]费尔南多·萨瓦特尔:《哲学的邀请:人生的追问》,林经纬译,北京大学出版社 2007 年版,第 24 页。

② [西]费尔南多·萨瓦特尔:《哲学的邀请:人生的追问》,林经纬译,北京大学出版社 2007 年版,第 20 页。

说:"在自然的人常常视为罪过的那一切事情中,死亡对我来说是最微不足道的。我根本不会对我自己死亡,而只会对别人,对那些依然留下来的、我脱离其结合的人们死亡,对我自己而言,死亡之时就是一种崭新的、更壮丽的生命诞生之时。"①黑格尔哲学把死亡看成是对生命的扬弃和提升。②这是因为在黑格尔那里,精神这一黑格尔哲学最基本最高贵的概念自在地就是运动,就是自身返回到自身的运动。真正的精神生活必定要求具备一种敢于承担死亡的勇气。所谓承担死亡就是不要害怕死亡,也不要躲避死亡,要敢于直面自己应当被否定的方面,敢于去否定自己应当被否定的方面,不管自己经受怎样的风险和精神痛苦也无所畏惧。

道德哲学对生死关系的解释路径与医学是逆向的。在道德哲学家看来,生命的意义与价值高于生命本身。有时候,生命发生了,道德哲学家却赞美那些主动终断生命而选择死亡的做法,因为生命的意义与价值在生命结束的时候才真正得到了绝对的开放。基督教传统中的耶稣之死就是如此。与其说耶稣被害而死,不如说他主动选择了死亡。在死亡尚未到来时,耶稣不止一次地预见了它并常常以隐喻与门徒平静地讨论它。被钉于十字架后,当死亡来临时,耶稣不仅没有显现痛苦,相反在平静地宽恕了谋害他的人的同时宣告"成了"③。在基督教看来,当耶稣死亡的时候,他的生命不仅没有结束,相反获得了更加真实的生命,以至于凡是信靠他的人都可以得到永生。如果说,在医学看来,人总是先生后死;那么在道德哲学看来,人总是向死而生。在医学看来,死意味着生命的终结,而在道德哲学看来,死正应该成为生命的起点,在很大程度上,人生的价值是靠死神逼迫而成的,死亡使人从自然的沉睡状态或无意识中觉醒,成为真正的人、独立的人以及懂得思考的人,"死亡使我们思考,强行将我们变成思想者,变成一种沉思的存在者"④。医学给人以生命;而哲学则追问生命的意义。如果说,在医学看来,"生"是最重要的;那么在道德哲学看来,"生命的意义"才是最重要的,"生"远没有"生命的意义"重要。只有哲学才能最好地理解这样一句话——"有的人死了,他还活着;有的人活着,他已

---

① [德]费希特:《论学者的使命·人的使命》,梁志学、沈真译,商务印书馆1984年版,第214页。

② 转引自段德智:《西方死亡哲学》,北京大学出版社2006年版,第190页。

③ 《圣经·约翰福音》19:28—30。

④ [西]费尔南多·萨瓦特尔:《哲学的邀请:人生的追问》,林经纬译,北京大学出版社2007年版,第20页。

经死了"。面对"人"这个世间最奇妙的被造物,如果说医学以生为开端来扩展人,道德哲学以死为起点来理解人,那么,道德哲学究竟是如何由"死"来看待"生",看待"生命的意义",从而体现自己对一般意义上的医学的超越的呢?

在道德哲学的眼里,"死"是必然的。与不死的神相比,人总是"要"死的。既然死是必然的,那么对于人的生命来说,问题不在于是否应该逃避死亡,而在于究竟应该怎么去面对死亡。知道了人不是不死的神,人反而就能镇定自若、泰然处之,而不是抱怨死亡、贪生怕死。就能表现出一种坦荡荡的大丈夫气概,而不是忐忑不安和心怀恐惧。可是,医学只是着眼于救人于不死,却不能明白只有上帝才是不死的[1];也不明白对于人来说,不死是一个可怕甚至危险的概念;更不明白医学行为只是一种完美的自欺,因为所有得到医院救助的人终究还是逃不出"必死无疑"的命运。尽管生命最终是救不活的,最多只能暂时救活一个生命,人终究还是要死去。但是救死扶伤却必须是医生最崇高的使命。这里存在一个悖论:既然人必然死去,为什么还要去救助?救人的根据在哪里?医学不能回答这样的问题。而从哲学的角度来解释,实际上就是一种"自欺"。自欺在这里并不是一个贬义词,而是一个中性词。对于正常人来说,自欺是一种理性的狡黠和智谋。事实上,我们一直都是生活在"自欺"当中。按照萨特的解释,"自欺"是人的本体结构,是人的内在本性。自欺的表现很多,其中关于不死的自欺,是自欺的最典型表现。尽管"每个人都必定会死去"是最真实的问题,但是每个人都会避开、隐藏和悬置这个问题。这就是一种"自欺"。医学实际上就是指导人生完成对于"不死"的"自欺"这样一个工作。医学是一种完美的自欺术。说它完美是因为这种自欺术不是消极的,而是积极的、健康的。如果没有医学,没有这种完美的自欺,人生会变得绝对可怕,生活将难以为继。道德哲学对医学的超越之处在于,既能读懂医学的自欺,又能鼓励普通人包括医生对生命要有一种镇定自若的担当、对死亡要有一种无所畏惧的气概。

如果说,在医学看来,人总是先生后死;那么在道德哲学看来,人总是向死而生。

在道德哲学的眼里,"死"是幸福的。对于世间万物来说,死是一个很边缘

---

[1] [德]费尔巴哈:《基督教的本质》,荣震华译,商务印书馆1984年版,第235页。

的问题、很外在的事情。世间万物可以消亡和灭迹，但却没有死亡意识，它们不知道自己注定会死去，也不明白自己这个独特的个体与死亡有着密切的关联。如果人仅是由物质所构成，人反倒不会有实质上的死。然而，死只是对于人来说才成为一个问题。人是会死者，这就是说人是有能力去死的。动物没有人类意义上的死亡意识，它们生命的完结不过是倒毙。明明白白地愿意去死、选择去死，这是人与自然界的根本不同。人生若是看透了这一层秘密将会更加自信和自豪，并在面临人生有死这个事实时也就能幸福起来，愉快起来，就能做到毫无痛苦地去迎接他的死亡。可是，医学只是以其怜悯之心，更多地去感受死亡的凄惨与悲凉，却不能明白"能"死是人的一种能力和资本；也不明白"会"死本身是一种骄傲和期待；更不明白死可以极大地彰显人生的幸福。道德哲学对医学的超越之处在于，既能读懂医学的心事，也能看清医生的善良，更能引导普通人包括医生以一种积极的心态去领受好像显得凄惨的死亡背后隐藏着的幸福元素，教导我们去热爱生活、赞美生命。

在道德哲学的眼里，"死"是唯一的。尽管每个人都必死无疑，但每个人的死都只能是自己的死，不能由别人来代替。死亡将抽象的人、一般的人彻底地悬搁起来，将具体的人、个性的人最为鲜明地绽露出来。死是世上最私有的东西，谁也帮不了谁，是和别人毫无关联的，因而是"最本己的可能性"。可是，医学往往把死亡现象做一般化的理解，只是着眼于一般的死亡，于是总不能明白死亡是个人特殊性和独立性最彻底的证明；更不明白死亡的唯一性彰显出生命的内在价值和紧迫感，使每个人尽可能地去爱惜并享受自己的生命，追求好的生活、有意义的生活、经过思考了的生活，从而最高尚、最勇敢、最体面地活着。道德哲学对医学的超越之处在于，在阴森的死亡深处给所有活着的人打开生命的个性之门、敞开生命的个性之光，让每个人懂得自己不可替代，让每个人对自己的人生充满信心地做出独一无二、不能复制的筹划。

在哲学的定位上，我们可以把哲学界定为最高意义上的人学；在哲学的功能上，我们可以把哲学界定为最高意义上的医学。作为人学的哲学，它的功能就是关怀人，但这种关怀一定不是初级关怀，只能是终极关怀；作为医学的哲学，它的功能就是救赎人，但这种救赎一定不是生理上的，只能是精神上的。正因为它是精神上的救赎，我们才说，哲学根本上是道德哲学，道德哲学根本上是精神的医学、灵魂的医学。

（汤波兰参与了本讲的撰写，特此致谢）

死是世上最私有的东西，谁也帮不了谁，是和别人毫无关联的，因而是"最本己的可能性"。

第十讲
论和谐社会构建中个人自由的定位

一、讨论"和谐"不能欠缺个人自由的维度

　　时下,人们对"和谐"概念的误解颇多。这种误解除了包括对"和谐"一词多有很不严肃的庸俗化理解之外,还有一点就是有意无意地放弃或拒绝西方和谐思想的解读,似乎和谐思想是中国人的"专利"和"发明"。放弃或拒绝西方和谐思想的讨论不仅导致关于和谐思想的历史考察很不完整,而且也不利于和谐思想讨论的深入展开。其实,任何一个民族,无论中西,只要不是向往对立、冲突和战争,就一定会选择和谐的理想。所以西方有非常丰富的和谐思想也是情理之中的。相比于中国历史上的和谐观更多地把个人的自由与个性的差异排除在和谐社会的构架之外,个人的终极理想不是自我实现和自我完善,而是天下太平、世界大同、社会一统;西方历史上的和谐观更多地把个人自由容纳在和谐社会的构架之内, 有对个体独立性与个体人格的高度尊重。反思西方历史上的和谐观,我们可以深切地体会到,和谐社会的构建与个人自由的确认之间应该具有彻底的一致性。本来,在西方社会,关于和谐的讨论就是缘起于人的个体性与自由性。换句话说,只有有了人,并且人有了个体性与自由性,才会出现人与人的和谐与不和谐的问题。简言之,没有个人自由甚至就没有和谐社会设问的前提与讨论的基础。不仅如此,由于和谐社会的构

任何一个民族,无论中西,只要不是向往对立、冲突和战争,就一定会选择和谐的理想。

建,目的是为了让社会的不和谐不至于妨碍个人自由的展开与实现,所以,个人自由同时也就逻辑地成为了和谐社会构建的宗旨与归宿。所以,构建和谐社会的背后,永远隐含着一个个人自由的问题。历史的事实已经证明,越是追求自由的时代,越是肯定个性的民族,和谐社会的构建越是会成为关切的焦点,充满个性的古希腊就是如此,向往自由的近代西方也是如此。而这也正是为什么当今时代关于个人自由的呼声与关于社会和谐的呼声同步增长、关于个人的发展与和谐的创建同为热点的原因。在这个意义上,个人自由便成为了讨论和谐社会构建的最理想的切入点。如果不从个人自由的维度去思考和谐社会的构建。既是不得要领的,也是不可思议的。

今天,中国社会提出了构建和谐社会的伟大目标。而构建和谐社会,从理论上说,首先要解决的问题便是个人自由与社会和谐的关系问题。也就是说,人究竟在和谐社会处于什么样的地位? 为了社会的和谐,个人是否一定要牺牲掉自己的自由? 如果一个和谐的社会还要留给个人自由的空间,这自由空间有没有一个边界? 过去的哲学往往有意无意把人与社会对立起来,似乎社会是一个比个人更大、更高的实体,这必然导致对人的忽视与遗忘。其实,只有个人才是这个世界最可真切体验的。离开了个人,社会只是一个虚假的概念,因此社会不能在人之外,更不能在人之上。不存在社会的人,只存在人自身的社会性。如果事实如此的话,那么关于和谐社会的构建的讨论最好还原为人自身的和谐及其建构问题的讨论。也就是说,哲学真正要关切的是如何确保人成为任何一个社会包括和谐社会的最后目的和最高目标。在一个真正和谐的社会,不仅不排斥发展个人的自由、个性、权利,而且一定是公正地谋求个人全面发展和个人自由、个性、权利充分实现的社会。而我们的哲学就是要去解释其中的道理。

二、社会和谐包容个人自由

社会的不和谐在结果上往往体现为个人之间的不平衡。如果因此而把社会不和谐的原因归咎于个人的自由,那么就必然会得出一个结论:只有消灭个人的自由,社会的和谐才变得可能。为了社会的和谐,果真应该牺牲掉个人的自由吗? 个人自由究竟如何定位?

人是这样一种存在:一方面他是社会的,只有在社会中才能生存下去;另

而构建和谐社会,从理论上说,首先要解决的问题便是个人自由与社会和谐的关系问题。

一方面,即使在社会中,他也从来不想与他人的世界重合,永远有一种偏离他人、与他人保持距离、要求独立自主的倾向。这种偏离他人、要求独立的倾向就是人的自由本性。自由是人作为有理性的存在者所具有的自主决定自己的思想和活动的能力。人性不是一架机器,不能按照一个模型铸造出来,又开动它毫厘不差地去做替它规定好了的工作。人生没有现存的模式,每个人的角色都必须自己去自由创造,人的一生就是一个不断地创造自己的本质。不断地在通向未来的道路上自己自由地造就自己的过程。近代自由主义思想家密尔的《论自由》讨论的就是公民自由问题,也就是讨论社会所能合法施用于个人的权力的性质和限度。在他看来,只有每个人自己对于本人的利益关切最深,了解最透,因而个人之有支配自己的意志和行动的绝对自由,乃是天经地义的。密尔指出:"对于本人自己,对于他自己的身和心,个人乃是最高主权者。"①在密尔看来,个人的行为只要不涉及他人的利益,个人就有完全的自由,不必向社会负责;他人对于这个人的行为不得干涉,至多可以进行忠告、规劝。

正因为自由意味着人具有无限的自主性和绝对的选择力,所以人类自古以来就总是把自由作为自己最美好的理想。可以说,人类的历史就是一部由必然王国走向自由王国的历史。所以,经典作家才说:"文化上的每一个进步,都是迈向自由的一步。"②自由是人的本质。除了自由外,我们什么都不是,除了自由外,我们别无本质。人区别于一切动物的主要特点,与其说是人的悟性,不如说是人的自由主动者的资格。正因人特别能意识到这种自由,才显示出自己的精神的灵性和高贵。萨特甚至认为,准确的表述不应是自由是人的本质,而应是人就是自由。因为事实上我们就是那选择的自由,而不是我们选择了自由。因此,自由对于人来说乃是绝对的。一个人抛弃了自己的自由,就等于贬损了自己的存在甚至消灭了自己的存在。任何人都不能出卖自己的自

自由是人的本质。除了自由外,我们什么都不是,除了自由外,我们别无本质。

① [英]密尔:《论自由》,许宝骙译,商务印书馆1959年版,第10页。
② 《马克思恩格斯文集》第9卷,人民出版社2009年版,第120页。

由,因为出卖自己的自由就等于出卖自己的生命,而使自己不再是自己生命的主人。为此。我们可以很好地理解卢梭的关于自由的论断:"放弃自己的自由,就是放弃自己做人的资格,放弃人的权利,甚至是放弃自己的义务。一个人放弃了一切,是不可能有任何东西作补偿的。这样一种放弃与人的本性不相容;使自己的意志失去全部自由,就等于使自己的行为失去全部道德价值。"①

自由是绝对的,归根结底是因为人本身是绝对的。而绝对的人是不能被基于别的任何理由的东西所支配而沦为手段的。在哲学史上,康德首先意识到,为了避免这种支配,首先必须确定"人是目的"这条最高原则。因此,他响亮地提出:"无论是对你自己或对别的人,在任何情况下把人当作目的,决不只是当作工具。"②当代哲学家诺齐克也明确指出:"个人是目的,而不仅仅是手段;他们若非自愿,就不能被牺牲或者被用来达到其他的目的。"③康德和诺齐克都认为,人具有绝对价值,人的价值不是任何利害功用所能估量的。任何把人当做社会的工具的观念和行为都是不道德的。"人是目的"这一命题是康德和诺齐克道德哲学的一条最高原则和绝对命令。我们认为,这个命题也应该成为哲学和伦理学对人的价值最恰当的定位。基于这样一种对人的定位,我们坚决反对任何人任何社会以任何理由为借口来把人作为手段而不是目的。

从当代视野看,"人是目的"是一个不可回避的问题。今天,我们已经进入一个人文关怀的时期。人们越来越清楚地意识到,每个人都是价值主体,绝对不可化约为别人或社会的工具。每个人就是自己的主人,都是一个特殊的世界。人类社会要充分而公正地发展,必须首先发展每个个体的独特性和自主权。不同的个人分享着不同的生命,没有任何人可以为了别的什么目的而被牺牲。只有个人才是社会的最终目的。在近代,政治哲学家们早就指出,仅仅只是因为这一最终目的经常受到极大的威胁而变得不可靠,人才通过契约关系组成社会,建立国家。可见,个体正是为了确保自己有最好的生存和发展机会才结成社会。这就表明,个人才是社会的意义和价值的源泉。社会的形成和国家的建立,本来就是为了人这个目的的,本来就是为个人服务的。一个不以人为目的的社会,人们是不会需要的。人生如果一味地按照他人和社会的要

① 北京大学哲学系外国哲学史教研室编译:《西方哲学原著选读》下卷,商务印书馆1982年版,第71页。

② [德]康德:《道德形而上学探本》,唐钺译,商务印书馆1959年版,第43页。

③ [美]诺齐克:《无政府、国家与乌托邦》,何怀宏译,中国社会科学出版社1991年版,第39页。

求和愿望来塑造,是违背人性的本来要求的。只有当个人的行为危害到他人的利益时,他才应当接受社会的或法律的惩罚,社会只有在这个时候,才对个人的行为有裁判权,也才能对其施加强制力量。

然而,学术界在关于和谐社会构建的讨论中却流露出一种倾向,似乎社会和谐具有高于个人的最大价值,为了所谓的社会和谐,似乎可以随时牺牲个人自由。其实不然,社会和谐和个人自由并不是绝对对立的。事实恰恰相反,只有用心保护个人自由的社会才可能是一个和谐的社会。个人的自由理应包容和容纳在和谐社会的框架之中。完全的个人自由和充分的个性发展不仅是个人幸福之所在,而且是和谐社会的主要指标之一。可以设想,如果连个人的自由都不能得到根本保证,这样的社会有何和谐可言?和谐的社会应该是由不可重复的独立自由的个人组合起来,在这种组合中每个人都拥有自己独立的生活空间、神圣不可侵犯的权利、绝对的人格。一个社会只有以个人为本位,尊重人的个性,给个人留下开放多元的空间,让个人充分扮演好自己的自由角色,为每个个体充分而自由的发展提供最佳条件,这个社会才称得上是和谐的。我们有理由相信,不仅充满个性和自由的生活应该是和谐社会的固有特性,而且只有和谐的社会才能真正创造条件让人成为有个性有自由的人,才能真正留下最大的空间激发人们去追求和创造有个性的生活。显然,和谐的社会应该是人的自由本性得到最好实现、最快发展的社会。也恰是在这种情况下,社会的和谐性和个人的自由性具有了最内在的关联。因此,那种以追求社会和谐为借口主张牺牲个人的自由的做法是没有根据的。

其实,社会的发展本质上是人自身的发展过程和人的本质的生成过程,即人对人的本质的不断追求、不断创造、不断实现和不断完善的过程。除非那个社会是一个不给人的自由和个性留下任何空间的专制社会。因此,不断实现人的本质本身就应该是和谐社会的深层本质。确切地说,离开了个人便没有社会。正是在这个意义上,我们说,没有社会的人,只有人的社会。真正的哲学从来不相信在个人之上、之外有一个作为抽象实体的社会。严格说来,不是社会和谐是个人追求的目的,而是人本身的自由全面的发展就是一个和谐的社会最后的目的本身。和谐社会的终极目标是指向个人生活的。也就是说,个人自由的实现与个性的培育恰恰是和谐社会的标尺,是和谐社会的最高追求。密尔认为:"要想给每人本性任何公平的发展机会,最主要的事是容许不同的人过不同的生活。在任何时代里,只看这一项独立自由运用到怎样程度,

只有用心保护个人自由的社会才可能是一个和谐的社会。

伦理学讲座

罗金远
戴茂堂
著

就相应地可以知道那个时代怎样值得为后代所注视。就是专制制度也不算产生了它的最坏结果，只要人的个性在它下面还存在一天；反之，凡是压毁人的个性的都是专制，不论管它叫什么名字，也不论它自称是执行上帝的意志或者自称是执行人们的命令。"①个人自由是理想社会真切的起点，也是和谐社会理想的目标。和谐社会必须建立在尊重个人自由的基础上。自由的个体永远是和谐社会的主人，如果一个和谐社会不尊重这个社会里的个人，那么社会的和谐性从何谈起？个人建立这样的社会又有何意义？著名学者贝塔朗菲指出："人不仅仅是政治动物；他首先是个体，这是高于一切的。人性的真正价值不等于生物实体的价值、有机体功能的价值或者动物群落的价值，而是由个人思想发生的价值。人类社会不是蚂蚁或白蚁群落，被遗传本能所支配，受超级整体规律的控制。人类社会是以个体的成就为基础的；如果个体成为社会机器上的齿轮，社会就要毁灭。"②只有个人自由了、发展了、完善了，社会才可能和谐，才可以和谐，并且社会的和谐才有根本的意义。

三、个人自由以社会和谐为边界

> 每个人的自由发展是一切人自由发展的条件。

"每个人的自由发展是一切人的自由发展的条件。"③自由的伸展程度丈量出社会历史的前进步伐。任何一种进步都是把人的自由还给人自己。从发生学的角度看，越是人类的早期，越是落后的民族，人越不能从自然和社会中分离出来；越是往后，越是先进的民族，人越能从自然和社会中分离出来。只有落后、封闭的社会才会以国家、民族或集体的名义来限制个体生活的发展，不给个体的

---

① ［英］密尔：《论自由》，许宝骙译，商务印书馆1959年版，第68页。
② ［美］贝塔朗菲：《一般系统论：基础、发展和应用》，林康义、魏宏森译，清华大学出版社1987年版，第48—49页。
③ 《马克思恩格斯文集》第2卷，人民出版社2009年版，第53页。

自由留下生存的地盘。在落后、封闭的社会,人是社会的人,社会在逻辑上比人更重要,因此个人的价值和目的总是受到排挤;在先进、文明的社会,社会是人的社会,人在逻辑上比社会更重要,因此个人的价值和目的才受到保护。以独立性为基础的自由解放是社会的现代化的标志,同时也是人的现代化的标志。文章前面的分析表明,一个社会如果不给个人留下自由的空间是绝对难以和谐的。问题在于:当人们一味强调个人独立、个人自由、个人幸福的时候,必然牺牲他人的权利,造成彼此伤害,并使社会陷入无序和不和。显然,如果允许个人自由但对于个人的自由不做出边际约束和恰当定位,社会也是绝对不能达于和谐的。究竟是牺牲个人的自由以达到社会的和谐,还是以社会和谐为边界来谋求个人的自由权利? 这成了学术界争论不休的话题。

作为自由的主体,人总是要追求价值的,实际上人也的确在追求价值。而价值总是多元的,不同的人有各不相同的价值需求和价值目标。这样一来,一个人的价值追求很可能与别人的价值追求发生冲突。如果只认可个人的自由和价值,那么一个人的自由和价值很容易构成对另一个人的自由和价值的侵害,并最终使个人的自由和价值变得不可靠,并导致价值冲突。为了化解价值冲突,达到彼此互惠和社会和谐,自由的主体发展出对公共秩序和普遍规范的需求。这实际上就是要求确定利益的界限,据此判定哪些利益可以归哪些社会成员占有。社会和谐理论就是在这样的情况下出现的。社会和谐理论强调,正因为自由的个人彼此存在着利益的冲突,所以以全体人民都能接受的方式在社会成员之间划分利益就成了和谐社会构建的基本要求。和谐本来就是关于一个社会的全体成员相互之间恰当关系的最高范畴,标示了一种权利的界限和尺度。而和谐作为一种界限和尺度就是要阻止自己对他人权利的干涉,而且只要可能,也阻止他人对自己进行这种干涉。在社会和谐理论看来,自由作为一种权利虽然意味着摆脱约束与限制,但并不等于不要任何限制的任性妄为。自由并不等于随意行事,想做什么就做什么。真正的自由是对不合理的约束与限制的理性否定。没有合理的限制,自由就会成为任性妄为。自由冲破的是不合理的限制,而不是取消一切限制,以至消解社会的正常而和谐的秩序。这恐怕就是早在 1903 年严复翻译密尔的《论自由》时把书名确定为《群己权界论》的原因。

历史上几乎所有思想家都把自由看作是有规则的、有边界的、理性的自由。在理性的指导下,每个人寻求他自己的自由,不仅不会导致对别人的损害,而且对别人也最为有益。任何人都有追求自由的权利,因此,没有任何人

> 每个人的自由发展是一切人自由发展的条件。

有权限制和责难别人的自由。密尔认为："唯一实称其名的自由，乃是按照我们自己的道路去追求我们自己的好处的自由，只要我们不试图剥夺他人的这种自由，不试图阻碍他们取得这种自由的努力。"①密尔还指出："就一个人来说，他对于自己的事情应当有自由欢喜怎样做就怎样做，但是不应当以他人的事情就是自己的事情为借口而同样自由地欢喜怎样就怎样代替他人来做。从国家方面来说，它一方面应当尊重每人在特关自己的事情上的个人自由，同时另一方面也有义务对它所允许每人施用于他人的权力保持一种注意的控制。"②在密尔看来，个人的自由必须"约束"在这样一个界限上，即必须不使自己成为他人的妨碍。按照黑格尔的理解，不受理性制约的自由不是真自由，而是主观任性，是抽象的形式的自由。真正的自由意味着个人要求自由时，也尊重和不伤害他人的自由。也就是说，自由是所有人的自由，对所有人开放，而绝不是个别人的自由。每一个人应该平等地享有尽可能广泛的自由权。从这一点出发，斯宾诺莎指出："人要保持他的存在，最有价值之事，莫过于力求所有的人都和谐一致，使所有人的心灵与身体都好像是一个人的心灵和身体一样，人人都团结一致，尽可能努力去保持他们的存在，人人都追求全体的公共福利。由此可见，凡受理性指导的人，亦即以理性作指针而寻求自己的利益的人，他们所追求的东西，也即是他们为别人而追求的东西。"③

马克思深刻指出："自由是可以做和可以从事任何不损害他人的事情的权利。"④我们不得不在要求我们自己有自由的同时也允许他人有自由，即维护社会的公共利益和普遍自由。这就是阿奎那所说的："如果一个自由人的社会是在为公众谋幸福的统治者的治理之下，这种政治就是正义的，是适合于自由人的。相反地，如果那个社会的一切设施是服从于统治者的私人利益而不是服从于公共利益，这就是政治上的倒行逆施。也就不再是正义的了。"⑤我们把自由作为我们的目标，然而这只有在把他人的自由也作为一个目标的前提条件下才是可能的。自由不应该是个别人的特权，而应该是人人追求的目标。唯其如此，才可能有和谐社会。所以，爱尔维修指出："公正是以使每个人

自由作为一种权利虽然意味着摆脱约束与限制，但并不等于不要任何限制的任性妄为。

① [英]密尔：《论自由》，许宝骙译，商务印书馆1959年版，第13页。
② [英]密尔：《论自由》，许宝骙译，商务印书馆1959年版，第113—114页。
③ [荷]斯宾诺莎：《伦理学》，贺麟译，商务印书馆1983年版，第184页。
④ 《马克思恩格斯文集》第1卷，人民出版社2009年版，第40页。
⑤ 《阿奎那政治著作选》，马清槐译，商务印书馆1963年版，第46页。

得其所当得这一不变的条件为前提的。"①公民不自由，就谈不上社会和谐，公民不自由本身就是最大的社会不和谐。但追求社会和谐尽管无须也无意取消自由，却需要对人们的自由做出适当的限制，进行边际约束。主张社会和谐不是对自由的否定，而是对把自由作为某些人的特权的否定，其实只是要求自由对所有人公平开放。

不过，和谐是相对的而不是绝对的。不承认这种相对性，就必然将千差万别丰富多彩的人的世界抽象为一个苍白的平均值。真正的和谐社会既承认权利平等又允许差异存在。今天，构建"和谐""社会"，我们要特别警惕某些人以"和谐"为借口取消差异，以"社会"为借口取消个性。江畅教授在《幸福与和谐》中极力强调："和谐的构成成分是多元的，而非一元的。在绝对统一的一元化整体中，和谐没有存在的余地。那种试图使系统或共同体成为一个绝对统一的一元化整体努力，只会从根本上消解和谐的根基。……构成和谐的主体或因素不仅是多元的，而且彼此之间是各不相同的，存在着差异性。和谐不是清一色，而是基于差异性的多样性，正因为如此，和谐是美的。清一色的事物也可能构成一种秩序，但那种秩序可能是整齐，而不可能是和谐。和谐是基于差异性、多样性并尊重个性构建的秩序。无差异就无多样，无多样则无和谐。和谐的对立面不仅是无序，而且是整齐划一。"②真正的和谐社会并不抹杀人的个性差异。绝对的平均主义理想看上去很均衡，实际上并不和谐。因为它实质上是以形式上的和谐掩盖着实质上的不和谐。和谐社会要求的不是结果上的平均而是起点上的平等，是在尊重主体人格和创造个性的前提下为人们参与竞争提供均等的机会，并鼓励他们在自由竞争中发挥自由意志和创造才能。因此，和谐社会给个人的自由划出一个边界恰是对于每个公民人格独立与人格尊严的承认与尊重。

自由就是从事一切对别人没有害处的活动的权利。

① [法]霍尔巴赫:《自然的体系》下卷，管士滨译，商务印书馆1977年版，第58页。

② 江畅:《幸福与和谐》，人民出版社2007年版，第12页。

伦理学讲座

罗金远
戴茂堂
著

第十一讲
和谐社会视野下的企业责任

党的十六届六中全会作出了《中共中央关于构建社会主义和谐社会若干重大问题的决定》，提出了关于社会主义和谐社会的伟大构想。构建和谐社会涉及各个主要社会组织的社会责任，包括企业组织的社会责任。所有企业组织，对内对外，不分大小，在和谐社会构建中都必须承担相应的社会责任。责任涉及三个问题：负什么责任、为什么负责以及如何负责。因此，下面从这三方面做些讨论。

> 责任涉及三个问题：负什么责任、为什么负责以及如何负责。

一

古典经济理论几乎把市场经济下企业的功能等同于企业的社会责任。企业只要在法律允许的范围内，尽可能高效率地使用资源以生产社会需要的产品和服务，并以公平的市场价格销售给消费者，企业就算尽到了自己最基本的社会责任。当历史发展到了当代，社会对企业有了更多的期望，企业的社会责任也有了更为广阔的内容，其中包括教育、公共健康、就业福利、环境保护、节约和爱护资源等。所谓企业的社会责任(Corporate Social Responsibility，简称CSR)，目前国际上普遍认同的概念是：指企业在创造利润最大化、对股东负责的同时，还要承担对员工、消费者、社区和环境的社

会责任,包括遵守商业道德、生产安全、职业健康、保护劳动者的合法权益以及保护环境、节约资源、支持慈善事业、捐助社会公益、保护弱势群体等等。企业讲社会责任,意味着它既要实现股东利益的最大化,同时应尽可能维护和增进社会利益,这两方面的要求形成了某种张力,使企业的经济效益和社会效益达到一定的均衡状态。也就是说,企业不但要为股东创造利润,而且还要考虑对利益相关者负责;不但要考虑产品的技术水平,而且还要关注产品的环保质量;不但要考虑生产效率,而且还要考虑在生产过程中劳动者的权益;不但要考虑产品的知名度,而且还要关注企业的美誉度。尽管社会对企业的期望越来越高,但是我们必须强调,企业的社会责任不是可以无限扩展的,而是有限度的。

企业社会责任是企业对社会的一种关系责任。关系责任意指一方主体基于其与他方主体的某种直接或间接的关系而负有的责任,其实质是一种义务。具体来说,企业必须承担起明礼诚信确保产品货真价实的义务,承担科学发展与交纳税款的义务,承担可持续发与节约资源的义务,承担保护环境和维护自然和谐的义务,承担公共产品与文化建设的义务,承担扶贫济困和发展慈善事业的义务,承担保护职工健康和确保职工待遇的义务,承担发展科技和创自主知识产权的义务等等。基于社会共同利益的考量,企业社会责任的相对方为涵盖企业的雇员、企业产品的消费者、企业的出资者与债权人、政府以及经济与社会发展规划、环境资源、社会保障与社会福利事业的受益公众等多方群体的社会系统。

不仅如此,企业的社会责任或者具有强制性或者具有自愿性。有些企业责任作为对企业的强制性约束,以国家的法律与法规作为其履行的保障,如保障职工的合法权益、实现出资者资产的保值与增殖、按期还本付息、依法纳税等。有些企业责任则并不要求强制执行,而是由企业自愿履行,它是法律与法规之外对企业提出的更高道德要求,如扶贫、助残、济老与救孤等社会公益事业等。

20世纪90年代初,西方学者卡罗尔提出企业社会责任金字塔说,认为企业社会责任中位于最底层的是经济责任;位于第二层的是法律责任;位于第三层的是道德责任;位于最高层的是慈善责任,即成为优秀企业公民的期望。这种观点强调将企业的社会责任应放在不同层次上去理解,位于前列的是最起码最底线的社会责任,越往后就是越高的道德责任要求。

企业社会责任是企业对社会的一种关系责任。

而中国企业的社会责任,根据特有的国情,应与"和谐社会构建"等有机结合起来。在构建社会主义和谐社会的进程中,企业要自觉履行社会责任并做出特有的贡献。企业要为构建和谐的劳动关系、和谐的营销氛围、和谐的社区环境,促进经济与社会的协调发展做出贡献。具体说来,中国企业在构建和谐社会的大背景下应有特殊的责任要求:一是谋求企业发展与社会和谐相统一,企业进步与社会进步相统一,把社会健康发展、可持续发展作为企业社会责任的重要内容;二是谋求企业发展与保护资源和生态环境相协调,坚持节约发展、清洁发展,把营造节能与环保的和谐消费环境、建设环境友好型、资源节约型生态企业作为企业社会责任的重要任务;三是谋求企业发展与人的进步相统一,最大程度促进企业与员工和谐统一,把安全生产、关爱员工作为企业社会责任的重要部分;四是谋求企业发展与文化发展相统一,促进和谐文化建设,把支持公益事业、追求公正公平,作为企业社会责任的重要环节。

二

对于企业要不要承担社会责任,20 世纪 70 年代争论比较激烈。1970年,著名经济学家、诺贝尔奖金获得者米尔顿·弗里德曼认为,企业的社会责任就是创造利润,如果企业承担过多的社会责任,会威胁到政治的自由。如今,随着社会和企业的进一步发展,特别是和谐社会构想的提出,企业要不要承担社会责任,再次引起极大关注。我们认为,从和谐社会视野出发,企业承担社会责任尤其重要。主要理由是:

其一,企业不仅是经济组织,而且是社会的一部分,处在社会各方面的利益关系之中。在表面上看,企业是投资者的企业,其实,从更深层次上来看,企业是全人类的企业。企业作为社会的重要细胞,直接关系到社会的和

中国企业的社会责任,根据特有的国情,应与"和谐社会构建"等有机结合起来。

谐与否，因此必然担负一定社会责任。当人们仅仅把企业作为一个经济组织来定位的时候，企业的唯一目标就是赚钱，就是追求利润的最大化。然而，进入新时期新层次的企业早已不能作为一个纯粹意义之经济组织存在了。企业在早期被定义为一种具有赢利性的经济组织，那时企业的根本目的就是利润的最大化。如今，企业已经成为现代社会中一种广泛存在的社会组织形式。正如经济学家彼得·德鲁克所说，企业的本质是社会组织，其经济组织属性只是第二位的。其社会使命大于经济使命。企业作为一个具有社会性的经济组织，具有经济性和社会性两重属性，一方面要追求利润，在市场竞争中求得生存和发展，另一方面要承担社会责任，履行社会义务，因此企业既是一个独立的经济主体也是一个独立的伦理主体。企业伦理要求企业对内为员工提供公平的就业、培训和晋升机会与报酬，提供安全和良好的工作条件；对外与竞争者公平竞争，对供应商恪守合同，为消费者提供价值合理的产品和高质量的服务，照章纳税、保护环境、多做慈善事业。因此，企业的角色定位不应仅仅限于成为一种谋求利润最大化的工具，还应成为实现社会公共福利增进的实体。企业行为已超越单纯的经济性质而被视为一种社会行为。企业目的已超越单纯的经济目的而具有了多元目的，除了经济目的还有社会目的和环境目的等。并且每个目的都以相互关联的方式与其他目的联系在一起。本来，企业就是嵌入社会结构之中的，也只能存在于社会背景之内，企业是社会之中的企业，也是社会当中的主体，因此摆脱不了有关社会责任的决策。担当社会责任是社会对企业的期望。企业作为主体能够而且应当负有责任。企业的责任与其作为社会主体的自由程度应该是一致的。企业在社会当中的影响越来越大，担当的道德责任就越来越重。哈佛商学院的 L.S.佩恩教授在《价值转变》一书中，考察了企业在当代深入发展的一般过程后，指出：今日社会，企业不需承担社会责任的说法是站不住脚的。乔治·恩德勒从经济伦理学的角度提出了"平衡的企业"概念，认为作为一个道德行为者的企业，具有经济的、社会的和环境的责任，它在各个层次上与其他行为者有关联，并在某种不确定的和变化着的范围内进行运作。上个世纪九十年代后期，卡罗尔提出企业公民理论，认为企业同个体的社会公民一样，具有一种"身份"（这对声誉管理和品牌认知非常关键）。每个企业作为一个企业公民，既拥有社会公民的权益，同时，也必须承担对社会的责任，承担严格遵守法律、奉行商业道德、关注可持续

企业的本质是社会组织，其经济组织属性只是第二位的。其社会使命大于经济使命。

发展等多方面社会责任。这些理论超越了传统对企业的经济人假设，明确地强调了企业具有不可推卸的社会责任。企业的社会责任，是企业超越传统意义的纯粹经济组织，真正成为市场主体之后必然提出的要求。

其二，企业必须承担社会责任，不仅是社会发展的要求，而且是企业健康发展的要求。履行社会责任并不意味着企业发展受损，也不必然影响企业竞争力。对企业来说，衡量竞争力的基本标准不仅局限于成本、质量、服务，道德标准也正在成为保持企业竞争优势的重要因素。只有通过履行社会责任，塑造有益于社会发展、有益于环境的正面形象，取得社会公信，赢得良好的社会声望，企业才能更被市场青睐，具有更强的竞争力。有些中小企业正是缺乏社会责任，才失去了核心竞争力的。履行社会责任，是大势所趋，也是提高企业竞争力量和树立企业形象的根本。在经济全球化背景下，只有不断提升、保护和创造自己的市场竞争力，企业才能持续生存和发展。科学技术发展到今天，同类产品之间的差异将会越来越小，企业之间的竞争将从有形的产品竞争逐步转向无形的信誉和形象的竞争。增强企业核心竞争力已经不可能单纯依靠技术和资金等物质因素，企业文化等非物质因素将发挥重要作用。企业伦理观是企业的核心竞争力。据调查，90%的顾客认为，当质量、服务和价格相同时，他们会选择在履行社会责任方面声誉最佳的企业的产品，而不再仅仅只是依靠产品的价格、功能和质量等传统参数来选择消费品。经济学家研究结果表明，承担社会责任和企业经济效益成正比例关系，即企业承担社会责任会促进企业经济效益的实现。广义的企业社会责任是包含经济责任、法律责任和道德责任在内的一种综合责任。在企业竞争中讲伦理，不但不会影响企业的经济效益，相反，从长远来看，一个注重伦理价值观建设的企业，能够为自身带来竞争上的利益，增强企业的竞争力。

目前，企业作为经济部门对和谐社会的构建有着巨大的贡献：首先是

> 对企业来说，衡量竞争力的基本标准不仅局限于成本、质量、服务，道德标准也正在成为保持企业竞争优势的重要因素。

创造了辉煌的物质业绩。第二是承载着国民税收的主体。第三是缓解社会就业。第四是为市场提供产品或服务。但是，当前某些企业也表现出极为突出的问题：无视自己在社会保障方面应起的作用，尽量逃避税收以及社保缴费；较少考虑社会就业问题，将包袱甩向社会；较少考虑环境保护，将利润建立在破坏和污染环境的基础之上；唯利是图，自私自利，提供不合格的服务产品或虚假信息，与消费者争利或欺骗消费者，为富不仁；依靠压榨企业职工的收入和福利来为所有者谋利润，企业主堕落成资本的奴隶，赚钱的机器；缺乏提供公共产品的意识，对公益事业不管不问；缺乏公平竞争意识，一些在计划经济时期延续下来的垄断企业，大量侵吞垄断利润，并极力排斥市场竞争；普遍缺少诚信，国有企业对国家缺少诚信，搞假破产逃避债务，民营企业通过假包装到市场上圈钱，等等。在安全生产方面，许多重大安全生产事件都与企业有着直接关系，一系列重大环境污染事件肇事者多数是企业，结果致使国家财产损失和人民群众的生命丧失。在维护职工合法权益方面，一些企业拖欠职工的工资，引发劳动争议事件，还有一些企业不顾职工的身体健康，造成职业病等等。这些不和谐事件的屡屡发生，一方面给国家财产造成直接的经济损失，另一方面直接造成了人民群众的合法权益受到侵害。这既影响了社会的稳定，又影响了企业的发展，既与构建社会主义和谐社会的要求不相符，也影响了企业有更大的发展和作为。逃避社会责任，不仅会伤害企业的长期利益，甚至可能毁灭企业。企业的深层次发展，需要更多的社会责任。在某种意义上说，要求企业承担社会责任，既是要求企业对自己的行为后果负责，也是要求企业对和谐社会的构建负责。

其三，企业履行社会责任，不仅是社会的要求、企业自身的要求，其实也是加入世界贸易组织的必然要求。企业社会责任，已经成为一个国际的产物，从欧盟到美国都在讲。强化企业社会责任也是企业走向世界的需要。

承担社会责任和企业经济效益成正比例关系，即企业承担社会责任会促进企业经济效益的实现。

"全球契约"（Global Compact）这个概念，是 1999 年初联合国秘书长安南倡议的，次年，联合国全球契约（UNGC）活动正式启动，主旨是要求企业承担起社会责任，特别是在遵循联合国方面的人权（企业应该尊重和维护国际公认的各项人权；绝不参与任何漠视与践踏人权的行为）、劳工标准（企业应该维护结社自由，承认劳资集体谈判的权利；彻底消除各种形式的强制性劳动；消除童工；杜绝任何在用工与行业方面的歧视行为）、环境（企业应对环境挑战未雨绸缪；主动增加对环保所承担的责任；鼓励无害环境技术的发展与推广）和反腐败等十项原则上有所作为。面对全球化的浪潮，国内企业在积极参与全球生产体系的同时，也必须遵守国际准则和全球契约，这是无法回避的。在国际背景下，一个企业要提高国际竞争能力，保证生存和发展，必须要重视社会责任。在企业社会责任成为国际潮流的情况下，如果中国企业不跟上潮流，在国际贸易的合作中就会受到质疑，就会导致贸易摩擦频繁发生，甚至为交易对方所排斥。处于全球供应链中的中国外向型企业首先遭遇了跨国公司企业社会责任标准的"发难"，越来越多的企业发现：以前不降低成本，可能失去订单；而现在以牺牲社会责任去过度降低成本，同样也可能失去订单。目前欧、美、日各国都在制定自己的社会责任标准，我国也应针对国际经济社会发展的需要和企业社会责任暴露出的问题，尽早研究和制定与世界接轨又符合中国国情的企业社会责任标准。把责任置于企业的核心地位，渗透到企业的目的、规则、业绩和影响力之中。从国际化的角度看，在构建和谐社会的伟大征途中，中国企业更是必须把社会责任作为自己的基本任务担当下来。

三

那么，究竟企业应该承担什么样的社会责任呢？

首先，企业要履行自己的经济责任。因为和谐社会坚持发展是第一要务。经济发展是企业社会责任中最直接和最主要的内容。要谋划实施企业发展责任战略，并把这一战略融入到企业经营主流即企业战略、组织结构和日常运营中，纳入到企业全面管理体系。企业最基本的社会责任就是把企业做好，这是企业履行其他社会责任的前提和载体。如果企业不发展，不创造经济效益，不为社会创造财富，那就无法履行为国家纳税、解决社会就

企业履行社会责任，不仅是社会的要求、企业自身的要求，其实也是加入世界贸易组织的必然要求。

业的最基本责任。

第二,企业要坚持科学发展,协调发展,要遵纪守法,自觉遵守国家的法律法规,履行基本的法律责任。美国"企业社会责任运动"的重要奠基人施沃伦先生在其代表作《财富准则：自觉资本主义时代的企业模式》中强调,要使企业更好地承担社会责任,不仅要靠道德自觉,而且要靠外在约束,主要是政府强制、法律规范和社会舆论。加快建立健全关于企业社会责任的立法,加强企业自律及社会公众、行业协会对企业的监督,形成政府、企业、社会三位一体的关于企业社会责任的长效联动机制与监督机制。政府应为让企业履行社会责任创造环境和体制。据有媒体报道,在别的国家,企业进行捐助会有一个免税政策。和谐社会必然是法治社会,和谐企业也必然是遵纪守法、依法治企的企业。企业在创造利润的过程中,要自觉遵守国家和各级政府有关环境保护的法律法规,自觉保护环境,进行技术创新,发展节能技术,开发节能产品,有条件的企业要积极投身于环保事业,为保护环境做出积极的贡献。企业要认真遵守劳动法,保障企业职工的合法权益,保障他们就业和参与社会保障的权利,以及参与企业民主管理的权利,发展和谐的劳动关系。自觉遵守国家有关生产安全法律法规,切实保证劳动者的生产安全和职业健康。

第三,企业要坚持以人为本。企业要把职工看成是宝贵的人力资源,让发展的成果惠及职工。职工是企业中最宝贵的财富,也是生产要素中最活跃的因素,要认真贯彻尊重劳动、尊重知识、尊重人才、尊重创造的方针,营造和谐文化,充分发挥企业职工的积极性和创造力。在生产过程和经营活动中,无论是对企业员工,还是对消费者,都要体现出对人的价值的尊重,都要考虑产品和技术对人民群众生产生活、身体健康带来的社会影响。

第四,企业要大力发展社会事业。大多数企业都把社会看成是企业发展的外部环境,实际上,社会发展也是企业发展的最终目的。企业创造利润、创造财富的最终目的还是为了社会进步和人类共同的幸福。所以,企业

经济发展是企业社会责任中最直接和最主要的内容。

要与社会协调发展,要与社会互利共赢。企业不仅仅是创造社会财富的主力军,而且也是推动社会发展的历史创造者。企业要积极参与社会发展,要树立企业公民理念,通过公益捐赠树立自己的社会形象,提升企业的社会美誉度,要按照可持续发展的要求,突出提高资源利用效率、保护生态环境的目标,要按照构建和谐社会的要求,突出公共事业和公共服务的目标。

第五,要建立对责任概念的系统理解,要树立责任感本身就是社会财富的崭新理念。如果企业把责任与社会财富对立起来,那就必然增加社会的负担,而这些负担又会直接间接地导致企业经营成本的扩大;反之,如果企业在谋求经济利益的同时,自觉履行道德义务,对社会负起责任,那就可以树立良好的社会形象,提高自己产品和服务的声誉,从而扩张企业发展的空间。这时责任就不是企业的咒语,而是一笔可贵的道德资本和无形资产。承担社会责任并非消极的只是一种负担,只要把握和利用的好,完全可以转化为一种企业发展的机会。应进一步推进关于企业社会责任问题的理论探讨与调查,加强宣传与舆论引导,消除企业家在企业社会责任观念上的误区,重视企业社会责任实践。如社会责任和企业竞争力,其实是个整体,相辅相成。要充分理解和认识企业社会责任和竞争力之间共荣共生的关系,并逐渐形成一种政策支持的文化氛围。企业要通过企业文化建设,转变传统观念,转变经营理念,以自己的实际行动投身于社会主义和谐社会的建设,增强社会责任,增强历史使命感,创造辉煌的业绩,创造美好的未来! 必须牢牢把握搞好自己的企业是企业最基本的社会责任的底线。企业在承担社会责任时,要预防走向另外一个极端:过分地追求社会声誉,甚至好大喜功,承担了与自己的企业产业发展方向不协调,承载能力不协调的、过多的社会责任。政府不能把本当属于政府职能范围内的事情推向企业,社会不能把发展好的企业当做唐僧肉。如果是这样,那就是政府和社会的不负责任。

> 承担社会责任并非消极的只是一种负担,只要把握和利用的好,完全可以转化为一种企业发展的机会。

中 篇

第十二讲
伦理学史研究的情感之维

在当代,国内学术界对伦理学史的研究可谓贡献多多[①]。但令人遗憾的是,对伦理学史从情感维度做出的研究却少之又少。然而,道德意识的确立以及道德行为的发生都离不开道德主体的情感参与,所以不关切道德情感的伦理学是空洞的伦理学,不关切道德情感的伦理学史研究是空洞的伦理学史研究。情感维度之所以是研究伦理学史不可缺失的重要维度,乃是因为伦理学与心理学之间有深刻的联系。"如果说道德的根本在于自由意志,而自由意志根本上不是对必然的认识,而只是一种自由感,那么,伦理学就不能脱离与心理学的干系。如果伦理学还讲道德良心、道德同情、道德意识、道德情感的话,那么,伦理学也就完全不能没有心理学的基础。"[②]正是从伦理学与心理学之间特有的关联出发,我们认为,有必要认真分析一下伦理学史研究中情感缺失问题,并对伦理学研究中的情感回归做出尝试性的探索。

---

① 如蔡元培著《中国伦理学史》,陈少峰著《中国伦理学史》上下册,罗国杰主编《中国传统道德》(多卷本),陈瑛著《中国伦理思想史》,沈善洪、王凤贤著《中国伦理思想史》,朱贻庭著《中国传统伦理思想史》;章海山著《西方伦理思想史》,罗国杰、宋希仁著《西方伦理思想史》,万俊人著《现代西方伦理学史》,周辅成主编《西方伦理学名著选辑》(上、下卷)等。

② 戴茂堂:《西方伦理学》,湖北人民出版社 2002 年版,第 10 页。

一、伦理学史研究缺乏情感维度之表征

在学术界,伦理学史研究情感维度的缺乏突出地表现在两个方面:

其一,没有对伦理学史上关注了道德情感问题的伦理学家给予足够的重视。这一点在西方伦理学史研究中尤其突出。比如在西方伦理学中,情感往往被当做是与理性相对立的概念而只能在道德论证中扮演附属的角色。因而在西方伦理学史研究中,少数对于情感问题给予了特别注意的伦理学家也在这种偏见中被有意无意地忽视了。比如,在西方近代启蒙运动中,夏夫兹博里(Shaftesbury)和弗朗西斯·哈奇森(Francis Hutcheson)等人确立了"一种建立在心理学基础上的道德观"①。然而,由于国内习惯将他们学说中最关键的概念"moral sense"翻译为"道德感",而不是"道德感官",这种译名用汉语语境中的某种道德情感或道德直觉代替了西方道德情感学说中的人性论与先验心理学基础。"sense"在英文中的多义现象以及这种偏离原文旨意的译名或多或少地"帮助"读者误读了道德情感学说,从而导致西方伦理学研究者大多认为夏夫兹博里、哈奇森等人的伦理学只是继承了英国经验主义传统而建立在经验心理学基础上,没有什么价值。因此,对他们在近代道德哲学中的作用视而不见,丝毫没有注意到他们的学说恰好坚决地反对了霍布斯等人创立的以"自爱"为核心的经验主义伦理学,也没有注意到哈奇森创作的"曾在整个 18 世纪的英国、欧洲大陆和美国得到广泛翻译,并产生很大影响……的道德哲学著作"②所应有的理论价值和现实价值。相反,要么有研究者误解了他们进而认为他们"把感情的地位与作用夸大到不适当的程度",要么有研究者忽略了③他们而认为:"近代哲学在认识人的道德本性方面分为两个流派:一派(马基雅弗利、霍布斯)的出发点是:人的本性从来就是坏的、恶的;另一派(莫尔、卢梭)则认为人的本性从来就是善的。"④显然,在这种把握中根本就没有夏夫兹博里、哈奇森等人的位置。在为数不少的西方伦理学史的研究专著中对夏

① [德]摩根史特恩、齐默尔:《哲学史思路:穿越两千年的欧洲思想史》,唐陈译,中国人民大学出版社 2006 年版,第 299 页。

② Francis Hutcheson. An Essay on the Nature and Conduct of the Passions and Affections, with Illustrations on the Moral Sense. Indianapolis: Liberty Fund. 2002. P.9.

③ 黄伟合:《欧洲传统伦理思想史》,.华东师范大学出版社 1991 年版,第 179 页。

④ [苏]A.古谢伊诺夫、P.伊尔利特茨:《西方伦理学简史》,刘献洲等译,中国人民大学出版社 1992 年版,第 297 页。

在西方伦理学中,情感往往被当做是与理性相对立的概念而只能在道德论证中扮演附属的角色。

人性论
Hume
大师经典 通俗阅读
（英）休谟 著 金辉 编译
全面揭示人性本质的经典文献
阅卷人性人性，深刻认识自己
北京出版社

夫兹博里、哈奇森只字不提的却是大多数。似乎夏夫兹博里、哈奇森根本就是与西方伦理学没有关联、无足轻重、可有可无的人物。麦金泰尔在他的《伦理学简史》提到了哈奇森，但认为哈奇森"的观点仅仅建立在无根据的断言上"①。国内竟然到现在为止就没有一个完整的夏夫兹博里、哈奇森的伦理学著作的译本。

休谟在近代建立了情感主义的伦理学。他说："只要说明快乐或不快乐的理由，我们就充分地说明了恶和德。"②休谟把道德建立在快乐和痛苦的情感上，把德性归结为一种主观性的情感。他说："道德这一概念蕴涵着某种为人类所共通的情感。"③但只有少数研究者注意到了休谟关于"道德的区分不是来自于理性"和"道德感是道德的根源和道德评价的标准"④等观点。其实，正是觉察到情感在道德中的极端重要性，休谟在伦理学史上首次做出了"事实与价值"、"是与应该"的分离，这是休谟对伦理学史的最特殊贡献。伦理学史研究由于缺乏情感之维的考察，有人反而认为休谟伦理思想中有价值的成分仅是"对幸福问题的看法"以及"包含若干辩证法的和历史唯物主义的思想因素"⑤，这种评价是不得要领的。在相同思路的范导下，对于亚当·斯密的研究重点则集中于《国富论》和经济自由思想，对其经济思想的伦理基础即道德情感学说，以及《道德情操论》却研究不够。人们几乎从不愿意承认亚当·斯密是一位成绩卓著的伦理学家，他的《道德情操论》是西方伦理学史上的经典之作。

出现于 20 世纪的元伦理学认为伦理学应该把善是什么当作伦理学应该解决的初始问题即元问题。元伦理学的创始人摩尔认为，善是一个简单到不能定义的东西，因而我们只能依靠直觉来对其进行判断。因此，善的问题是一

> 道德这一概念蕴涵着某种为人类所共通的情感。

---

① ［美］麦金泰尔：《伦理学简史》，龚群等译，商务印书馆 2003 年版，第 221 页。
② ［英］休谟：《人性论》下卷，关文运译，商务印书馆 1997 年版，第 511 页。
③ ［英］休谟：《道德原则研究》，曾晓平译，商务印书馆 2002 年版，第 124 页。
④ 周晓亮：《休谟及其人性哲学》，社会科学文献出版社 1996 年版，第 245、253 页。
⑤ 阎吉达：《休谟思想研究》，上海远东出版社 1994 年版，第 427 页、第 429 页。

个自明的问题,它能最为有效地带来个人感情上的快乐和由美好事物而产生的喜悦行为。元伦理学之情感主义代表罗素认为,伦理命题属于价值而非事实领域,因而只能表达情感却不表达任何知识,所以没有任何意义。斯蒂文森的《伦理学与语言》深入研究人们在现实生活情境中进行的道德争论的性质、意义和功能,从而构建起一个庞大的情感主义伦理学理论体系,被批评家称为是继摩尔的《伦理学原理》之后,元伦理学中最富于创造性的著作,是对伦理学的情感理论的最彻底最精确的系统阐述和研究。斯蒂文森认为,伦理学的任务不是制定或论证道德规范,而是分析伦理语言的意义和功能,具体来说就是从情感意义上分析道德语言,指出道德判断之所以与科学判断不同就在于它具有科学判断所不具有的情感意义。然而,国内伦理学界对这种从情感维度切入道德问题的伦理学至今感到特别陌生。元伦理学当然也不能在伦理学史研究中扮演主流伦理学的角色。

其二,没有对伦理学史上忽视了道德情感问题的伦理学家给予足够的批判。这一点在中国伦理学史研究中尤其突出。比如中国伦理学史提倡的是一种典型的理性道德。这明显地体现在:中国传统道德规范是一种强制规定和外在规范,是他律的而不是自律的。中国传统道德条目大多是僵死而冰冷的理性法则,是与人的生命活动相对抗的道德玄谈,是哲学上的一种抽象而体面的思辨表达。梁漱溟指出:"孔子深爱理性,深信理性。他要启发众人的理性,他要实现一个'生活完全理性化的社会'。"①日本学者五来欣造说:"在儒家,我们可以看见理性的胜利。儒家所尊崇的不是天,不是神,不是君主,不是国家权力,并且亦不是多数人民。只有将这一些(天、神、君、国、多数),当作是理性之一个代名词用时,儒家才尊崇它……儒家假如亦有其主义的话,推想应当就是'理性至上主义'。"②这种理性化了的道德与人的情感具有严重对抗性。事实上,情感本来就是中国历史极力回避和鄙视的字眼。在古典文学作品中很少看到那种对于爱情的自由的、饱满的、酣畅的描写。《三国演义》里的人物不谈爱情。《西游记》里的爱情是妖精和猪八戒的专利。《水浒传》里的爱情与淫妇是同义词,而其中的英雄豪杰(如武松、杨雄、宋江)大多有手刃淫妇的"先进事迹"。《红楼梦》里林黛玉和贾宝玉带着青春的萌动,共鸣于爱情

中国传统道德条目大多是僵死而冰冷的理性法则,是与人的生命活动相对抗的道德玄谈,是哲学上的一种抽象而体面的思辨表达。

① 梁漱溟:《中国文化要义》,上海世纪出版集团、上海人民出版社 2005 年版,第 98 页。

② 转引自梁漱溟:《中国文化要义》,上海世纪出版集团、上海人民出版社 2005 年版,第118 页。

的诗文,但又害怕爱情的语言。所以,中国的古典文艺作品反倒更像是道德教科书。即使偶尔谈及情感,也要将它定位于理性名下。因此,中国艺术素来强调抒情,但总是止于"思无邪"的道德规范。儒家对待情感的态度,主要是看其是否符合理性原则,不符合理性的情感,向来不予以肯定。由于疏远了情感之维,历史上中国伦理学非但没有给中国带来一个真正的道德家园,相反却导致了道德乌托邦的营造,而在这个道德的乌托邦里人们往往在道德的幌子下干不道德的勾当。对此,很少有人从情感维度做出批判性分析。相反,当前中国伦理学史的研究者们更愿意陶醉于道德乌托邦的营造之中。如果说伦理学史研究还有一点批判色彩的话,批判者至多也只是将伦理学史置于所谓的马克思主义伦理学的审视和批判之下,去发现伦理学史上伦理学家的唯物主义特征和唯心主义特征,去深化对历史上某一派伦理思想的理解,尤其是深化对马克思主义伦理思想的理解。有学者就指出,学习中国伦理学史是为了"加深对马克思主义伦理学的理解"①,而学习西方伦理学史是为了"丰富马克思主义伦理学"。这样一来,就不可能对伦理学史上忽视了情感问题的伦理学家给予足够的批判与反思。

二、伦理学史研究缺乏情感维度之原因

当今伦理学史的研究以及教材编订都缺乏情感维度,这是不争的事实。为什么会这样呢? 这主要缘于人们对道德与情感的双重误解,似乎道德一定是远离情感的,情感也一定是远离道德的,道德与情感处于严重的分离之中。伦理学史上对道德的误解主要体现在把道德等同于理性和知识,这一点在西方伦理学史上尤其突出;而对情感的误解主要体现在把情感等同于自然血缘之情,这一点在中国伦理学史上尤其突出。

在西方伦理学史上,把道德等同于理性知识的做法源远流长。在古希腊人看来,善之所以善,一个根本的原因在于它本身就是真或者说真的知识。道德依赖于理性知识,没有理性知识就没有德性,善出于知,恶出于无知。人只有具备了有关道德的知识才能做善事,而且人具备了有关道德的知识就必然做善事。所以苏格拉底强调,伦理学必须寻求关于善的永恒的、普遍的概念和

中国艺术素来强调抒情,但总是止于"思无邪"的道德规范。

---

① 唐凯麟:《伦理学纲要》,湖南人民出版社 1986 年版,第 397、559 页。

定义。而"美德即知识"就是他关于美德(善)的一般知识。它表明理性知识是美德的"充分""必要"条件。"美德即知识"的命题经过亚里士多德之形而上学的提升,成为西方伦理学普遍认同的命题。德国哲学家赖欣巴哈说:"把美德视为知识的见解是一种本质上的希腊的思维方式。"①只要理性被夸大,情感就没有生长的空间。所以,在亚里士多德的学说中,"差不多完全没有可以称之为仁爱或慈爱的东西。人类的苦难——就他所察觉到的而论——并没有能在感情上打动他;他在理智上把这些认为是罪恶,但是并没有证据说这些曾使得他不幸福,除非受难者恰好是他的朋友。更一般地来说,《伦理学》一书中有着一种感情的贫乏"②。

近代伦理学是在自然科学方法的荫庇下成长起来的,具有明显的科学化、认识论倾向。近代伦理学认为美德可以借助某种逻辑的工具而得以获得,善恶可以借助理性的手段而得以认识。洛克就说:"道德学和数学是一样可以解证的。因为伦理学所常用的各种观念,既是实在的本质,而且它们相互之间又有可发现出的联系和契合,因此,我们只要能发现其相互的常性和关系,我们就可以得到确实的、真正的、概括的真理。我相信,我们如果能采取一种适当的方法,则大部分道德学一定会成了很明白的,而且任何有思想的人亦不会再怀疑它,正如他不会怀疑给他解证出的数学中的命题的真理似的。"③

康德认为,在道德的追求中情感不是先决条件,只是某种伴随现象。"通过实践规则的单纯形式决定意志,而毋须设定任何情感、从而毋需愉悦与不愉悦的表象作为欲求能力的质料。"④在康德伦理学中,情感不是顺适性的如愉悦或快乐,而是对某种更高的约束、强制产生的消极性情感,如敬重。道德法则要求我们敬重,我们的义务就是由于敬重道德法则而产生的行为必要性。对义务只能产生敬重之情,而不能产生热爱或愉悦之情。所以,道德性的情感只能是敬重。在他看来,从消极意义上说,敬重就是对自爱和自负的贬抑;从积极的意义上说,敬重可以成为按照道德法则而行动的动机。在他看来,美德不是一种情感、欲望品质,而是一种正常的心灵秩序,那就是理性规律是心灵之善即美德的决定性条件。美德作为心灵品质之善,必须确立这样

伦理学史上对道德的误解主要体现在把道德等同于理性和知识,这一点在西方伦理学史上尤其突出。

---

① [德]赖欣巴哈:《科学哲学的兴起》,伯尼译,商务印书馆1991年版,第45页。
② [英]罗素:《西方哲学史》上卷,何兆武、李约瑟译,商务印书馆1963年版,第238页。
③ [英]洛克:《人类理解论》下卷,关文运译,商务印书馆1981年版,第640页。
④ [德]康德:《实践理性批判》,韩水法译,商务印书馆2001年版,第23页。

一种秩序:对理性规律的表象即道德法则来作为决定意志动机的根据。这样的意志才能是绝对善的意志:理性发布命令,敬重感随之,意志每听命。至于能否激发和满足本能性的情感欲望,则非其所计。邓晓芒指出:"康德是瞧不起情感的,认为要讲纯粹理性就不能计较情感。……道德律本身有一种敬重感。敬重感是一种痛苦的感觉。我的一切情感与道德律相比,根本就微不足道,我敬重它。其他的东西都不值一提,无足挂齿。那么我就变得很渺小了,我的一切情感都变得非常渺小。……这种敬重是否定了人的一切世俗情感的,但它还是感性的,它立足于人是感性的存在。人是理性的存在,同时也是感性的存在,所以唯有这种敬重感是一种道德情感。但这个道德情感不是道德的根据。英国经验派经常把道德立足于人的道德情感,像休谟、博克、哈奇森,认为人的道德情感就是人的道德来源,就是人的道德的源泉。康德反对这种观点。道德情感当然可以使人出于道德律去做有道德的事情,成为道德的动机或发条。……但正因为如此,道德的动因就不是情感,而是自由意志。自由意志有一个'为',如何才能'为'? 为义务而义务? 那就要有情感的驱动,要有敬重感的驱动,才能做出纯粹道德的事情。但这种情感不是道德的源泉,而只是道德实现自身的一种动机,一种现实的手段。道德的源泉只能是纯粹实践理性。"[1]康德的学说是从大陆理性派生长起来的,是非常纯粹的理性,他早年认为情感问题不是哲学家探讨的问题,而是心理学家探讨的问题。所以他早年不讨论情感问题,只是在一些通俗的论著如《实用人类学》有所涉及。也就是说他不把情感当做他的纯粹理性和先验哲学的一个部分来探讨,而是当做一个具体的科学部门加以探讨。情感是一种感性,跟五官感觉差不多,是人的内心的一种激动、一种反应,而康德刚好推崇的是理性,理性就是规范感性的东西。只是在写完《实践理性批判》以后,康德觉得自己早期对情感有误解,发觉情感有某种先天的共同性在里面,跟一般的感觉、跟后天的反应好像不一样。于是,晚年在写作《判断力批判》的时候,他开始相信,情感能力是人的一种很重要的能力。

在现代,自然主义伦理学主张无批判地使用各种自然科学材料和自然科学方法,甚至寄希望于借助自然科学如遗传工程、行为技术学的成就来解决道德难题,达到道德的完善和伦理学的成熟。实用主义伦理学从生物进化论

道德法则要求我们敬重,我们的义务就是由于敬重道德法则而产生的行为必要性。

---

① 邓晓芒:《康德哲学讲演录》,广西师范大学出版社 2005 年版,第 88—89 页。

和彻底经验论出发,认为一切自然科学都可以成为道德研究和伦理科学的用具。当伦理学把道德贴上理性知识的标签时,就必然会用普遍的知识来否定特殊的情感,走向情感与理性的二分。事实上,情感问题在西方理性哲学中是不入流的,被遗忘在阴冷的角落。

张世英先生总结说:"西方传统道德观,受西方传统哲学的影响,主要地是一种轻视感情欲望的道德观。"①人的情感生命受到理性的排斥,道德之学最终会成为远离情感"知识之学"。用有序的理性来排斥无序的情感,甚至最终会导致道德的不可能。正如国外学者所指出:"如果这些知识不在人的感性体验、偏爱、和需要的烈火中溶化,任何的道德规范、义务、禁令等的知识都不能保证个人道德上的可靠性"、"没有道德感,真正的人道和集体主义不可能得到发展。"②

对情感的误解体现在,人们用狭隘而有限的自然血缘亲情来代替道德情感,并认为自然血缘亲情就是道德的出发点。这集中体现在中国传统伦理学中。以自然血缘亲情为基础的"仁"是儒家伦理思想建立的基础。"仁"是从自然的"亲亲之爱"辐射出去的一种伦常之情。仁以血缘关系为基础,在纵的方面表现为父子关系(孝),在横的方面表现为兄弟关系(悌)。然而,"为仁之方"在于推己及人。因此《孟子》要求"老吾老以及人之老,幼吾幼以及人之幼"。由"亲亲"而"仁民",由"孝悌"而"泛爱众",中国历史因此而建立起一种以血缘亲情为根基的差序结构,这是一种"从自己推出去的和自己发生社会关系的那一群人里所发生的一轮轮波纹的差序"③。显然,这种具有相对色彩、经验成分的自然血缘亲情明显地与道德的普遍原则相背离。为了使其具有一种先验的普遍心理结构,自孔子开始,中国人就试图给这种最自然的"亲情"做出礼仪性的规定。万万没有料到的是,正因为中国自然人伦之情与礼制、礼法直接相联,因此随着礼制礼法的日益僵化,自然人伦之情很快失去了直接的感受性,走向了图式化即非情感化。"情感"一旦成为一种礼仪规范,一项义务,它就不再是情感,而只剩下一副假面具,成为图解道德观念的脸谱。中国传统道德温情脉脉的面纱恰好遮蔽了个体最深层、最自由的情感。僵化的礼法与礼

西方传统道德观,受西方传统哲学的影响,主要地是一种轻视感情欲望的道德观。

① 张世英:《新哲学讲演录》,广西师范大学出版社 2006 年版,第 343 页。

② [苏]吉塔连柯:《情感在道德中的作用和感觉论原则在伦理学中的作用》,石远译,《世界哲学》1986 年第 2 期。

③ 费孝通:《乡土中国》,江苏文艺出版社 2007 年版,第 28 页。

制使得传统道德归根结底是一种理性的设计而不是一种情感的表达。所以，中国伦理学史最后竟是排斥情感而独讲礼法，并且是越讲礼法就越排斥情感。与西方伦理学史以理性压制情感不同，中国伦理学史以礼法压制情感。

三、伦理学史研究情感维度之归正

一方面是对道德的理性化解读导致了伦理学史研究中情感维度的缺失，另一方面没有情感维度的伦理学史研究又直接支持了道德的理性化解读。在这个过程中人的情感生命越来越泯灭。"如果一门伦理学拒绝与生命接触，不屑于去触动心灵中的那根游丝；如果一门伦理学不注重对良知的唤醒，不张扬人的反省精神，那么这门伦理学不是在开启道德之途，而是在堵塞道德之源"①。为了唤醒人的道德情感，伦理学史研究必须归正情感维度。归正情感维度有两点特别重要：

第一点，确立道德的非科学性。西方伦理学几乎把伦理精神与理性精神相等同，科学知识在道德判断和价值判断中具有至高无上的发言权，其基本倾向是寻求道德的科学性。然而，伦理学与科学不同，伦理学中的道德公理既不能经验证明也不能逻辑证明。科学涉及"是"的问题，而伦理学涉及"应该"的问题。所以道德的真正领域是意志的领域也仅仅是意志的领域。而意志产生于情感而不是逻辑。只要伦理学涉及"应该"的问题，那么伦理学史研究就必须认同情感维度。而认同情感维度的伦理学史研究就必须坚决超越伦理学研究中的科学主义立场。在自然科学领域内，科学主义立场是一种非常有效的研究方法。但由于伦理学直接面对的是道德，而道德行为的发生与人的内在情感紧密相连，"道德不是口头语言和规则、不是威逼和教训，道德是心灵

对情感的误解体现在，人们用狭隘而有限的自然血缘亲情来代替道德情感，并认为自然血缘亲情就是道德的出发点。

---

① 　赵红梅、戴茂堂：《文艺伦理学论纲》，中国社会科学出版社 2004 年版，第 293 页。
② 　赵红梅、戴茂堂：《文艺伦理学论纲》，中国社会科学出版社 2004 年版，第 211 页。

的感发,是生命的行动……道德只存在于道德主体的心里。"②因此,科学主义立场因其特有的客观性在伦理学研究中恰好是需要被超越的。

第二点,确立情感的非自然性。中国传统伦理学所理解的情感是自然天定的亲情。如果把情感界定为一种具有独立人格的人与人之间的精神上的交往和心理上的共鸣,我们就会发现最讲亲情的中国人缺少的是真正的情感。这不是指中国人缺少人与人之间的情感联络,而是指情感联络超不出亲情的范围。有学者认为:"在儒家看来,人不仅是理性的动物,而且是情感的动物,就其最本始的意义而言,人首先是情感的动物,特别是道德情感,是人类道德进化的结果,也是人类价值的重要标志。道德情感是先天的,与生俱生的。孟子说:'孩提之童,无不知爱其亲,及其长也,无不知敬其兄。'爱亲敬兄之情是从发生学上所说的道德情感的最初表现,也是道德行为的基础,有其先天的根据,即自然界的生命创造。情感是与生俱来的最原始最本真的生命意识,在后天的生活境遇中'随感而应',表现出种种情态,如同见'孺子入井',人人皆有恻隐之心一样,有其普遍必然性。"①这里显然没有注意到自然亲情与道德情感的不同。自然亲情立足于血缘,是浅层次的、相对的;道德情感立足于自由,是深层次的、普遍的。并且道德的普遍视野在发展过程中一定会消解掉亲情的相对立场。这就是哈奇森所说的:"最令人厌恶的激情和情绪——固执、愤怒和害人的欲望——是有限而'偏狭观点'的后果,它们来自对私人利益的强调以及对公共善的误解。因此,它们在更广阔的视野中不怎么出现,并会消失在道德体系的普遍视野中。"②局限于自然亲情,很容易把人降格为自然物,把人的道德理解为自然本能,而道德情感恰好可以把人从自然物提升出来,因为道德情感凸现的是人的感性生命和自由创造。自由的情感既实现了人生的崇高又高扬了人的道德自主性。如果说有无自由情感是人与非人的界线的话,那么也可以说有无自由情感是真道德与假道德的界线。实现从非人向人的跨越,从非道德向道德的跨越,都要求我们对情感实现从自然性向自由性的跨越。在这里,如果说超越科学理性是归正情感维度的第一步,那么超越自然情感是归正情感维度的第二步。

---

① 蒙培元:《中国哲学中的情感理性》,《哲学动态》2008 年第 3 期。

② Francis Hutcheson. An Essay on the Nature and Conduct of the Passions and Affections, with Illustrations on the Moral Sense. Indianapolis: Liberty Fund. 2002. P.16.

> 道德不是口头语言和规则、不是威逼和教训,道德是心灵的感发,是生命的行动……道德只存在于道德主体的心里。

第十三讲
西方伦理学史之研究方法

目前西方伦理学的研究恰同伦理学的研究一样在中国相当滞后,这不仅是说可以参考的书不多,而且是说研究的方法相当陈旧。目前,绝大多数的《西方伦理学史》在日丹诺夫的"哲学史是唯物主义和唯心主义两种哲学的斗争史"的观点的影响下,都习惯于用苏联式的马克思主义模式来理解西方伦理学史。即以唯物主义与唯心主义的矛盾对抗来评价西方伦理学史上的伦理学观点,并把伦理学观点的每一具体内容都直接地、简单地和阶级斗争联系起来,强调两条路线的斗争,以阶级矛盾说明一切大小问题。西方伦理学的历史似乎必须被安排成这样:唯物主义伦理学作为认识世界的一种原则总是正确的,但某一具体的唯物主义哲学体系则由于某种缺陷和失足,往往给唯心主义伦理学造成可乘之机,而后起的唯物主义伦理学必然会高明于自己的先驱,不断地纠正先前的缺陷和失足,驳倒唯心主义伦理学,并因此使得自己向前发展。

伦理学史和哲学的所有其他学科的历史一样,变成了一部唯物主义和唯心主义、辩证法和形而上学相互斗争的历史。

在这种思路下,有的研究者每每遇到一个观点,从来就没有耐心去进行深刻的学理探讨,而首先就是划阶级、划路线,似乎只要把阶级和路线划清楚了,所要探讨的问题立刻就可迎刃而解。结果,伦理学史和哲学的所有其他学科的历史一样,变成了一部唯物主义和唯心主义、辩证法和形而上学相互斗争的历史,并且往往注定是唯物主义"战胜"唯心主义、辩证法"战胜"形而上

学的历史。在这种理解下，伦理学史成了一方消灭另一方的"古战场"，在那里"尸骸遍野"，残留着一个个躺倒了的唯心主义伦理学体系。

在这种思路下，伦理学的根本问题往往很容易被淡化掉，或者得不到根本的理解，或者被向片面的方向加以发挥。比如，自由意志或客观必然与道德的关系问题是伦理学中的大问题。伦理学首先必须解决自由意志、客观必然以及二者之间关系问题，才能揭示道德的前提究竟是什么。但由于研究者们习惯了阶级分析这一研究定势和方法，往往简单地把重视客观必然性的伦理学家当成是唯物主义者，把重视主观自由意志的伦理学家当成是唯心主义者，且进而贴上政治上或进步或反动的标签。结果，人们除了能够享受唯物主义"战胜"唯心主义的所谓的精神之乐外，什么也没有了。在这里，伦理学的事业并没有得到推进，而像"道德的前提究竟是什么"这样一类最根本性的伦理问题却不断地被置之不理或加以放弃。在这样的方法论指导下，伦理学史的研究——当然也就是伦理学的研究，肯定难以取得实质性的收获。

有鉴于此，我们认为，在研究西方伦理学史各理论问题之前，有必要先探讨一下西方伦理学史的研究方法。很多学者研究哲学，认为方法是外在的东西，所以并不太在意方法问题。这无疑是一个偏见、一种局限。康德高度重视方法论，并且指出，方法先于所有科学本身。黑格尔更是方法论大师。他曾经指出："方法并不是外在的形式，而是内容的灵魂。"①黑格尔的《哲学史讲演录》之所以被经典作家当做划时代的天才著作，并非仅是因为它资料丰富，而更是因为黑格尔的哲学史观既重视了方法论又体现了辩证法。

我们面对的"西方伦理学史"这个课题内涵着"西方"、"伦理学"、"史"三个关键性概念，有鉴于此，西方伦理学史研究读方法可以从这三个方面加以考察。

方法并不是外在的形式，而是内容的灵魂。

---

① [德]黑格尔：《小逻辑》，贺麟译，商务印书馆1980年版，第427页。

一、从"西方"的角度看

就西方伦理学史是"西方"伦理学史这一点来说，我们认为，研究西方伦理学史，要注意处理好与中国伦理学史的关系。也就是说，要有一种比较研究的视野，要对中西文化观念有一个基本的对比研究，这样才能更好地把握西方伦理学特有的道德理念。我们甚至认为，一部最好的西方伦理学史方面的研究著作，应该立足于中西文化观念的差异，能让我们知道和明白很多中国伦理学史的内容。反之亦然，一部最好的中国伦理学史方面的研究著作，应该立足于中西文化观念的差异，能让我们知道和明白很多西方伦理学史的内容。

中西文化观念在发轫之初，其历史背景已不相同，其发展遂形成一套完全不同的风格。关于中西文化观念的差异，严复在《论世变之亟》中曾有过著名的论断："中国最重三纲，而西人首明平等；中国亲亲，而西人尚贤；中国以孝治天下，而西人以公治天下；中国尊主，而西人隆民；中国贵一道而同风，而西人喜党居而州处；中国多忌讳，而西人重讥评。其于财用也，中国重节流，而西人重开源；中国尚节文，而西人乐简易。其于为学也，中国夸多识，而西人尊新知。其于灾祸也，中国委天数，而西人恃人力。"①当然，中西文化观念还可以做出其他方面的比较。我们主张，只有立足于中西文化观念的比较研究，才能对中西伦理学史做出更加完整、准确的理解。下面试从几个方面做一点说明与讨论。

就文化观念的基点看，西方文化普遍坚信人在宇宙中的中心地位，坚信自身对自然的独立性和自主性，坚信人格的绝对性、不可重复性和不可侵犯性。的确，个人主义作为西方文化的思想基础，贯穿于西方文化体系的各个方面，体现了西方文化的根本性质。西方文化的这一特征深刻地影响了西方伦理学，并导致西方伦理学突出个人自由，强调个人权利，提倡个性解放，宣扬个人独立，推崇个人建树，追求个人享受，完善个人人格。但由于有理性精神做保证，西方伦理学尽管推崇个人，但并没用像很多中国研究者所认定的导致了唯我论和极端的利己主义。在理性精神的引导下，西方伦理学较好地实现了个人与他人的平衡发展。西方伦理学充分地意识到，为了最大限度地谋

----

① 《严复集》第 1 册，中华书局 1986 年版，第 3 页。

伦理学讲座

罗金远
戴茂堂
著

个人主义作为西方文化的思想基础，贯穿于西方文化体系的各个方面，体现了西方文化的根本性质。

求个体的存在与发展,从逻辑上讲,恰好必须关注他人利益,做到社会公正。西方伦理学相信,只有通过追求社会公正才能达到主体精神的高扬和对个体独立性的充分肯定。所以,西方伦理学十分强调维护最大多数人的最大利益,强调要走合理的利己主义道路。但必须说明的是,西方伦理学即使讲个人服从群体或服从普遍精神(上帝)时,也首先以承认人的个体性和独立性为第一个前提。所以,在西方伦理学中,结果是个人与社会的利益都较好地得到了保证。而中国伦理学的情况却很不相同。一般人认为,中国文化观念在基点上是整体主义的。个体作为整体的部分依附于整体且无条件地服从整体。中国文化的整体主义集中体现为国家本位即个人对国家尽忠和家庭本位即个人对父母尽孝这两个方面。中国文化强调整体本位。整体是始点,整体的利益不仅高于一切而且就是一切。中国人从生到死都生活在固定的家庭、单位、社团群体之中,受群体氛围的滋养和同化,很容易强化这种整体本位倾向。但实际上,与西方文化对比,中国的整体主义是很脆弱的。这主要是因为中国的整体主义不是从个人主义内部合乎逻辑地生长出来的,因此,就必然缺少来自个人的真心支持和真诚认同。所以,在整体主义背后,我们看到的是虚伪和逃避。刚好由于整体主义是脆弱的,所以,整体主义也不能形成一种坚强的力量来保证个人的价值和利益,反而成为了随时可以融化个人的一种异己的力量,实实在在地造成了人的个性的极大亏损。所以,在中国伦理学中,结果是个人与社会的利益"两头"都不能"上岸"。

就文化观念的目标看,西方文化观念在总体目标上是幸福。幸福简单地说就是人的欲望得到满足所产生的愉悦感受。在西方人看来,人的本性就是要追求快乐。古代世界中,没有一个民族像希腊民族那执著、持久地追求个人幸福。罗马时代,伊壁鸠鲁强调,只有快乐和幸福才是最高的善,才是判断道德与否的最高标准。文艺复兴时期的文化以人性反对了神性,以享乐主义反对了禁欲主义。近代西方人把对个人利益的追求看做是人的自然权利和自爱本能,看成是人的活动的根本动力,因此强调追求个人利益的天然合理性和正当性。他们相信"自然状态说"、"自然权利说",即认为追求个人幸福是人的本性和自然特权。但同样是因为理性精神的作用,西方伦理学并没像很多中国研究者所认定的导致了物欲横流的快乐主义。事实上,在强调追求幸福的同时,西方伦理学也强调要追求德性。认为人的本质在于人有理性,正因为有理性,所以人可以不受自然法则的制约而拥有道德。于是,道德被视为人生的

中国的整体主义不是从个人主义内部合乎逻辑地生长出来的,因此,就必然缺少来自个人的真心支持和真诚认同。

崇高目标,被视为人之为人的根本规定性。从这里出发,西方伦理学发展出德性主义一系。根据德性主义者的意见,理性的美德是绝对的善,而不管它是否产生快乐。显然,讲究道德并不是中国文化的专利。另外,西方伦理学还特别强调,精神快乐是最高的快乐和最高的幸福,肉体快乐只是达到精神快乐的手段。追求幸福必须保持智慧和节制。因为智慧使快乐增加,节制使享受加强。事实上,智慧和节制都是西方伦理学肯定的重要美德。与此不同,中国伦理学仅仅把人视为一种道德的存在,有无道德被视为人与非人的临界点。而德性和私欲是对立的("私欲弘侈,则德义鲜少;德义不行,则迩者骚离而远者距违"),为了成就德性,必须压抑个体的自然欲求、功利欲望,使其不能根本上得到满足。中国人把利摆在义的对立面,强调义永远重于利,主张寡欲,反对奢侈。这样一来,中国伦理学就把德性与幸福完全对立起来。但根本上看,追求幸福的权利是不可以以反道德之名来剥夺的。所以,在中国伦理学中,结果是幸福与德性"两头"都不能"上岸":一方面明地里用德性去否定幸福,走向了"存天理灭人欲";另一方面又暗地里用幸福去否定道德,走向了"满纸仁义道德背后男盗女娼"。

在中国伦理学中,结果是幸福与德性"两头"都不能"上岸"

总之,我们认为,掌握了中西文化的基本特征,解读西方伦理学史就获得了一种文化前提。

二、从"伦理学"的角度看

就西方伦理学史是西方"伦理学"史这一点来说,我们认为,研究西方伦理学史,要注意处理好伦理学与其他相关学科之间的关系。

伦理学史既是伦理学的"历史",又是"伦理学"的历史。黑格尔第一次提出了哲学发展本身有其内在逻辑、内在规律的思想。在黑格尔那里,哲学史就是哲学本身按其内在规律发展的历史。只有根据哲学本身的性质才能了解哲学史。因为哲学史不仅是历史上的哲学的发展过程,而且就是哲学。哲学只有

一个，整个哲学史无非就是这唯一哲学的萌芽、成长、成熟的历史，而不同的哲学体系无非就是这唯一哲学在历史上发展的不同阶段和环节。历史上相继呈现出自己特殊"外衣"的各种哲学形态都不过是这永恒不变的哲学的不同表现形式。

伦理学史的情况也是如此。我们只有并且必须根据伦理学本身的性质去了解伦理学史。而且可以进一步说，真正了解的伦理学史就是伦理学本身。伦理学是唯一的，唯一的伦理学把历史上纷繁复杂的伦理学体系串联起来，历史上各种伦理学体系不外乎是唯一的伦理学在发展过程中表现出来的基本环节。而一个时代的最后的伦理学则是一切先行伦理学的产物和结果，且把此前各环节和各原则包含于自身之内。因此，整个伦理学史就是这个唯一的伦理学的萌芽、成长、发展的历史。伦理学史的历程就是伦理学的基本矛盾的呈现、展开以及解决。伦理学史的最高目的就是通过这众多的环节而实现对伦理学的自我认识。伦理学史的研究宗旨最终在于引导我们了解伦理学本身。在伦理学史里面，我们什么都可以找不到，但就是不能没有伦理学。黑格尔说："在哲学史里我们所研究的就是哲学本身。"我们同样可以说，在伦理学史里我们所研究的就是伦理学本身。伦理学史本身就应当是伦理学。那么，伦理学与其他相关学科的关系怎样？

首先，我们遇到的是伦理学与哲学的关系问题。现实地看，当下的学科分类，伦理学是哲学的分支之一，从属于哲学。在这个意义上，可以说，研究伦理学必须加强哲学的训练，具有哲学的头脑。历史地看，自古以来有什么样的哲学就有什么样的伦理学，有什么样的伦理学也就有什么样的哲学，伦理学和哲学往往是一体的、同一的。苏格拉底最早把哲学变成了道德哲学本身。在苏格拉底那里，哲学主要就是伦理学。在伊壁鸠鲁派和斯多葛派那里，伦理学不仅是哲学的组成部分，而且是哲学的核心和目的。斯多葛派有一个比喻：如果说哲学是一个动物，那么逻辑学则是骨骼和腱，自然哲学是肉，伦理学则是灵魂①。在当代哲学中，伦理学不仅是哲学的重心，而且是哲学的主体。如果我们承认哲学就是人学，伦理学就是人生哲学，那么哲学和伦理学的区分本来就没有特别的意义。德国伦理学家包尔生说："哲学或普遍的理论科学根源于有

伦理学是唯一的，唯一的伦理学把历史上纷繁复杂的伦理学体系串联起来。

---

① 北京大学哲学系外国哲学教研室编译：《古希腊罗马哲学》，商务印书馆1982年版，第371页。

关人生目的和意义的问题。……所有哲学的根源和目的都可在伦理学中找到。"①在这个意义上,可以说,研究伦理学,其实就是研究哲学。而研究哲学也就是研究伦理学。在这种情况下,伦理学研究必须拥有一种大视野。这种大视野,主要体现在伦理学研究要具有一种哲学的高度、眼光和视界。把哲学与伦理学对立起来,既是哲学的不幸,也是伦理学的不幸。

其次,说说伦理学与心理学之间的关系。最初,心理学与伦理学一样,都是属于哲学大家庭中的一员,但如今心理学已经基本从哲学当中独立出去。如果说道德的根据在于自由意志,而自由意志根本上不是一种对必然的认识,而只是一种自由感,那么,伦理学就不能脱离与心理学的干系。如果伦理学还讲道德良心、道德同情、道德意识、道德情感的话,那么,伦理学也就完全不能没有心理学的基础。不过,心理学有两种,一是经验心理学,如近代的实验心理学或机械心理学,这是属于自然科学的;一是先验心理学②,如胡塞尔的先验现象学,这才是属于哲学的、属于伦理学的。伦理学必须且不能不与经验的心理学划清界限。关于这个界线,康德伦理学有过非常多的讨论。但伦理学的重大问题如道德感之类的问题的解决却又必须求助于先验心理学的力量。在这个意义上,我们说伦理学必须有心理学的基础,只是这个心理学是先验心理学而不是经验心理学。经验心理学立足于个人相对性的经验感觉,不能保证道德原则的普遍性、必然性,只有先验心理学才能使伦理学成为一门真正的具有普遍性的科学。

其三,说说伦理学与美学之间的关系。如果说科学求真的话,那么伦理学求善,美学求美,因此,在一般人的思维中,美学和伦理学截然不同,就像善和美判然有别一样。其实,严格意义的美学和伦理学,真正意义的美和善绝对不是相互否定、相互对立的关系。康德说,"美是道德的象征"。高尔基说,"美学是未来的伦理学"。历史上,美学由于拒绝求善,片面求美,结果要么走向快乐主义,要么走向为艺术而艺术的形式主义;伦理学由于拒绝求美,片面求善,结果要么走向抽象说教,要么走向为义务而义务的形式主义。今天,时代终于提出了建构"文艺伦理学"的任务。文艺伦理学的出现尽管并不表明伦理学之

---

① [德]包尔生:《伦理学体系》,何怀宏、廖申白译,中国社会科学出版社1988年版,第9页。

② 李泽厚指出:"心理即经验,心理学当然是经验科学。因此,所谓先验心理学,指的是从哲学角度提出经验的心理之所以可能的条件,而非研究心理经验本身,先验心理学并非心理学。"见李泽厚:《哲学纲要》,北京大学出版社2011年版,第171页。

外还有另外一个伦理学，但至少也表明，美学（文艺学）和伦理学是内在关联的，伦理学可以从文艺学角度寻求新的突破口和切入点。实际上，美学和伦理学是内在关联的，可以相互支持。这关联点就在于它们都以情感为支撑、为基点。立足于情感这一支点，美学必然成为未来的伦理学，伦理学必然成为未来的美学。现代西方哲学的诗化倾向直接把诗情画意的审美精神当成了哲学的最高目标和努力方向，这值得伦理学高度重视。特别是对于习惯于抽象说教的伦理学来说，这是一个很好的信号和提示。

其四，说说伦理学与宗教学之间的关系。关于宗教与道德的关系，历史上有两种相互对立的意见。霍尔巴赫认为，宗教不仅不能促进道德，反而动摇和消灭道德，在他这里，宗教成了伦理学的对手；而马里坦则认为，信仰上帝才能占有绝对的幸福，在他这里，宗教成了伦理学的目标。其实，宗教和道德之间有一种非常深刻的联系。尽管上帝不是至善的根据，但至善确实是一个彼岸的崇高理想。只有在超感性的世界才能解决至善的问题，只有依靠信仰的力量才能达到最高的境界。道德的良心与宗教的信仰是非常相通的。宗教的爱有助于消除尘世生活中的利害得失，而培养伦理的友谊与团结精神，有助于于消除现实生活中的孤立无援，而推进道德的责任感和同情心。也许，正是在这个意义上，卡西尔断言，宗教是我们最高道德理想的符号表达形式。道德的最高理想必然导致宗教的信仰。宗教有两类，一是外在的，一是内在的。外在的宗教假设在人之外有一个至善至美的上帝，善恶是非应从上帝那里获得根据；内在的宗教自信我们每个人都是自己的上帝，我们自身就具有伟大的神性，人才是道德的唯一主人。在这个区分下，我们认为，绝对不能笼统地说，宗教与道德是完全不能相通的。与其说宗教是美德的敌人，不如说外在的宗教才是美德的敌人。与其简单地反对宗教，不如谋求宗教的内在化。这种宗教的内在化当然不是世俗化甚至是反世俗化的，因为世俗化将直接导致伦理学的平庸，而内在化将保护伦理学的崇高与神圣。

其五，说说伦理学与法学之间的关系。道德与法律是规范社会生活的两种不同的手段。道德规范社会生活靠的是内在的良心。道德有行为规范的要求，却没有对违规行为的硬性制裁。道德是规范，是法，但道德是主体自己为自己立下的法，是道德律。其中良心是道德"法"的自律性的最集中表现形式。所以，没有良心就没有道德。由此可见，道德规范是非制度化的、非强制性的、非外在化的一种特殊的规范。道德规范的特殊性就在于它不是由政治的、行

立足于情感这一支点，美学必然成为未来的伦理学，伦理学必然成为未来的美学。

117

政的机构所制定,也不是靠强迫、威胁的手段去维护,也不需要由政治的、行政的机关来强制执行,而是由人们约定俗成的,并且靠个人的内心信念和社会的舆论监督来维护和发挥作用。而法律从制定到实施,靠的是强制性手段来为自己开辟道路的。如果说法律是以"必须怎样"为调解尺度,那么道德是以"应该怎样"为调解尺度。如果说法律的至高无上出于人们的畏惧,那么道德的崇高感出于人们的敬仰。法律与道德的这种不同,导致这样的情况:迫于压力而循规蹈矩的人可以是法律意义上的好公民,但不一定是道德意义上的能自觉自愿做好事的善人。所以,随意以法律原则代替道德原则去规范社会生活,将使法律本身变得富有弹性;随意以道德原则作为法律原则去强制每个人的自由意志,将使道德本身变得虚伪。法律和道德律都是律,因此,彼此可以沟通。而沟通的关键在于把外在的法规内化为内心的信念,从他律的法律走向自律的道德律。

最后,说说伦理学与科学之间的关系。思考伦理学与科学之间的关系在研究西方伦理学史时尤其重要。长期以来,传统西方哲学以"科学之科学"自居,充满着对理性精神的迷恋与崇敬。在传统西方哲学中,科学理性一直扮演着重要的角色。现代西方哲学断定,这样的哲学必须重建。重建的哲学具有一种全新的维度,它努力消解理性范畴的逻各斯中心结构,极力漠视自然科学对哲学的所谓优越性,纷纷远离传统哲学的精密科学方向,走向了"前科学"立场。现代西方哲学特别是现代人本哲学对科学理性所进行的激烈批判,要求人们不得不重新开始思考伦理学与科学的关系。历史上,对于伦理道德与科学知识的关系形成了相互对立的两种观点:一种是卢梭所代表的,他认为,正是所谓的科学和文明导致了道德的颓废;一种是苏格拉底所代表的,他认为,美德就是知识,道德的获得在于完善知识,拥有真理。知识真的是解决道德问题最可靠的途径吗?其实,道德之理与科学之理属于两个不同的范畴,具有不同的逻辑。如道德移情在科学上是荒谬的,在伦理学上却是真切的。科学的对象性思维方式使人在情感上远离世界,伦理则跨越主客之间的界线,使人和世界变得亲近起来。道德本身不是一个科学的问题。道德是关乎善恶的价值判断,科学是关乎真假的事实判断。科学的逻辑说明不了道德的逻辑,相反,道德恰恰要以打破科学的逻辑必然性为前提才能得到说明。科学对道德的承诺很容易变成对道德的暗中消解。由此看来,在道德与科学之间划出一条明显的界线有绝对重要的意义。

三、从"史"的角度看

就西方伦理学史是西方伦理学"史"这一点来说,我们认为,进入西方伦理学,要注意两条方法论原则:

其一,"一切历史都是当代史"。

这是克罗齐的名言。一般人总以为,历史就是过去、陈旧、腐朽的代名词。然而,在克罗齐看来,历史并不等于过去、陈旧、腐朽。历史发生在过去,但却一定是指向现在、指向未来的。没有当代性的历史是死的、没有意义的。因此,真正称得上是历史的东西一定是开放的,可以无限地加以解释。一切历史都是当代史,一方面是说,历史必须具有开放性;另一方面也是说,面对历史,必须从现在出发,历史只是现代人眼中的历史,历史永远活在现代人的心中。因此,历史必然被当下化。历史具有当代性,而历史的当代性需要当代人去揭示。一切历史也都只有联系到当代人当下的体验才能加以理解。当代人必须用自己的精神之眼去看历史。由于精神的加入,历史的研究不再是单纯复述过去,而是复活或再塑历史。在这个意义上,研究历史的过程就是超越历史的过程,因为研究者永远都立足于一个超越了历史的时代中。事实上,所有历史都是在今天的人的研究或谈论中被赋予了现在时态。伽达默尔认为,我们现在的人去看待过去,必然是从现在的视域中去看待过去。历史明朗地活在现代之中。历史之夜正是由透明的今天照耀出来。一部史书可以有开端和结束,但它所叙述的历史本身却没有开端和结束。我们必须记住克罗齐的学生柯林武德关于"活的过去"的观点。

历史是现在与过去的一个对话场。在对话中,现代人必须走进历史,但走进历史是为了走出历史,走向今天,走向未来。研究历史看起来似乎在研究过去了的古代的东西,实际上是研究活生生的现代的东西。研究历史固然是为了把握过去,更是为了理解今天。研究历史固然是为了理解古人,更是为了理解我们自己。准确地说,这是一个相互理解的过程。通过我们,历史得到理解,通过历史,我们得到理解。显然,伦理学史所涉及的对象好像是历史上"过去

科学的对象性思维方式使人在情感上远离世界,伦理则跨越主客之间的界线,使人和世界变得亲近起来。

119

伦理学讲座

罗金远
戴茂堂 著

了的"伦理学观点,但研究伦理学史的目的,并不是要引导人们向后看,而是要引导人们向前看,不是为玩赏历史往事而迷古恋旧,而是为今天和明天谱写崭新篇章。按照历史继承法之论,似乎是过去或历史决定现在,决定我的现在或现在的我,而按照历史只是当代史的说法,恰恰是现在决定历史或过去,具体来说,就是我的现在或现在的我决定历史。我是最关键的,而历史只是见证,且注定是我理解了的见证。

伦理学必须是一门历史的学科,伦理学的思考就在伦理学的历史中。但是,对于伦理学史的研究,我们认为,研究者一定要把历史纳入到当代背景这个制高点上来理解,一定要以现代视野来观照历史。如果这现代视野没有确立起来,那么,历史本身就必然会变成一个游移不定的东西。只有当我们能够提出一个确定的前提时,历史才能得到明朗的一贯性。对历史的理解的片面性往往是由于从"外边"去考察时才产生。只要我们确立了理解的前提,我们就能深入到历史的内部。所以,研究西方伦理学的历史,我们不仅要指出伦理学家们说了些什么,而且要从我们确立的前提出发,指出我们希望伦理学家们说些什么,指出历史上的伦理学观点是否具有转化为现有时代精神的精华的可能性,活化为当代伦理学建设的历史资源的可能性。也就是说,我们要努力实现历史上的思想理论与现实中的生活实践之间的积极互动。如果,历史上的某些观点可以与今天的现实加以沟通,我们就会给予历史上的这些观点以极高的评价。反之,我们就会予以批判。由此可见,"一切历史都是当代史"这一条原则是我们判定伦理学史上的伦理学家是否具有现实性或现实意义的依据。

其二,"一切历史都是思想史"。

这是柯林伍德的名言。如果说第一条是对研究者提出的要求,即要求历史问题的研究者必须具有当代视野,那么第二条更多的是对研究对象提出的要求,即要求研究者所研究的历史必须具有丰富的思想内涵。认为人之异于禽兽在于人能思想,这是一个古老的看法,也是一个绝对正确的看法。人生活在物质或事实之中,但人又不仅仅如此。因为人有思想,并能站在思想的视点上看事物,这是"物"所不能做到的。正因如此,历史只是属于人的概念,只有精神才知晓历史,只有人才有历史。我们谈论"自然史"是因为我们把人看成了自然的目的。如果撇开人是目的这一点,谁也无法说清自然是否有自己的发展历史,即自然究竟是在进化还是在退化。

自然界没有历史,只有人才有历史,而人是有思想的,所以人的历史只能

所有历史都是在今天的人的研究或谈论中被赋予了现在时态。

120

是人的思想史,记录着人类思想发展的历程。别尔嘉耶夫说:"历史是我们人是事业,在历史里我们认识精神的标志,精神就是我们自己的深度。"①历史世界是一个思想的世界,绝对不是一个物理的宇宙。研究历史撇开思想不谈,那就等于演丹麦王子而没有哈姆雷特,神庙里没有佛爷。没有思想的历史是一部流水账。在哲学里,唯有思想才是第一义,哲学里最绝对的必定是思想。哲学的确切对象乃是思想,并非是被思想的事物而是思想本身的行为。黑格尔正确地指出:"哲学本身正是人的精神的故乡;我们在哲学里所从事的,乃是思想,乃是我们内在的东西,乃是摆脱一切特殊性的自由精神。"②伽达默尔也强调,历史研究的最高兴趣不在恢复历史原貌,而在理解历史事件的意义。雅斯贝斯也曾经指出,哲学史的全体便是"思想家共和国"。把这种观点扩展到西方伦理学史的研究中来,这就要求我们必须把西方伦理学史纳入到人类思想史的大范畴中加以把握和解析。

在思想范畴里把握伦理学的历史与仅仅了解文字的文法含义,仅仅了解它们在表象或感性范围里的含义很不相同。根据后者,我们可以知道许多伦理学家的论断、命题,然而却不能得到主要之点,即不能透彻了解那些命题的深刻意义。在伦理学史里,我们所了解的运动乃是自由思想的活动,它是思想世界如何产生如何发展的历史的一部分。我们对伦理学史的理解绝对不能变成一种对文献资料的汇编和历史追踪。伦理学史绝不是一堆形形色色的外在的偶然的没有内在联系的文件资料。我们并不缺少卷帙繁多、资料繁多的伦理学史。我们需要并且缺少的是这样的伦理学史:它昭示给我们的是一系列的高尚的心灵,是许多崇高思想的展览。它凭借理性的力量为我们赢得了最高的思想珍宝。伦理学不研究作为事实的行为,而研究行为背后的思想活动。这思想才是伦理学史研究中具有本质意义的东西。历史研究的最高目标是追寻人的存在的意义。"人理解历史,实际上就是理解人自身,具体地说,就是在历史的时间性中、在人生的有限性中追寻人的存在的意义。……只有懂得历史性问题就是人生意义问题,就是人的命运问题,才能懂得历史性问题的真谛。"③如果说,西方伦理学史是西方学者对自己的道德思想作出解释的历史,

历史世界是一个思想的世界,绝对不是一个物理的宇宙。

---

① [俄]别尔嘉耶夫:《美是自由的呼吸》,方珊、何卉、王利刚译,山东友谊出版社 2005 年版,第 3 页。

② [德]黑格尔:《哲学史讲演录》第 1 卷,贺麟等译,商务印书馆 1959 年版,第 160 页。

③ 张世英:《哲学导论》,北京大学出版社 2008 年版,第 307-308 页。

那么研究西方伦理学史就是对西方学者的道德思想进行再思想、再解释。与自然科学不同，伦理学家一点也不关心如此这般的事实本身，而只关心事实背后的思想。伦理学史是一部内藏丰富道德遗产的巨大思想库。伦理学的历史只能是思想的历史、情感的历史和精神的历史。没有思想，伦理学就没有灵魂和颜色。由此可见，"一切历史都是思想史"这一条原则是我们判断伦理学史上的伦理学家是否具有思想性的依据。

第一条原则强调作为当代史的历史不能与当代割裂；第二条强调作为思想史的历史必须与没有思想的物件区分开。其实，这两条原则并不孤立。它们只是一条原则："一切历史都是当代思想史"。因为人是思想的人，思想是人的思想。通过思想，历史与现在贯通，历史与现代人贯通。由于现代人的思想的介入，一部历史就必然变得丰富起来。《尼各马科伦理学》的流传史就是一部注译史、一部对话史。每个人在面对历史时都必须把自己的思想、时代的精神带入其中，全身心地投入到对象中去，以自己的生命去体验和感受对象。今天的每一个人有什么思想决定了历史会有什么思想。我们拿到的是一块大理石，而雕成石像的总是我们自己。同一个滑铁卢之战，英国人看到的是胜利，法国人看到的是失败。同样的宇宙，乐观主义者看到的是光明，悲观主义者看到的是灰暗。西方人说，有多少个读者就有多少个哈姆雷特，鲁迅说，不同的人从《红楼梦》中看出不同的味道。所以，无论是哪一本研究历史的书，它都只能自觉或不自觉地站在当代立场上来进行。历史也许因此而被"歪曲"、"误读"，但历史也因此而变得多彩多姿、生动感人，变得富有魅力，变得可以与我们展开对话。卡西尔说："柏拉图在苏格拉底身上看到了伟大的辩证法家和伟大的伦理导师；蒙台涅则看见了承认自己无知的反独断论的哲学家；弗里德里希·施莱格尔与浪漫派思想家们则强调苏格拉底的反讽。而就柏拉图本人来说我们也可以看到同样的发展。我们有一个神秘主义的柏拉图——新柏拉图主义的柏拉图；一个基督教的柏拉图——奥古斯丁和马尔西利奥·菲奇诺的柏拉图；一个理性主义的柏拉图——门德尔松的柏拉图；而不太久以前我们又得到一个康德式的柏拉图。"①卡西尔说到的这种情况恰好表明，历史"并不是一尊不动的石像，而是生命洋溢的，有如一道洪流，离开它的源头愈远，它就膨胀得愈大。"②

历史研究的最高目标是追寻人的存在的意义。

---

① [德]卡西尔：《人论》，甘阳译，上海译文出版社1985年版，第228页。
② [德]黑格尔：《哲学史讲演录》第1卷，贺麟等译，商务印书馆1959年版，第8页。

可以设想，伦理学的历史究竟怎样，这就得看我们是否有一双敏感的眼睛。西方伦理学史只能是"我"创造性诠释的产物。并且"我"的这种诠释本身已经变成了历史思想的一部分，成为了"原著"本身。主观倾向性是历史客观性的前提，只有通过主观性才能达到历史客观性。就此而言，没有一个"原版"的西方伦理学史。每个人都有自己眼中的西方伦理学史，每一个人对伦理学史的思考就必定含有自己的思想成分。或者说他注定要把一部伦理学史浓缩在他自己的思想中，而他的思想注定同时又借助全部历史而展开，他本人就是且不得不是他所理解的全部历史的一个微观世界。在这里，我们可以真正感受到哲学、伦理学不外乎就是思想对思想的一种自我理解、自我观照。事实上，中国人写的西方伦理学史一定不同于外国人写的西方伦理学史。今天的人写的西方伦理学史也一定不同于过去的人写的西方伦理学史。这就有如克罗齐和鲍桑葵写的西方美学一定会不同一样。歌德晚年把他的自传取名为《诗与真》表明他对自己的历史的理解也只能达到诗意的真。个人的历史尚且如此，人类的历史可想而知。

历史是舞台，每个人都是独立的舞台设计师，伦理学史上的伦理学家就是按照舞台设计的要求来表演历史的演员。这舞台为历史上的伦理学家们展示自己的现代风格提供了可能。正是这舞台使西方伦理学史上的伦理学家变成当代性的伦理学家并使其永远活在后人的心中。黑格尔说："我们之所以是我们，乃是由于我们有历史。"①同样，我们可以说，历史之所以是历史，乃是由于历史有我们。正是有了一批又一批的"我们"，历史才拥有了我们现在的那个有共同性和永久性的成分，才结成了一条神圣的链子，把前代的创获和遗产保存下来，传给我们自己以及我们的后代。通过历史的研究，我们把自己变成最初的伦理学家的同时代人，也把最初的伦理学家变成我们的同时代人。这里，有一条无形的纽带，它把时空相距最遥远的人们都紧紧连在一起。在这条纽带上，大家成为了"同代人"，思想成了"同时代的思想"。这就表明，不同时代的人们可以通过这种方法论的调整找到共同的语言，实现交流，展开对话，达到理解。

历史"并不是一尊不动的石像，而是生命洋溢的，有如一道洪流，离开它的源头愈远，它就膨胀得愈大。"

---

① ［德］黑格尔：《哲学史讲录》第 1 卷，贺麟等译，商务印书馆 1959 年版，第 7—8 页。

第十四讲
苏格拉底的道德理论与道德实践
——色诺芬《回忆苏格拉底》的伦理解读

色诺芬的《回忆苏格拉底》完全可以当成一本伦理学著作来阅读。因为这本书回忆的，要么就是苏格拉底的道德理论，要么就是苏格拉底的道德实践。色诺芬笔下的苏格拉底无疑是一种道德理想。当然，苏格拉底的意义也正在于他代表了古希腊伦理发展中严格意义上的道德理想的出现。苏格拉底的时代已经是雅典的民主政治从兴盛繁荣走向衰落的时候，整个社会呈现出道德沦丧的情势。正是在这种情况下，苏格拉底挺身而出，以螫刺、惊醒雅典的"牛虻"自居。苏格拉底是一个先知式的人物，有一种强烈的使命感和宗教意识。他坚信自己是作为一个神所派遣的使者而履行着哲学家探讨世界和自我的职责。只不过在柏拉图的心中的神不同于那些具有人的形体、象征着现实国家的多神论的诸神，而是一个灵，是一个超绝的或形而上的存在。黑格尔认为，苏格拉底所说的灵异是另一种新的神，不是雅典人过去一向相信的神。

苏格拉底是西方第一个值得特别重视的哲学家，但也是西方少有的没有留下任何文字的哲学家。对于大多数哲学家来说，他们的著作就是他们的生平；而对于苏格拉底来说，他的生平就是他的著作。因此，学习苏格拉底恰好没有原著，甚至也不需原著。苏格拉底关注的是以哲学的方式进行生活。他自称牛虻，认为"自己一生的使命就是把他的同胞从无所用心的状态中唤醒，引

> 对于大多数哲学家来说，他们的著作就是他们的生平；而对于苏格拉底来说，他的生平就是他的著作。

导他们去思索生活的意义和他们自身最高的善。"①对于苏格拉底来说,哲学不是一个职业,甚至也不是一门学科,哲学就是生活本身。对此,黑格尔有著名的评论:"他的哲学和他研讨哲学的方式是它的生活方式的一部分。他的生活和他的哲学是一回事;他的哲学活动绝不是脱离现实而退避到自由的纯粹的思想领域中去的。产生这种同外部生活联系的原因,是他的哲学不企图建立体系;他研讨哲学的方式本身毋宁说就包含了同日常生活的联系,而不像柏拉图那样脱离实际生活,脱离世间事物。"②所以,学习苏格拉底的哲学"原著"只需要去"回忆"他的人生经历。而苏格拉底人生最辉煌的时刻恰好是被雅典法庭判处死刑之时。所以,《回忆苏格拉底》一开始就讨论了雅典人判处苏格拉底死刑的两大"罪状":不尊敬城邦所尊敬的诸神而且还引进了新神;败坏青年。《回忆苏格拉底》第一卷第一章驳斥了第一条罪状。指出苏格拉底经常向诸神献祭,劝人在困难中求告神,并且回避对神进行虚妄的推论。第一卷第二章驳斥了第二条罪状。指出苏格拉底的全部教训在于劝诫青年不要犯罪并勉励他们培养自制和各种德行,并且好多完全听从他的教导的人都成了高尚有德之人。他的一生是符合道德原则的。色诺芬得出结论说:"他不仅没有像起诉书所指控的不尊敬诸神,而且明显地比别人更崇拜诸神;不仅没有像控告他的人所指责的那样败坏青年,还明明地诱导了他的门人中那些有犯罪倾向的人停止了罪行,劝勉他们追求那最光荣最美好的德行,正是借着这种德行,人们才能治国齐家。遵循这样一种立身处世之道的人,难道不应受到城邦最大的尊敬吗?"③为了澄清苏格拉底的清白人生,色诺芬通过回忆从道德伦理的维度向我们展示了一个完美无缺的苏格拉底形象。黑格尔认为,苏格拉底的主要贡献在道德哲学,在使从不反思伦理行为的雅典人开始认识自己的善和德性④。罗素也认为,"苏格拉底的主要关怀是在伦理方面而不是在科学方面。"⑤

哲学不是一个职业,甚至也不是一门学科,哲学就是生活本身。

一

在人生实践中,苏格拉底对自己的行为有一种自觉的道德控制。苏格拉

---

① [德]策勒尔:《古希腊哲学史纲》,翁绍军译,山东人民出版社 2007 年版,第 109 页。
② [德]黑格尔:《哲学史讲演录》第 2 卷,贺麟等译,商务印书馆 1960 年版,第 51 页。
③ [古希腊]色诺芬:《回忆苏格拉底》,吴永泉译,商务印书馆 1984 年版,第 21 页。
④ [德]黑格尔:《哲学史讲演录》第 2 卷,贺麟等译,商务印书馆 1960 年版,第 42—43 页。
⑤ [英]罗素:《西方哲学史》上卷,何兆武、李约瑟译,商务印书馆 1982 年版,第 128 页。

底不仅是一个最能严格控制他的激情和嗜欲的人，而且也是最能经得起各种艰苦劳动和习惯于勤俭生活的人。他饮食清淡，服装朴素。尽管他的财产很微薄，但对于那些渴望听他讲学的人，他自己绝不索取酬劳，而是以其丰富的学识毫不吝惜地向所有的人施教，并使那些跟从他游学的人在和他分手的时候都成了更好的人。当年的诡辩家安提丰曾讥笑苏格拉底贫穷、俭朴却还不愿借教学而收取酬金。而苏格拉底的答复是，由于不收取酬金，因此就可以自由选择听众。安提丰说苏格拉底由于不接受酬金可能是一个正义的人，但绝不是一个明智的人。而苏格拉底的答复是，出卖智慧就是贬低智慧，获得朋友比获得金钱的好处更多。苏格拉底耗尽了毕生的精力最大限度地嘉惠了那些愿意领受他的教益的人们①。"苏格拉底是一个能以微薄的收入而生活得最满意的人，他对各种享乐都能下最克制的工夫"②。"他的实际行动比他的言论更好地表现了他是一个能自制的人。因为他不仅制服了身体的私欲，而且也战胜了与金钱有关的一切事情。他认为一个从任何人收取金钱的人就是给自己树立起一个主人而使自己处于极其卑鄙的奴隶地位。"③罗素说："他的不顾寒暑、不顾饥渴使得人人都惊讶。……他对肉体情欲的驾驭，是常常为人所强调的。他很少饮酒，但当他饮酒时，他能喝得过所有的人；从没有人看见他喝醉过。在爱情上，哪怕是在最强烈的诱惑之下，他也始终是'柏拉图式'的；假如柏拉图所说的话是真实的。他是一个完美的奥尔弗斯式的圣者；在天上的灵魂与地上的肉体二者的对立之中，他做到了灵魂对于肉体的完全的驾驭。他在最终时刻对于死的淡漠，便是这种驾驭力的最后证明。"④

在人生实践中，苏格拉底还经常"劝勉那些和他交游的人在饱食、性欲、

出卖智慧就是贬低智慧，获得朋友比获得金钱的好处更多。

---

① [古希腊]色诺芬：《回忆苏格拉底》，吴永泉译，商务印书馆1984年版，第7页。
② [古希腊]色诺芬：《回忆苏格拉底》，吴永泉译，商务印书馆1984年版，第9页。
③ [古希腊]色诺芬：《回忆苏格拉底》，吴永泉译，商务印书馆1984年版，第33-34页。
④ [英]罗素：《西方哲学史》上卷，何兆武、李约瑟译，商务印书馆1982年版，第127页。

睡眠、耐冷、耐热和劳动等方面都要实践自制"①。苏格拉底是以自己光荣的人格和高尚的品质做那些与他交游之人的榜样的。苏格拉底不仅严格要求自己,而且他还就德行和与人类有关的其他题目进行了可钦可佩的演讲,劝勉他们敦厚德行,引导他们实践德行,留下了许多感人的道德故事。他本人不问政治而且有意远离政治,但他却乐意以私人身份对大众进行启蒙教育。他不仅把那些有助于德行的事记在自己心中,而且还以此提醒他的一切门人。他劝人不要夸耀。他认为,凡是想要有所表现的人,就应当努力使自己真正成为他所想要表现的那样的人。一个人自己不是那样的人而冒充为那样的人,一定会给自己引起麻烦和讥笑,而且还可能给国家带来耻辱和损害。他认为,最大的骗子乃是那些本来没有资格,却用欺骗的方法使人相信他们有治国才能

的人。当苏格拉底发现从小贪图享乐后来成为居勒尼学派创始人的阿里斯提普斯正在想在政府里谋得一席位置时,就规劝他说,自制是做一个政治家的必备资格。他经常劝勉他的门人要把自制看得比什么都更重要。苏格拉底还批评忘恩负义是绝对的不义行为。一个人受到别人的好处愈大,如果他忘恩负义,他就是更加不义的人。受了人的恩惠一定要报恩。苏格拉底曾劝勉富人狄奥多鲁斯帮助他的在极端困难中的朋友海尔莫盖尼斯,说人们对于一个奴仆的生命尚且知道救护,一个朋友就更应当努力救济,因为朋友总是会很好地报答他的恩惠的。苏格拉底听说哈赖丰和哈赖克拉泰斯两兄弟争吵,就劝说哈赖克拉泰斯要有手足之情,应当把弟兄当做朋友看待,把他看得比财富更宝贵。因为财富的持有者没有朋友,财富就是靠不住的东西。许多人想求得财富胜于想结交朋友,而苏格拉底认为,任何一种财富都不如朋友更有价值、更持久、更有用。即使彼此有恶感,也应努力寻求和解。兄弟应当彼此同心协力,就像同一个身体的不同肢体一样。苏格拉底劝说当雇工的犹泰鲁斯,要他找一种比较适当的工作,并建议他到一个

---

① [古希腊]色诺芬:《回忆苏格拉底》,吴永泉译,商务印书馆1984年版,第40页。

127

有钱的人家去做管家。犹泰鲁斯不同意,说他不愿意向一个主人负责。苏格拉底对他加以反驳,说世界上没有不负责任的工作。苏格拉底对于那些企望获得光荣岗位的人是有重大贡献的,因为他使他们注意到他们所寻求的岗位上所应负的责任。比如苏格拉底就告诫骑兵指挥官应承担的责任有二:改善士兵和马的情况;不把照料马的责任单单留给士兵。苏格拉底还充满善意地引导非常想望获得政府职位的青年格老孔承认自己完全没有担任所想望职位的必要知识,并说一个统治者对于国家事务如果没有精确的知识,他就不可能对国家有好处,也不可能使自己变得光荣,还说在所有的事上,凡受到尊敬和赞扬的人都是那些知识最广博的人,而那些受到谴责和轻视的人都是那些最无知的人。这里,苏格拉底表现出对青年人极强的关爱之情。

色诺芬还以确凿的事实证明,苏格拉底是遵纪守法的良民。色诺芬说:"在他的私人生活方面,他严格遵守法律并热情帮助别人;在公众生活方面,在法律所规定的一切事上他都服从首长的领导,无论是在国内或是从军远征,他都以严格遵守纪律而显著地高出于别人之上。当他做议会主席的时候,他不让群众作出违反法律的决议来,为了维护法律,他抵抗了别人所无法忍受的来自群众的攻击。当三十僭主命令他做违背法律的事的时候,他曾拒绝服从他们。当他们禁止他同青年人谈话并吩咐他和另外一些公民把一个人带去处死的时候,只有他一个人因这个命令与法律不合而抗拒执行。当他因米利托斯的指控而受审的时候,别的被告都习惯于在庭上说讨好法官的话,违法地去献媚他们、乞求他们,许多人常常由于这种做法而获得了法官的释放,但苏格拉底在受审的时候却决不肯做任何违法的事情,尽管如果他稍微适当地从俗一点,就可以被法官释放,但他却宁愿守法而死,也不愿违法偷生。"①据《克里同》记载,克里同曾忍住悲痛劝苏格拉底逃跑,苏格拉底却与他展开了关于责任的对话,并陈述了不能逃跑的三条理由:个人应当负起普遍的责任——自己之所以不破坏法是因为假如人人都这样做,法就将无法存在;法与个人之间有相互的责任,既然个人受惠于法,怎么能在不称心时就反叛;每个人都要对自己的自由意志负责,自己既然从青年时代起就自由选择了一生生活在雅典,就表明自己要信守这法律。也就是说,一个人不应该在情况对自己不利时就破坏自己自由做出的

① [古希腊]色诺芬:《回忆苏格拉底》,吴永泉译,商务印书馆1984年版,第161—162页。

选择和保证。这里包含了对自己个人名誉、人格形象的斤斤计较。西方人相信，个人有自由，并不等于自己可以任意做出选择，而是意味人必须自己为自己的选择负责。苏格拉底标志着古希腊价值观念的一次大转折，即血缘至上让位于理性至上，氏族的保护神让位于理性的保护神。苏格拉底是雅典社会的良心，是孕育在希腊文化的美丽理想中的新兴的精神。对此，包利民先生说："苏格拉底在要求自己时，用的道德原则常常是严格的义务论型：讲'正当与不正当'，讲'神的命令'。但这义务论显然不是荷马众神式的，而是道德神的、理性的、自律的，在历史上第一次出现"①。近代西方人自觉地把法律的惩罚当成犯罪人自由意志的必然要求，并做出了法哲学上的论证：犯人在犯罪前是守法的公民，这法是他和其他公民凭借自己的自由意志共同制定的；作为有理性的存在，犯人在犯罪前后应具有统一的人格，他触犯的是他自己制定的法律；根据自由意志，对犯罪人加以惩罚是以承认犯罪人具有完整的一贯的人格为前提的，是对犯罪人人格的最基本的尊重。因此，在色诺芬看来，像苏格拉底这样品格高尚的人恰恰应该受到国家的尊崇。色诺芬说："按照律法，很明显，被证明犯偷窃、强盗、扒手、夜盗、绑架或盗窃神物的人才应受死刑处分，对于这一切的罪，没有比苏格拉底更清白的了。他从来没有作过引起战争的祸首，使国家因他蒙受损失，也没有犯过作乱、谋反的罪，在他和人的私人往来中也从来没有做过损人利己或陷人于不义的事，在这一切罪中他连一点嫌疑也没有沾着过"②。

苏格拉底的一生是正义的一生。当有人问苏格拉底是不是应该就自己被控

一个人不应该在情况对自己不利时就破坏自己自由做出的选择和保证。

---

① 包利民：《生命与逻各斯——希腊伦理思想史论》，东方出版社1996年版，第170页。

② [古希腊]色诺芬：《回忆苏格拉底》，吴永泉译，商务印书馆1984年版，第21页。

诉进行辩护的时候,苏格拉底的第一句话就是:"难道你不认为我一辈子就在进行着这件事吗?"①色诺芬指出:"苏格拉底说他一辈子除了考虑什么是正义,什么是非正义,并且实行正义和避免非正义以外,任何别的事都没有做,他认为这就是他为自己所作的最好的辩护"②。正因如此,色诺芬说:"苏格拉底无论做什么事情,或在什么情况下,对人都很有帮助,以致对任何一个肯思考的人来说,极其明显的是,没有什么比随时随地和苏格拉底交往、言谈,更有益处的事了。当他不在我们当中的时候,每逢回想到他,总给那些曾经和他在一起并敬仰他的人带来不少的益处,因为无论他在轻松谈笑的时候,或是在严肃认真的时候,都对人有帮助。"③色诺芬还说:"那些知道苏格拉底为人并羡慕德行的人们,直到今天,仍然在胜似怀念任何人地怀念着他,把他看做是对于培养德行最有帮助的人。对我来说,他……是那样地虔诚,以致在没有得到神明的意见以前,什么事都不做;是那样地正义,即使在很微小的事上,也不会伤害任何人,反而将最大的帮助给予那些和他交往的人们;是那样地自制,以致任何时候他都不会宁愿选择快乐而不要德行;是那样地智慧,以致在分辨好歹上从来没有错误过,而且不需要别人的忠告,单凭自己就能分辨它们;是那样地有才干,能够说明并决定这一类事情;是那样地有才干,能够考验别人,指出他们的错误,劝勉他们追求德行和善良高尚的事情。在我看来,一个最善良、最快乐的人应该怎样,他就是那样的人。"④

二

从伦理思想史的角度看,苏格拉底实现了西方哲学从自然哲学向道德哲学的转向,因而显得特别重要。自然哲学是这样一种哲学,它以一种近乎科学的方式看待宇宙世界,努力探究自然事物的因果联系和客观规律,以求获得关于宇宙世界的知识体系。自然哲学是西方哲学的最初形态。苏格拉底之前的西方哲学家大都以研究自然为己任,他们的著作据说大多冠以"论自然"这个名称。黑格尔曾经指出,"论自然"是那时哲学的一般的题材和书名。可以说,在"哲学"这个概念还未出来之前,"自然学"几乎就是"哲学"的别名⑤。然

①②③④ [古希腊]色诺芬:《回忆苏格拉底》,吴永泉译,商务印书馆1984年版,第186、186、138、187-188页。

⑤ 戴茂堂:《西方伦理学》,湖北人民出版社2002年版,第25-26页。

而苏格拉底率先打破了这种格局："因为他并不像其他大多数哲学家那样,辩论事物的本性,推想智者们所称的宇宙是怎样产生的,天上所有的物体是通过什么必然规律而形成的。相反,他总是力图证明那些宁愿思考这类题目的人是愚妄的。……他时常就一些关于人类的问题作一些辩论,考究什么事是敬虔的,什么事是不敬虔的;什么是适当的,什么是不适当的;什么是正义的,什么是非正义的;什么是精神健全的,什么是精神不健全的;什么是坚忍,什么是懦怯;什么是国家,什么是政治家的风度;什么是统治人民的政府,以及善于统治人民的人应当具有什么品格;还有一些别的问题。"①柏拉图在《申辩篇》中记载,苏格拉底曾说过:"我和物理学的探索是毫无缘分的。"②柏拉图的《斐多篇》记录了苏格拉底在狱中与一位叫克贝的学生的谈话,谈到了他对自然哲学家普罗泰戈拉的心灵学说充满希望后又深感失望。这就表明,苏格拉底认识到,哲学应该有自己的学术主题,用近乎科学的自然哲学方式来解释人的心灵与行为必然带来混乱。因此,苏格拉底时代寻求自我的倾向臻于明朗。罗素说:"似乎可以肯定,苏格拉底的主要关怀是在伦理方面而不是在科学方面。"③

　　苏格拉底提倡哲学的伦理学转向其实就是让哲学认识人自己、面对人自己。对此,黑格尔给予高度评价:"苏格拉底的原则造成了整个世界史的改变,这个改变的转折点便是:个人精神的证明代替了神谕,主体自己来从事决定。"④。开启伦理学序幕的苏格拉底当然清楚,人首先应该是有道德、有美德的人。道德是什么? 他提出"美德即知识"的著名命题。道德依赖善的知识,没有善的知识就没有德性。人只有具备了关于善的知识才是高尚的、才能做善事,而且人具备了关于善的知识就必然做善事。有善的知识就有德,无善的知识就无德;善出于有知,恶出于无知。一些人做错事,并非自愿,而是无知,良知受到蒙蔽,以至把恶事当成了善事。显然,只有发现了善、了解了善,才能过有德性的生活。罗素说:"德行与知识之间这种密切的联系,乃是苏格拉底和柏拉图两人的特色。在某种程度上,它也存在于一切的希腊思想之中,而与基督教的思想相对立。在基督教的伦理里,内心的纯洁才是本质的东西。并且至少是在

① [古希腊]色诺芬:《回忆苏格拉底》,吴永泉译,商务印书馆1984年版,第4—5页。
② 转引自[英]罗素:《西方哲学史》上卷,何兆武、李约瑟译,商务印书馆1982年版,第128页。
③ [英]罗素:《西方哲学史》上卷,何兆武、李约瑟译,商务印书馆1982年版,第128页。
④ [德]黑格尔:《哲学史讲演录》第2卷,贺麟等译,商务印书馆1960年版,第89页。

哲学应该有自己的学术主题,用近乎科学的自然哲学方式来解释人的心灵与行为必然带来混乱。

伦理学讲座

罗金远
戴茂堂
著

"美德即知识"道德依赖善的知识,没有善的知识就没有德性。人只有具备了关于善的知识才是高尚的、才能做善事,而且人具备了关于善的知识就必然做善事。

无知的人和有学问的人之间同样地可以找到的东西。"①

那么什么是善的知识?苏格拉底与欧提德谟斯有一段对话。欧问:请问苏格拉底,什么是善行?苏反问:盗窃、欺骗、卖人当奴隶,这几种行为是善行还是恶行? 欧答:是恶行。苏问:欺骗敌人是恶行吗? 把原来敌人占领的城市的人卖作奴隶是恶行吗? 欧答:是善行。不过我说的是朋友,不是敌人。苏问:照你说,盗窃对于朋友是恶行,但如果你的朋友打算自杀,你盗窃了他准备自杀的工具,这是恶行吗?欧答:是善行。苏问:你说对朋友欺骗是恶行,可是在战争中军事统帅为了鼓舞士气,对士兵说,援军就要到了,而实际上并没有援军,你说这欺骗是恶行吗?欧答:是善行②。这是苏格拉底为了获得普遍的概念一贯采用的一问一答的谈话方法。先是让对方说出自己的观点,然后不断揭露对方观点的矛盾,迫使对方陷入困惑,并否定自己曾经肯定的观点,承认自己无知。这实际上是通过归纳形成普遍概念或下定义。所以,亚里士多德说:"苏格拉底专门研究各种伦理方面的品德,他第一次提出了这些品德的一般定义问题。"③苏格拉底正是通过这种方法得出:一件事情、一种行为,不仅对于不同的人而且对于同一种人可以是善行也可以是恶行,因此,具体的有条件的善是不真实的,只有一般的善才是真正的善行,只有永恒不变的普遍的善的知识才是真知识。由此可见,苏格拉底所谓的知识指的是关于道德或善的永恒不变的一般概念,与具体的道德行为无关。苏格拉底所要探讨的并不是某一特殊的可以称之为善或恶的道德行为,而是善之所以为善的本质定义,它不是依某个人或某些人的爱好,也不因时因地而有所不同,它应当是普遍适用的。这样的本质定义只有理性才能认识,感觉无法认知。人从感觉中产

① [英]罗素:《西方哲学史》上卷,何兆武、李约瑟译,商务印书馆1982年版,第128页。

② [古希腊]色诺芬:《回忆苏格拉底》,吴永泉译,商务印书馆1984年版,第144-147页。

③ 北京大学哲学系外国哲学史教研室编译:《西方哲学原著选读》上册,商务印书馆1981年版,第58页。

生的意见是不确定的甚至是虚幻的，只有从理性才能产生确定的真正的知识，才能认识客观真理。这就批判了当时活跃在思想界的智者们具有的感觉主义倾向。

这种善的知识从何而来？苏格拉底说："假定了美德就是知识，则无可怀疑地美德是由教育来的。"①如果不受教育，好的禀赋是靠不住的。只有智慧的见解才能使它们的所有者在德行方面丰富起来。苏格拉底说："禀赋最优良的、精力最旺盛的、最可能有所成就的人，如果经过教育而学会了他们应当怎样做人的话，就能成为最优良、最有用的人，因为他们能够做出极多、极大的业绩来；但如果没有受过教育而不学无术的话，那他们就会成为最不好、最有害的人，因为由于不知应该选择做什么，就往往会插手于一些罪恶的事情，而且由于狂傲激烈、禀性倔强、难受约束，就会做出很多很大的坏事来。"②他又说："只有愚人才会自以为不用学习就能够分辨什么是有益的和什么是有害的事情。……只有呆子才会认为，尽管自己一无所知，但由于有财富就会被认为是个有才德的人，或者尽管没有才德，却会受到人们的尊敬。"③

苏格拉底不仅在人生活动中践履了道德行为，而且还从理论上确立了德性论。苏格拉底认为，真正宝贵的不是身体而是灵魂，放置在人里面的灵魂是"他的最重要的部分"④。灵魂从根本上说不会受到外在力量的伤害，只会受到自己的伤害，因此人应该忠实于自己的灵魂。而对得起自己灵魂的人永远都是胜利者。他说："神性就是完善，愈接近于神性也就愈接近于完善。"⑤。从这里出发，苏格拉底具体地讨论了为人处世的基本道德原则，如自制、勇敢、智慧、正义等。这些实际上后来成为了西方人广泛认可的四种主要道德条目。

关于自制。苏格拉底认为，自制是人的一个光荣而有价值的美德，不能自制就不能学会或做出有适当效果的事情来。对于任何希望有高尚成就的人来说，自制都是必要的。"一个不能自制的人并不是损害别人而有利于自己，像一个贪得无厌的人，掠夺别人的财物来饱足自己的私囊那样，而是对人既有损对己更有害，的确，最大的害处是不仅毁坏自己的家庭，而且还毁坏自己的身体和灵魂。……每一个人的本分岂不就是把自制看做是一切德行的基础，

只有永恒不变的普遍的善的知识才是真知识。

---

① 北京大学哲学系外国哲学史教研室编译：《古希腊罗马哲学》，商务印书馆1982年版，第166页。

②③④⑤ [古希腊]色诺芬：《回忆苏格拉底》，吴永泉译，商务印书馆1984年版，第139、139、30、36页。

首先在自己心里树立起一种自制的美德来吗？"①苏格拉底认为，欲望会使人立刻丧失自由而变成一个奴隶。人被欲望纠缠后就不能把精力用在高尚和善良的事上。认为勤俭的人比纵欲的人的好处在于勤俭的人容易自我改进，容易向国家尽忠职守，容易获得一般的幸福。说到口才流利、善于办事和心思巧妙这些才能，苏格拉底认为："如果只有这些才能而没有自制，那就只能多行不义和多作恶事罢了。"②苏格拉底说："尽管人们认为，不自制给人带来的唯一东西就是快乐，其实，它并不能做到这一点，唯有自制才能给人带来最大的快乐。"③苏格拉底说："一个不能自制的人和最愚蠢的牲畜有什么分别呢？那不重视最美好的事情，只是竭尽全力追求最大快感的人，和最蠢笨的牲畜有什么不同呢？只有能自制的人才会重视实际生活中最美好的事情，对事物进行甄别，并且通过言语和行为，选择好的，避免坏的。"④

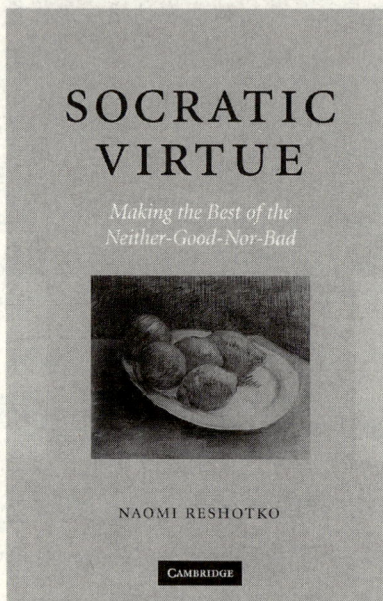

关于勇敢。苏格拉底认为，勇敢就是关于害怕什么或不怕什么的知识。作为一种德性指的是运用理性意志抵抗痛苦的、危险的和恐怖的感觉的能力。苏格拉底说，各人的勇敢并不一样，但都可以通过学习和锻炼而增强和提高。

关于智慧。苏格拉底认为，凡是知道并实行美好的事情，懂得什么是丑恶的事情而且加以谨慎防范的人，都是既智慧又明智的人，做不义之事的人都是既无智慧也不明智的人。苏格拉底说："正义和一切其他德行都是智慧。因为正义的事和一切道德的行为都是美而好的；凡认识这些事的人决不会愿意选择别的事情；凡不认识这些事的人也决不可能把它们付诸实践；即使他们试着去做，也是要失败的。所以，智慧的人总是做美而好的事情，愚昧的人则不可能做美而好的事，即使他们试着去做，也是要失败的。既然正义的事和其

欲望会使人立刻丧失自由而变成一个奴隶。

---

①②③④ ［古希腊］色诺芬：《回忆苏格拉底》，吴永泉译，商务印书馆1984年版，第33、155、172、173页。

他美而好的事都是道德的行为，很显然，正义的事和其他一切道德的行为，就都是智慧。"①他还说："智慧就是最大的善，你岂不认为，不能自制就使智慧和人远离，并驱使人走向其相反的方向吗？你岂不认为，由于不能自制使人对于快乐留连忘返，常常使那些本来能分辨好坏的人感觉迟钝，以致他们不但不去选择较好的事，反而选择较坏的事，从而就阻碍了人们对于有用事物的注意和学习吗？"②"我以为健全理智和不能自制两者的行为是恰好相反的。"③

关于正义。苏格拉底认为，不愿行不义之事就是正义。进一步说，"守法就是正义"、"守法与正义是同一回事"④。因为法律是公民们一致制定的协议，规定公民们应该做什么和不应该做什么。

面对苏格拉底上面所述的道德实践和道德理论，我们不得不认同色诺芬所说的："当我考虑到这个人的智慧和高尚品格的时候，我就不能不想念他，而在想念他的同时，更不能不赞扬他。"⑤读《回忆苏格拉底》，我们可以感受一个道德伟人的真诚、高贵、坦率和英勇，可以把苏格拉底当成"一件完美的古典艺术品"来鞭策和激励自己的人生。

正义的事和其他一切道德的行为，就都是智慧。

①②③④⑤ ［古希腊］色诺芬：《回忆苏格拉底》，吴永泉译，商务印书馆1984年版，第117、171、171、164、164页。

第十五讲
亚里士多德《尼各马科伦理学》解读

亚里士多德是耀眼的哲学天才。真正的哲学研究者几乎都把亚里士多德看做是这一学科中三到四个最伟大的天才之一。如今全世界所有的大学都在学习他的形而上学,尤其是他的伦理学。黑格尔说:"如果一个人真想从事哲学工作,那就没有什么比讲述亚里士多德这件事更值得去做的了。"①尽管我们不能用现今日常用语中关于伦理的用法去阅读亚里士多德的《尼各马科伦理学》,但这丝毫不影响亚里士多德的《尼各马科伦理学》是西方伦理学史上第一部伦理学专著。它思想完整,结构严谨,自成体系,是一本经过深思熟虑后一气呵成的作品,在西方伦理学史上具有绝对重要的地位。《尼各马科伦理学》也是亚里士多德的著作中被研究得最仔细、注释得最广泛的著作。他的《政治学》和《尼各马科伦理学》都属于有关人类幸福的实践科学范畴。即研究幸福是什么,幸福存在于什么样的活动中,人们怎样才能成为幸福的人等问题。其中《尼各马科伦理学》讨论的是什么样的生活方式和形式是幸福所必须的;《政治学》讨论的是必须要有什么样的具体政体形式和怎样一套制度才能产生并且保证这种生活方式。

黑格尔说:"如果一个人真想从事哲学工作,那就没有什么比讲述亚里士多德这件事更值得去做的了。

---

① [德]黑格尔:《哲学史讲演录》第2卷,贺麟等译,商务印书馆1960年版,第284页。

一、分论

《尼各马科伦理学》共有十卷。每卷都有相对独立的讨论重点,因此可以分别加以说明:

第1卷:主要讨论善和幸福的概念。亚里士多德提出,宇宙万物都是有目的的,目的多种多样,有的目的是因其自身而被追求,有的是因它物而被追求。在实践中某种以其自身而被期求的目的就是善自身、最高的善。只有最高的善才是某种最后的东西。亚里士多德认为,大多数人都同意,行为所能达到的全部的善的顶点是幸福。然而,对于幸福由什么构成,却是有争议的。普通人把幸福看成是某种明显可见的东西,例如快乐、财富、荣誉等。而亚里士多德主张,把善的事物分为三个部分:外在的善、灵魂的善和身体的善。其中灵魂的善是主要的、最高的善。一方面,"生活的目的隶属于灵魂的善,而不是外在的善"①;另一方面,"幸福也要以外在的善为补充"②。真正的幸福就是灵魂合于那最美好最完满的德性的现实活动, 是最高的善。"幸福需要完满的德性,并须终其一生。"③亚里士多德强调,要在表现品质的现实活动中而不是仅仅根据品质来把握最高的善。因为一个睡着的人可以具有善的品质却没有产生善的结果。所以,要有美好地行动、高尚地行动。所以,在第二卷亚里士多德说:"我们做公正的事情,才能成为公正的人;进行节制,才能成为节制的人;有勇敢的表现,才能成为勇敢的人。"④这也可以更好地理解为什么亚里士多德强调说:"这门科学的目的,不是知识而是实践。"⑤在第二卷他还强调说:"我们探讨德性是什么,不是为着求知,而是为了成为善良的人,若不然这种辛劳就全无益处了。所以,我们所探讨的必然是行动,是应该怎样去行动。"⑥亚里士多德非常强调"德"的行动性,光有"德性"而不"行动"是亚里士多德特别反对的。"德"本来就是在"行"中养成和获得的。就如只有那种永远因其自身而不因它物被选择的目的,才是绝对最后的。也只有幸福才有资格称作绝对最后的。我们永远只是为了它本身而选取它,而绝不是因为其他别的什么。在这个意义上,幸福是终极的和自足的,是最神圣的东西,是至福。幸福是一切行为的目的,一切其他东西或是它的必然附属品,或是为它的本性所需的

> 行为所能达到的全部的善的顶点是幸福。

---

①②③④⑤⑥ [古希腊]亚里士多德:《尼各马科伦理学》,苗力田译,中国社会科学出版社1990年版,第13、15、16、26、3、27页。

有用的手段。灵魂分为理性和非理性两个部分,因此德性分理智的德性如智慧和理解与伦理的德性如节制和大度。亚里士多德说:"每个人只有在他固有的德性上才能完成得最好。"①

第2卷:主要讨论德性和中道。亚里士多德继续指出:"德性分为两类:一类是理智的,一类是伦理的。理智德性大多数是由教导而生成、培养起来的,所以需要经验和时间。伦理德性则是由风俗习惯熏陶出来,因此把'习惯'(ethos)一词的拼写方法略加改变,就形成了'伦理'(ethike)这个名称。由此可见,我们的伦理德性没有一种是自然生成的,因为没有一种自然存在的东西能够被习惯改变。……我们的德性既非出于本性而生成,也非反乎本性而生成;自然给了我们接受德性的能力,而这种能力的成熟则通过习惯而得以完成。"②提出德性为过度和不及所破坏,而为中道所保存。德性就是中道,是最高的善和极端的正确。在鲁莽和怯懦之间是勇敢。一切都回避、一切都惧怕、什么都不敢坚持,就会变成懦夫;反之,天不怕地不怕、横冲直撞,就会变成莽汉。在放纵和冷漠之间是节制。沉湎于快乐而不能自拔就是放纵;回避一切快乐而淡漠无情就是苦行。在挥霍和吝啬之间是慷慨。过度支出是挥霍,支付不足是吝啬。亚里士多德最后总结说:"在一切可称赞的情感和行为中,都有着中道,不过有时很可能是偏于过度,有时又要偏于不及。我们很难命中中间,行为优良。"③

第3卷:讨论道德的自由性与德性的中道性。他认为,自愿行为应该受到称赞或责备,非自愿的就应该宽恕甚至怜悯。选择"是德性所固有的最大特点"④。"人们都把快乐当做善来选择,而把痛苦当作恶来逃避"⑤。"我们力所能及的事情,可以做,也可以不做。在我们能够说不的地方,也能够说是。如若高尚的事情是由我们做成的,那么,丑恶的事情就不由我们来做。如若我们不去做高尚的事情,那么,我们就得去做卑鄙的事情。如若我们有能力做美好的事情和丑恶的事情,我们也有能力不去做。既然行为既可以是对善事的行为,也可以是对恶事的行为,那么,做一个善良之人还是丑恶之人,也就是由我们自己。"⑥"凡是由我们自己而造成的身体上的恶,都要受到责备。而我们无能为力的就不受。这样看来,我们力所能及的恶,都要受到责备。"⑦第3卷还接着第2卷继续讨论了中道,认为勇敢是恐惧和鲁莽的中道,节制是快乐和痛苦

在一切可称赞的情感和行为中,都有着中道,不过有时很可能是偏于过度,有时又要偏于不及。我们很难命中中间,行为优良。

① ② ③ ④ ⑤ ⑥ ⑦ [古希腊]亚里士多德:《尼各马科伦理学》,苗力田译,中国社会科学出版社1990年版,第12、25、40、45、49、50、51页。

的中道。

第 4 卷:论中道。慷慨是财物给予上浪费和吝啬的中道,一个浪费的人在给予方面是过度的,在取得方面是不及的,而一个吝啬的人则给予得太少取得的太多;自重是虚荣与自卑的中道,对自身估价过高是虚荣,对自身估价不足是自卑;温和是恼怒与麻木的中道,过于急躁和发火是恼怒,奴性十足和无火性就是麻木;真实是吹嘘和谦虚的中道,夸大事实就是吹嘘,缩小事实就是谦虚;机智是戏弄和死板的中道,把玩笑开得过分就是戏弄,一点玩笑也不开就是呆板。

第 5 卷:论公正。关于公正,亚里士多德提出了几个重要观点:其一,"合法和均等当然是公正的,违法和不均是不公正的。"[①]既然违法的人不公正,守法的人公正,因此一切合法的事情在某种意义都是公正的。其二,"公正自身是一种完全的德性。"[②]在各种德性中公正是最主要的,公正作为德性之首优于各种具体德性,是一切德性的总汇。因为在各种德性中唯有公正是关心他人的善。"有了这种德性,就能以德性对待他人,而不只是对待自己。"[③]"最善良的人,不但以德性对待自己,更要以德性对待他人。待人以德是困难的。所以,公正不是德性的一个部分,而是整个德性;相反,不公正也不是邪恶的一个部分,而是整个邪恶。"[④]其三,在整体的公正之外,确实还存在着一种作为整体中的部分的不公正。其四,公正分为两类,一类表现在财物和荣誉等的分配中,另一类则在交往中提供是非的标准。其五,公正就是比例,就是中间;不公正就是比例的违反,出现或多或少;裁判是公正的化身,是中间人。其六,公正处于做不公正的事情和受不公正的待遇之间,是一种中道,而不公正则是两个极端。其七,"公平是种优于公正的公正,虽然它优于公正,但并不是另一个不同的种,公平和公正实际上是一回事情,虽然公平更有力些,但两者都是好事情。问题的困难在于,公平虽然就是公正,但并不是法律上的公正,而是

---

①②③④ [古希腊]亚里士多德:《尼各马科伦理学》,苗力田译,中国社会科学出版社 1990 年版,第 89、90、90、90 页。

伦理学讲座

罗金远
戴茂堂
著

对法律的纠正。"①"公平就是公正,它之优于公正,并不是优于一般的公正,而是优于由于普遍而带了缺点的公正。纠正法律普遍性所带来的缺点,正是公平的本性。"②

第6卷:两种德性论。继续讨论第1卷的两种德性论。灵魂有两种德性,一是伦理德性,一是理智德性。亚里士多德指出,苏格拉底认为全部德性都是明智是错误的,但他认为德性离不开明智则完全正确,没有明智主要的善即不存在,没有明智主要德性即无由生成。因为德性提供了目的,而明智提供了达到目的的实践。苏格拉底认为,德性就是原理(因为全部德性都是知识),而在亚里士多德看来,德性伴随原理③。

第7卷:从理性的角度分析自制和不自制。自制是优良的品质,不自制则是恶劣的品质。亚里士多德指出:"人皆尽知,自制和忍耐是好事情,应受到赞扬,而不自制和无耐性不是好事情,应受到责备。有自制力的人能坚持他通过理性论断所得的结论,而无自制力的人,为情感所驱使,却去做明知道的坏事。有自制力的人服从理性,在他明知欲望是不好时,就不再追随。"④亚里士多德还比较了自制与节制、不自制与放纵之间的相同与不同:"一个自制的人决不由于肉体快乐而作违背理性的事,节制的人也是这样。不过,前一个具有丑恶的欲望,后一个则没有。节制的人本来就不喜欢那些不合理的事情,而自制的人则对此有所喜爱,但并没有被这种喜爱所掌握。不自制和放纵虽然完全是不同的,但两者也有相似之点,两者都追求肉体快乐,不过,后一个认为这是应该的,前一个则不这样认为。"⑤不自制易于矫正,放纵则不可救药。

第8卷:论友爱与友谊。友爱是某种德性,是生活所必需的。谁也不愿意去过那种应有尽有而唯独缺少朋友的生活。爱人的人受到称赞,广交游被看做是件高尚的事情。友爱是联系城邦的纽带。立法者更重视友爱。可爱的东西以三种因由而可爱,一是善良、二是能使人喜爱、三是有用。可爱与友爱不同。但友爱也分三类,一是有用的、二是快乐的、三是善的。因有用、快乐而友爱不能持久,这样的友爱都是偶性上的友爱;因善而友爱是完美的,能够永远。为了朋友自身而愿望朋友为善的人才最是朋友,因为他们都是为了朋友的自身,而不是出于偶性。只要善不改变其为善,这种友谊就可永远维持。友爱是交互的爱。友谊也可分为三类,一是快乐的、二是有用的、三是善良的。只

①②③④⑤ [古希腊]亚里士多德:《尼各马科伦理学》,苗力田译,中国社会科学出版社1990年版,第110、111、132、135、153页。

有在善良的人中间,友爱和友谊才是最大和最善的。"善良人之间的友谊是最高贵的。"①坏人可以因为快乐或有用而成为朋友,好人才因为他们的善良而成为朋友。抱怨和责备主要存在于利用的友谊中,德性的友谊不会产生抱怨和争吵。在快乐的友谊中也不会有抱怨。"喜爱似乎是一种情感,而友谊似乎是一种品质。对于无生物同样可以喜爱,但相互的爱就必须伴有选择,而选择是来自品质的。为了所爱的人自身,而愿望他成为善良人,这种善意不是来自情感,而是来自品质。爱着朋友的人就是爱着自身的善。因为一个善良人在成为朋友时,也就成为对朋友的善。每一方都是爱着自身的善,并且以同等的愿望和快乐回报对方。所以人们说友爱就是相等。在善良人之间,这种情况表现得最为明显。"②友谊是平等的,双方都有着共同的要求,相互间有着同样的愿望。当然,有的友谊是不平等的,如一个较好的人可以和不够好的人做朋友。亚里士多德说:"平等在公正的事情上和在友爱上,其意义是有区别的。在公正的事情上价值上的平等占据首位,而数量上的平等则居次要地位。在友爱中数量上的平等占首要地位,价值上的平等居次要地位。"③友谊的标志是共同生活,没有共同生活,相互间就只是善意而不是友谊。好脾气和社交生活是友谊所必备的条件。只有善良人才具有友谊所必备的真正的东西。按照友谊这个词的完整含意而言,一个人不能有许多朋友,正如恋爱不能是多角的一样。爱荣誉的人要求被爱多于爱。爱奉承者则爱多于被爱。亚里士多德还认为,友爱也体现在政体中。他把政体分三类:君主制、贵族制和富豪制。君主制是最好的,君主是自足的,专门为臣属谋福利。暴君制是君主制的蜕化,专门给自己谋福利。贵族制蜕化为寡头制,他们违反各得其所的原则来分配城邦事务,把全部或大部分好东西归于自己,长期占据主宰地位。富豪制蜕化为民主制,凡有产权者人人平等,以多数人的决议而行。在这些蜕化的形态中,民主制是坏处最少的。在家庭中,父子之间是君主制,夫妻之间是贵族制,兄弟之间是富豪制。君主对臣属要仁惠,这是种父亲般的爱。丈夫对妻子的爱是贵族式的,以德性为依归。兄弟之间的友爱类似于富豪制的,是平等的。在暴君制中很少或者没有友爱。在主宰者和被主宰者没有共同物的地方,也就没有友爱。在民主制下友爱和公正最多,因为在平等的事物中共同的东西是很多

为了朋友自身而愿望朋友为善的人才最是朋友,因为他们都是为了朋友的自身,而不是出于偶性。

---

①②③ [古希腊]亚里士多德:《尼各马科伦理学》,苗力田译,中国社会科学出版社1990年版,第170、170、173页。

的。亲属的友爱是从父亲派生出来的。兄弟之间的爱由于自然地出于双亲,经得起时间考验,最为可靠。与叔伯兄弟等的友爱以与始祖相距的远近而区分亲疏。后代对祖先的爱类似于人对神的爱,是一种对善和尊长的爱。

第9卷:继续论友谊。种类不同的友爱都可以通过比例达到双方的平等。相爱者双方往往抱怨自己的热情没有得到应有的回报,这是因为他们所关注的不是事情自身,而是那些附加的东西,不经久的东西。在双方所得都没有如愿以偿时,友爱就瓦解了。唯有道德的爱、伦理的爱才能保持自身始终如一①。对于那些共同研究哲学的人的友爱,只能以德性为回报,他们的价值不能以金钱衡量,而且任何荣誉也不能与之匹配,只有像对待神和父亲那样对待他们,也许才是足够的②。对于不同的对象要有不同的友谊。在某些情况下相等的报答不见得公平。在讨论情感和实践的事务时,只有结合其对象,才具有确定性。并非所有人的要求都是一样的,对每种人都要给予与他本己相适应的对待。对父亲的尊敬和对母亲的不同,对贤哲的尊敬和对将军的不同。假设发现友谊是为了快乐或有用,可以解体。只应与好人做朋友,不应与坏人做朋友,因为近朱者赤近墨者黑。假如朋友从好变怀,除非不可救药,不必马上断交,而应帮助,断交的朋友仍应关心。朋友就是另一个自己。对朋友应该比对陌生人更为亲切些。善意不是友情,它对不相识者同样产生。善意不是爱情,它没有欲求和紧迫感。善意似乎是友谊的起点,也可以说是尚未起作用的友谊,继续接触,它就变成友谊了。意气相投是一种友好表示。它既不是双方的意见相同,也不是对某件事的共同认识,而是公民事务上的同意。这是在实践问题上的同意。而这所谓同意并不是大家同时想一件事情,而是都与同一件事情有关,比如公正和福利。所以可称之为政治友谊。自爱不完全就是贬义的,事实上一切用来规定友谊的属性,都是从自己推及他人。因此,一个人是他自己的最好的朋友。人所最爱的还是他自己。善良的人是应该最爱自己的人,因为一切理智都为自己选择最好的东西,把最大的善分给自己。他们重视高尚胜于一切,他们才是真正的自爱者。邪恶的人不应该是一个爱自己的人,他跟随自己邪恶的感情,既伤害了自己又伤害了别人。幸福的人需要有人接受其好处,因而需要朋友,需要高尚的朋友。人是政治动物,天生需要过共同生活。谁也不愿意单独一人去拥有一切善。至福之人也应与朋友协同,因为只

唯有道德的爱、伦理的爱才能保持自身始终如一。

①② [古希腊]亚里士多德:《尼各马科伦理学》,苗力田译,中国社会科学出版社1990年版,第189、189页。

有协同的现实生活才能持久。朋友的数量要有界限。极度的友情只能对少数人。在不幸中更需要有用的朋友,在幸运中更需要高尚的朋友。在任何场合下朋友在场都是令人欣慰的。人们都愿意和朋友共同生活,举办各种活动,并尽可能参加。坏人的友谊是件坏事,他们因其所有的邪恶相同,而成为邪恶的。善良的人的友谊因接触而增长,因相互促进而变得越来越好,并把对方当成自己的榜样。用两卷的篇幅讨论友爱,在西方伦理学史上绝无仅有。他为什么如此重视友爱?因为它像公正一样是维系城邦共同体和谐共处的力量,因而是幸福(好生活)所必需的。

第10卷:论快乐与幸福。快乐和痛苦贯穿于生命之中。只有善才能助长快乐。但快乐不就是善。属于善良活动的快乐是高尚的,属于邪恶活动的快乐是卑下的。只有幸福才是人的目的,但"幸福决不在消遣和游戏之中","幸福生活可以说就是合于德性的生活"①。思辨的活动是最完美的幸福,因为它是神圣的合于德性的现实活动。各种快乐以其纯净性相区别,视觉优于触觉,听觉和嗅觉优于味觉,思维的快乐比一切更为纯净。"哲学以其纯净和经久而具有惊人的快乐"②。"如若人以理智为主宰,那么,理智的生命是最高的幸福。"③"神的生活则全部是至福。至于人则以自己所具有的思辨活动而享有幸福。其他动物没有享福,因为它们全不分有思辨。凡是思辨所及之处都有幸福,哪些人的思辨能力越强,哪些人所享有的幸福也就越大。这不是出于偶然而是思辨的特性,因为思辨就其自身就是荣耀。所以,幸福当然是一种思辨。"④当然,亚里士多德的悠闲和完善的抽象沉思的生活理想,仅仅只有少数社会精英才能达到。

善良的人是应该最爱自己的人,因为一切理智都为自己选择最好的东西,把最大的善分给自己。

---

① ② ③ ④ [古希腊]亚里士多德:《尼各马科伦理学》,苗力田译,中国社会科学出版社1990年版,第224、225、226、228页。

二、总论

《尼各马科伦理学》尽管在结构上分为十卷,但又可以打破结构上的分类,从思想的内在逻辑结构做出总体评判。

在《尼各马科伦理学》中亚里士多德从伦理学的最基本概念"善"("好")开始讨论的:"每种技艺和探索,与每种行动和选择一样,都显得是追求某种善,所以人们有理由把善表示为万事万物所追求的目标。"他批判了柏拉图的善的理念,认为善存在于个别事物之中,提出有等级的具体的善,而最高等级的善是"至善"。而至善就是幸福。因为幸福不假外求、自满自足,不再从属于任何别的目的,而是因其自身之故而被追求的最终目的。所以,对于人的所有追求和活动,就是要看其是否有助于实现幸福这一最终目的才能界定其"好"与"善"。

但亚里士多德强调幸福不同于享乐。几乎多数人都同意善的生活就是幸福,但普通人把幸福看做是可见的东西如财富、荣誉、快乐。从而批判了享乐主义和智者派的相对主义。亚里士多德指出:"快乐之所以完全不是善,首先是由于一切快乐都生成为感性自然,而生成与其目的在种上是不同的,正如营造术和房屋一样。其次,节制的人避免快乐。再其次,明智的人追求的是无痛苦,却不追求快乐。再其次,快乐妨碍明智者的思维,享乐越多,则妨碍越大……再其次,儿童和兽类只知道追求快乐。"[1]他又指出:"主张快乐不都是好事情的理由,首先是由于有些快乐是可耻的、下流的,有些是有害的,有些是导致疾病的。快乐之所以不是最高善,由于快乐是生成而不是目的。"[2]

幸福也不是自然的品质,幸福的实现依赖于如何把人的自然禀赋转化为真正德性。所以,亚里士多德提出,幸福就是合于德性的现实活动,开启了西方伦理学的德性主义传统。亚里士多德对古希腊伦理学的核心问题"德性"做了深入反思。在亚里士多德看来,伦理学的使命不仅要考察德性活动,而且要思考如何使人成为有德性的人。亚里士多德的德性概念与现代的道德概念不同。现代的道德是指行为的内在规范,是普遍有效的行为法则;而亚里士多德的德性概念是指某种好习惯、好品质。亚里士多德的伦理学在很大程度上可以理解为探讨如何塑造和培养人们的好习惯、好品质的学问。《尼各马科伦理

思辨的活动是最完美的幸福,因为它是神圣的合于德性的现实活动。

---

①② [古希腊]亚里士多德:《尼各马科伦理学》,苗力田译,中国社会科学出版社1990年版,第155、155页。

学》最新译本的翻译者邓安庆先生充满深情地指出，如果我们不相信德性的光辉和力量，并且还要去毁灭精神的价值，那么我们现今取得的所有进步和成就都将变得毫无意义。为此，他呼吁要从《尼各马科伦理学》找回对德性力量的确信①。

获得德性、拥有幸福必须借助理性，理性保证了人节制而不过分，保持中间性。过度和不及都是过错，唯有中间性或中道才是德性。所谓中道就是对应该的对象和事件，在应该的时间和地点，以应该的方式来行动。

在《尼各马科伦理学》结尾，亚里士多德指出，思辨的生活，有似神的生活，是只有神才配享有的最高的幸福。神的行为就是思辨活动，除此之外，神不能有其他行为、其他德性。亚里士多德认为，幸福是终极的和自足的，是最神圣的东西，是至福。"一切善的事物的原因和本原，我们认为就是荣耀和神圣的。"②哲学以其纯净和经久而具有惊人的快乐。亚里士多德指出："正如人们所说，有了超人的德性，人就成为神。"③合于德性的现实活动"含有美好和神圣的东西，或自身就是神圣的，或是我们各部分中最神圣的部分"，"这是一种高于人的生活，我们不是作为人而过这种生活，而是作为在我们之中的神。……如若理智对人来说是神性的，那么合于理智的生活相对于人的生活来说就是神性的生活"④。这就又回到和呼应了《尼各马科伦理学》开头的问题即好生活（幸福）是什么的问题。

根据邓安庆先生的研究，伦理学的原始本义就是创建人可以安居其中的有意义的"家园"的含义。从这里，可以引申古典伦理学的一个基本问题——什么样的生活是值得过的、有意义的生活？我们知道，西方第一个道德哲学家苏格拉底及其学生柏拉图都提出并思考过这个问题。亚里士多德也是在这个意义上把伦理学理解为研究"好生活"的一门学问。作为探讨"好生活"的伦理学不能光是指出什么样的生活是好生活，而是要进一步去指明生活如何才能好起来；不能光指出什么是善，而是要进一步指明如何做才善；不能光指出什么是德性，而是要进一步指明如何做才能是一个有德性的人。正因如此，亚里士多德的伦理学特别强调"实践"或"行动"。总体上看，《尼各马科伦理学》正

快乐之所以不是最高善，由于快乐是生成而不是目的。

---

① ［古希腊］亚里士多德：《尼各马可伦理学·注释导读本》，邓安庆译，人民出版社2010年版，邓安庆为译本撰写的"导读"。

②③④ ［古希腊］亚里士多德：《尼各马科伦理学》，苗力田译，中国社会科学出版社1990年版，第21、134、224—226页。

是围绕"好生活如何可能"、"好德性如何养成"这些问题来展开自己的伦理学思考的。其中,"好生活"即幸福是人生的目标,"好品质"即德性是实现"好生活"的力量。①

三、几个要讨论的问题

在《尼各马科伦理学》这部重要的伦理学著作中,有几个关键的伦理学问题可以简要做些讨论,因为正是这几个关键的问题在以后的西方伦理学史上总是不断地被提及:

其一,自由与道德。

假设行善或作恶都是命中注定而不得不如此的话,那就没有选择性。实际上,一个人在采取行动之前,不论他的目的动机如何,他的善恶是未定的;人是自己把自己造成为善人或恶人。因此善恶是人自由创造的结果。由此可见,道德的善是一个有待于自己去创造或完成的事情,而道德的恶也是一个有待于自己去避免或回避的事情。这就揭示出对于善恶的自由选择的意志是一切善恶之所以成为善恶的根源。就此而言,自由与道德的关系问题是伦理学的关键问题之一。在《尼各马科伦理学》中,亚里士多德对这个问题有重要讨论。亚里士多德认为,在一个合乎德性的行为中,行为者"必须是有意识地选择行为的,而且是为了行为自身而选择的"②。他还说:"愤怒和恐惧是不可选择的。而德性则是某种选择,至少离不开选择。"③自愿行为应该称称赞或责备,非自愿的就应该宽恕甚至怜悯。选择是德性所固有的最大特点。做一个善良之人还是丑恶之人全都由我们自己。"不管做事公正还是不公正,都要有意地来做。如若是无意的,那就不是做不公正的事,也不是做公正的事。"④只有在自愿去做的时候,一个公正行为才是公正的。"如若一个人经过选择去伤害

① [古希腊]亚里士多德:《尼各马可伦理学·注释导读本》,邓安庆译,人民出版社 2010 年版,邓安庆为译本撰写的"导读"。

②③④ [古希腊]亚里士多德:《尼各马科伦理学》,苗力田译,中国社会科学出版社 1990 年版,第 30、31-32、104 页。

幸福是终极的和自足的,是最神圣的东西,是至福。

他人,他就做了不公正的事,这件事是不公正的,做不公正事的也是不公正的人。这种事情既违反了比例,也破坏了均等。同样,一个人经过选择去做公正的事情,他就是个公正的人。也就是说,只有在自愿去做的时候,这才是公正的行为。"①"明知故犯是令人憎恶的,而无所觉察则难以责备。"②只是亚里士多德忘记了,在失去自由选择的情况下,讨论自愿和不自愿毫无意义。比如,一个晚辈的父母亲同时患病,需要救治,但医院条件有限,只能救治其中一位,晚辈究竟是选择父亲合适还是选择母亲合适呢?无论怎样选择都是不自愿的,因为没有人能在这种情形下做出合适的选择。

其二,理性与道德。

总体上,西方伦理学几乎都把伦理精神和理性精神相等同,理性知识在道德判断和价值判断中具有至高无上的发言权。这最明显地表现在西方伦理学史上有一套科学的研究方法,力图把道德现象作为一种客观存在加以把握。在《尼各马科伦理学》中,我们可以看到亚里士多德的伦理学就有明显的理性崇拜。亚里士多德的理性崇拜对西方伦理学史的影响极其深远。尽管亚里士多德专门讨论了德性和技术的区别:"人工制作的东西有它们自身的优点,因此,只要它们生成得有某种它们自身的性质,也就可以了。但是,合乎德性的行为,本身具有某种品质还不行,只有当行为者在行动时也处于某种心灵状态,才能说它们是公正的或节制的。第一,他必须是有所知,自觉的;其次,他必须是有意识地选择行为的,而且是为了行为自身而选择的;第三,他必须在行动中,勉力地坚持到底。为了具有技术,除了须对它有所知以外,上述其他的条件都不需要。但对于获得德性来说,知的作用是非常微弱的,而其他条件的作用却不小,比知的作用更重要。因为公正和节制的德性,是公正和节制的行为多次重复后才产生的。所以,虽然行为在恰像公正的人和节制的人所做那样时可以被称为公正的和节制的,但行为者,却并不是仅仅由于他做了这些事情而成为公正的和节制的,而是因为他像公正和节制的人那样做这些事情。"③但总体上看,亚里士多德更愿意把德性与科学理性联系在一起。他说:"德性作为相对于我们的中道,是一种决定着对情感和行为的选择的品质,它受到理性的规定,像一个明智的人那样提出要求。"④只有那最精确的科

对于善恶的自由选择的意志是一切善恶之所以成为善恶的根源。

①②③④ [古希腊]亚里士多德:《尼各马科伦理学》,苗力田译,中国社会科学出版社1990年版,第105-106、139、30、34页。

学才可以称为智慧的①。德性为过度和不及所破坏，而为中道所保存。如果德性就是中道，"要比一切技术都准确和良好，那么，德性就是对中间的命中"②。他还说："中道在两种过错之间，一方面是过度，一方面是不及。它所以是这样，因为它就是对情感和行为中的中间的命中。这是一种需要技巧和熟练的事业，去在每一件事物中发现中间。例如，并不是所有人都能找到一个圆的中心，而是那有知识的人才能找到。"③他又说："对快乐的追求应是适度的、少量的，并且决不能与理性相背驰。如能这样，我们就受到了良好的教养，和有约束能力。正如一个孩子要按教师的教导生活那样，欲望的部分也要按照理性生活。节制者的欲望部分应该与理性相一致。两者都以高尚为目标。一个节制者欲求他所应该欲求的东西，以应该的方式，在应该的时间，这也正是理性的安排。"④亚里士多德谈到苏格拉底时指出："他相信所有道德德性都是知识的样式，因而当我们认识到什么是正义时，那就意味着我们是正义的。"对此，亚里士多德批评他成了一个十足的唯理智论者，并评论说："凡是涉及道德德性的地方，最重要的事情不是懂得它是什么，而是它是怎样产生的。"⑤在亚里士多德看来，尽管苏格拉底认为全部德性都是明智是错误的，但苏格拉底认为德性离不开明智则完全正确，没有明智，主要的善即不存在⑥。"显然在各种科学中，只有那最精确的科学才可以称为智慧。所以，一个智慧的人决不可只知道由开始之点引出的结论，而且要有关于开始之点的真理性的认识。所以，智慧既是理智也是科学，在高尚的科学中它居于首位。"⑦此外，亚里士多德把德性区分为伦理德性和理智德性，甚至强调伦理德性基于理智德性，理智德性是完全的德性，从而赋予了"智德"在伦理学中核心地位。这也能体现他的伦理学的理性主义倾向。

只有在自愿去做的时候，一个公正行为才是公正的。

其三，中道与中庸。

我们十分惊讶于亚里士多德对中道概念的如此看重。然而，我们更愿意谨慎地去反思亚里士多德的中道与中国传统伦理学的中庸之间的差异⑧。一

---

①②③④ ［古希腊］亚里士多德：《尼各马科伦理学》，苗力田译，中国社会科学出版社1990年版，第122、33、38、64页。

⑤ ［美］麦金太尔：《伦理学简史》，龚群等译，商务印书馆2003年版，第50页。

⑥⑦ ［古希腊］亚里士多德：《尼各马科伦理学》，苗力田译，中国社会科学出版社1990年版，第132、122页。

⑧ ［古希腊］亚里士多德：《尼各马可伦理学·注释导读本》，邓安庆译，人民出版社2010年版，第88页，邓安庆撰写的"注释"。

般地说来,中道具有精确性、绝对性;中庸具有模糊性、相对性。支撑中道的是科学知识和理性精神;而中庸显然是缺少科学理性支撑的。亚里士多德指出:德性作为中道"受到理性的规定";"中间的就是真实的"、"中道就是真实";"准确地命中中间是困难的"①,所以,命中中间要有知识。他还以古希腊公认的最大的美德——公正——为例,进一步说明了中道的可规定性。他说:"如若不公正就是不均等,那么公正就是均等,这个道理不用说,人人都会明白。既然均等就是中间,那么公正也就是一种中间。如若均等至少是两者的均等,那么公正的事就必然或者是对某物和某人的中间和均等,或者是两个相等者的均等,或者是某些事物的中间,或者是对某些人的公正";"公正就是某种比例,而这种比例所固有的性质不仅是抽象的目的,而且是普通的数目"②。在西方,善恶是分明的,因此只能去恶从善;而在中国,善恶是混沌或模糊的,所谓此一时彼一时也,因此可以虚伪或伪善。实际上,符合亚里士多德的中道的各种美德在中庸的中国并不被认同。

其四,政治与伦理。

亚里士多德认为,宇宙万物都是有目的的即向善的,在实践中确有某种以其自身而被期求的目的,这种目的就是善自身,是最高的善,而研究最高的善的科学就是政治学。政治学是最高主宰、最有权威的科学,使其他科学为自己服务。它的目的包含着其他科学的目的。政治学制定法律,以立法的方式直接规定了我们的生活方式、生产方式和交往方式,指出什么事应该做,什么事不应该做,以保证我们能够过上一种好生活。因此,政治学跟伦理学是相通的。正如当代亚里士多德研究者卡什多勒所说:"在亚里士多德相当广阔的政

中道在两种过错之间,一方面是过度,一方面是不及。

①② 〔古希腊〕亚里士多德:《尼各马科伦理学》,苗力田译,中国社会科学出版社1990年版,第34—39、93—94页。

149

治领域的概念中，没有政治学是超道德的，也没有道德是非政治的。"①在亚里士多德那里，实际上有两种实践：一是外部的、公共生活的实践，这是政治学要考察的；一是内在的、目的论的实践，即每个生物都有的朝向其自然目的的自我实现的活动即德性，这是伦理学要考察的。一种好的生活不仅要靠政治学和法治，而且要靠伦理学和德性。但这德性不是像勇敢、节制这样的美德，而是像公正这样的"大德"和友善友爱这样的待人之德。人的德性能否实现卓越关键在于人是否让灵魂中的高贵部分起主宰和领导作用，如果人能让灵魂中的理性的逻各斯和通神的努斯而不是让植物性灵魂和非理性的情感因素起主导作用，那么人就有了人之为人的德性，就能成为最优秀、最卓越的你自己②。但亚里士多德认为，人本质上是政治的动物，总是处在公共关系中，所以公共关系的好坏对能否实现好生活有直接的影响。因此，亚里士多德认为，政治学高于伦理学。与政治学高于伦理学相一致，亚里士多德认为个人的善从属于城邦的善，城邦的善高于个人的善："获得和保持城邦的善显然更为重要，更为完满。一个人获得善不过是受到夸奖，一个城邦获得善却要名扬四海，更为神圣"③。亚里士多德通过把伦理学作为政治学的"导论"为我们提出了伦理学通向政治学的一种方案。近现代以来的政治伦理学围绕政治与伦理、个人权利与社会公正谁从属于谁展开着持久而深入的讨论，至今也没有达成完全的共识。

中道具有精确性、绝对性；中庸具有模糊性、相对性。支撑中道的是科学知识和理性精神；而中庸显然是缺少科学理性支撑的。

① 转引自聂敏里选译：《20世纪亚里士多德研究文选》，华东师范大学出版社2010年版，第248页。

② [古希腊]亚里士多德：《尼各马可伦理学·注释导读本》，邓安庆译，人民出版社2010年版，邓安庆为译本撰写的"导读"。

③ [古希腊]亚里士多德：《尼各马科伦理学》，苗力田译，中国社会科学出版社1990年版，第2页。

第十六讲
西方伦理学中的自然观念

西方伦理学时间上开端于古希腊,逻辑上发端于"自然"。"自然"是西方伦理学中一个关键性的概念。自然有内在自然与外在自然之分,其中,外在自然指的是存在于我们周围的大千世界即物质世界,内在自然指的是存在于我们自身的自然本能即人的自然本性、生理机能、生物属性。西方伦理学一开始就在两个层面上发展了这种自然性:通过观察外在自然,产生了自然哲学;通过观察内在自然,建立了自然主义伦理学。并且这种外在的观察与内在的观察总是相互补充着。

一、外在自然与自然哲学

人类最初的兴趣是对环绕着自己的大自然的兴趣。对自然的观察,乃是那些有闲暇去沉思默想的人的最初的研究;他们不能不为有形世界的一些现象感到惊异。对于大自然的惊异感与神秘感驱使着西方人努力寻求自然的奥秘、获取自然的知识。西方人自始至终都对自然万物抱有极大的热诚。霍尔巴赫说:"自然与各种原素,如我们所指出,乃是人类最初的一些神明。人最初总是先崇拜一些物质的东西,正如我们曾经说过的并且也正如我们在野蛮民族中可能见到的那样,每个人都以物质的东西给自己造成一个特殊的神,设想

自然有内在自然与外在自然之分,其中,外在自然指的是存在于我们周围的大千世界即物质世界,内在自然指的是存在于我们自身的自然本能即人的自然本性、生理机能、生物属性。

151

它就是同他有着利害关系的那些变故的原因。"①

古代的希腊人爱好并尊重自然,它与自然相处得颇为协调,它认为生存就是无上的幸福,对它来讲宇宙就是真实,宇宙就令他满足。自然简直被希腊人所神化。在这个与自然相一致的生活里面,古代希腊人感受到了一种迷人的生存的魅力和轻松。希腊人的生活如同自然的生活一般无忧无虑的明朗。

近代的卢梭通过对比乡村环境下人们所过的淳朴的、自然的生活与都市里贵族们所过的腐化生活,以文艺复兴以来所不曾有过的笔调,热情歌颂了自然。在卢梭看来,自然的就是美的,美的就是自然的,自然是活生生的,是灵感的源泉,是人的真正知己,充满了他可以用一切感官来享受的富源。

正是因为西方人与外在自然具有这种特殊的情感,所以,与中国哲学的情况完全不同,西方哲学是从自然哲学开始的。中国文化相信天道与人道一体,天人合一,结果天(自然)被人伦化。天不具有西方那种纯粹外在客观之天的含义,不是自然之天,而是义理之天,或指人本身的天然性命,或是道德观念的象征。自然这个概念由于缺少一个"客观的"、"外在的"的涵义,所以在中国对天的讨论实际上变成了对人的研究,或者说天道的研究恰好是从人的研究开始的。因此,就有了"中国之学"就是"为己之学"或"心性之学"之说。结果,中国古代不仅产生不了严格意义上的自然科学,也产生不了西方的自然哲学。然而,自然哲学成了西方哲学的最初形态。自然哲学是这样一种哲学,它以一种近乎科学的方式看待宇宙世界,努力探究自然事物的因果联系和客观规律,以求获得关于宇宙世界的知识体系。

最早的自然哲学在公元前7—前6世纪,产生于希腊的殖民地——伊奥尼亚地区和"大希腊"地区,包括米利都学派、爱非斯学派、毕达哥拉斯学派和爱利亚学派。希腊哲学在其最初各阶段上只是关心物理宇宙,自然哲学明显地支配着哲学研究的所有其他分支。这个时期的哲学家很注重观察自然现象,并以自然现象作为哲学的研究对象,故称为自然哲学家。早期希腊的这一批所谓"自然哲学家"探讨的基本问题是万物的始基或本原问题,而他们找到的始基或本原往往就在自然当中。所以,他们都以研究自然为己任,他们的著作据说大多都冠以"论自然"这个名称。黑格尔曾经指出,"论自然"是那时哲学的一般的题材和书名。可以说,在"哲学"这个概念还未出来之前,"自然学"

---

① [法]霍尔巴赫:《自然的体系》下卷,管士滨译,商务印书馆1977年版,第26页。

就是"哲学"的别名。

米利都学派的主要代表人有泰勒士、阿那克西曼德和阿那克西米尼。他们是哲学家同时也是自然科学家，他们学说的主要特征是将哲学观点和自然科学观点结合在一起，从物质的某种具体形态中去寻找万物的始基。泰勒士是米利都学派的创始人，也是数学家、天文学家。他提出"水"是万物的始基的思想。阿那克西曼德写的《自然论》是希腊第一部哲学著作。他认为，万物的始基是一种没有固定形态和固定性质的原始物质。阿那克西米尼明确提出"气"是万物的始基。

尽管毕达哥拉斯学派提出"数"是万物的本原，不再以自然事物为始基，但"数"就存在于宇宙万物当中，所以毕达哥拉斯实际上还是以自然事物的属性（数量关系）为本原。毕达哥拉斯的哲学就是数学哲学。

赫拉克利特相传有《论自然》的著作。他以一种具体的物质作为万物的始基。但他认为这种物质性的东西不是泰勒士的水，也不是阿那克西米尼的气，而是火。在他看来，唯有自身运动，而又不失去自身，并且永远运动的东西，才是万物的源泉和始基。火产生一切，一切复归于火，所以火是宇宙万物唯一的始基。黑格尔说："赫拉克利特在他的阐述中并不停留在概念的说明，即纯粹逻辑的说明；而是在他用以论述他的原理的一般形式之外，赫拉克利特给了他的理念一个较富实在性的说明。这种实在的形态主要是自然哲学的，或者说，它的形式更加是自然的形式；因而他也被算作伊奥尼亚学派，并因此而使自然哲学活泼了。"①

爱利亚学派的奠基人色诺芬尼有《论自然》一书，他认为可感觉的物质是万物的源泉，他说："一切都从土中生，一切最后都归于土。"②爱利亚学派的中坚人物巴门尼德遗留下来的著作残篇中最重要的就是《论自然》。

古希腊原子论的先驱恩培多克勒和阿那克萨戈拉都是当时著名的自然科学家。前者继承和发展了米利都学派和赫拉克利特关于世界本原的理论，提出"四根说"，认为世界万物都是由土、水、气、火四种元素结合而成。后者在万物本原问题上提出了"种子说"，认为世界万物都是由"同类的部分"即"种子"构成。而原子论哲学的主要代表是德谟克利特。他在世界本原问题上，提

赫拉克利特认为唯有自身运动，而又不失去自身，并且永远运动的东西，才是万物的源泉和始基。

---

① ［德］黑格尔：《哲学史讲演录》第 1 卷，贺麟等译，商务印书馆 1959 年版，第 303 页。

② 北京大学哲学系外国哲学史教研室编：《古希腊罗马哲学》，商务印书馆 1982 年版，第 47 页。

出一切事物的始基是原子。原子就是肉眼看不见的许多小的微粒。

柏拉图的哲学包括思辨哲学、自然哲学和精神哲学。这种自然哲学在"蒂欧篇"中得到了具体的表达。在《蒂欧篇》中,他提出,看得见的世界是无规律、无秩序地运动着,神是物质世界的整理者,把可见者从无秩序带进有秩序。接着,他指出,世界应该是有形体的、看得见的、摸得着的,但是没有火就看不见任何东西,没有坚实的东西、没有土就摸不着任何东西,所以神在太初时立即造成了水和土。这就是他自然哲学的导言。另外,他的自然哲学还探讨了自然的关系、时间和空间的理论。

亚里士多德的物理学或自然哲学,包含在整整一系列的著作里面,这些著作形成了一个相当完整的系统。他的《物理学》讨论了关于自然的一般概念,关于运动、时间和空间的学说。他的《论天》讨论了一般物体的性质。他的《论生灭》讨论了物理的过程。他的《气象学》讨论了在最真实的形式中表现出来的一般的物理的过程。他还有生理学、博物学、解剖学、植物学等方面的著作。这些著作包含了自然哲学的外在的内容的整个领域。在他的自然哲学中,亚里士多德认为,地球万物都是由土、气、水、火四种元素按不同比例结合而成,这与恩培多克勒的四根说一致。

西方大师的智慧

理想国
Republic

(古希腊)柏拉图　著

《理想国》西方最早的哲学著作之一
柏拉图提出了一个完整系统的理想国家方案
柏拉图是西方哲学的鼻祖,被称为"哲学之父"

北京燕山出版社

"四根说"
——世界万物都是由土、水、气、火四种元素结合而成。

伊壁鸠鲁的自然哲学继承了德谟克利特原子论思想,认为宇宙是有原子和虚空构成。宇宙中的一切物质都是由不可分的、看不见的物质粒子——原子组成,而虚空就是原子存在和运动的场所。他的自然哲学还用原子数目的无限和原子形状差别的有限说明了事物的多样性和稳定性,还用原子具有重量的特性解决了原子运动的原因和运动的主要形式。

早期斯多葛派认为,哲学包括物理学、伦理学和逻辑学三个部分。其中物理学考察宇宙,伦理学考察人,逻辑学考察理性。尽管斯多葛派更重视道德问题的研究,但并不忽视自然哲学,而且它们特别学习了赫拉克利特关于自然的著作。它们的物理学即自然哲学探讨了宇宙的有关问题。它们承认自然界的存在,甚至认为一切都是物体,而以火、气混合而成的"普纽玛"就是万物的本原。

古罗马哲学家卢克莱修以毕生精力写成的著名哲学诗篇《物性论》，系统地论证和发挥了德谟克利特——伊壁鸠鲁的原子论思想，认为原子是万物的始基，万物以它作为起点而获得存在。在《物性论》中他论证了原子和虚空的客观存在，论证了原子运动的原因和形式。

中世纪经院哲学不仅使人远离自然，而且完全堵死了认识自然的道路。中世纪之后培根率先对经院哲学作了尖锐的批判，并重新恢复了西方哲学中源远流长的自然哲学传统。他认为，哲学的对象是自然，哲学的任务就是研究自然。

在拉·梅特里看来，只有物质、自然才是唯一真实的客观存在。一切都统一于自然，统一于物质世界。所以，哲学与自然是密不可分的。拉·梅特里说："哲学本身则是听从自然的，……凡是并非从自然本身得来的东西，凡是并非事物的现象、原因、结果、并非研究事物的科学的东西，总之，都与哲学无关，其来源都是与哲学不相干的。"①

在自然观上，梅叶肯定物质是世界万物的本原，是永恒而独立的存在物。他明确提出："万物都是物质的和有形体的，所以只有物质才是它们存在和它们的实体的基础。"②

伏尔泰是自然神论者。他把自然看成是一部庞大而非常协调的机器，把一切事物都看成是依照不变的数学规律安排的。

霍尔巴赫的最主要哲学著作名为《自然的体系》。他的自然体系强调，自然是一个"大全"，一个巨大的整体。自然是万物的本原，一切由自然所组成并且被它所限定的东西，都不能离开自然这个大的整体而独立自存。

从"绝对同一"原则出发，谢林认为哲学必然包含自然哲学和先验唯心主义。其中自然哲学的任务就是，以客体、自然界为第一位的东西，根据绝对同一原则解释历史地产生的现实世界的全部多样性，以建立一个跟18世纪法国唯物论者所建立的机械唯物主意的"自然体系"相对抗的"自然体系"。

黑格尔在《哲学全书》的第二部分讨论了他的自然哲学。他的自然哲学由三部分组成：数学、物理学和有机物理（即生理学）。时间和空间是他的自然哲学的数学部分讨论的基本问题。在物理学部分，讨论了光学、天体力学和化学

万物都是物质的和有形体的，所以只有物质才是它们存在和它们的实体的基础。

---

① 北京大学哲学系外国哲学史教研室编：《十八世纪法国哲学》，商务印书馆1963年版，第186页。

② 梅叶：《遗书》第2卷，商务印书馆1960年版，第168页。

等方面的问题。在生理学部分,讨论了动物和植物方面的问题。

在黑格尔之后,自然哲学在现代哲学特别是科学主义哲学中继续获得发展。如维也纳学派领袖人物石里克就有著名的《自然哲学》,正是他把自然哲学的传统提升到一种新境界。

二、内在自然与自然主义伦理学

西方有思想家主张,如果把外在自然当做大宇宙的话,那么内在自然就是小宇宙, 作为小宇宙的内在自然不过是作为大宇宙的外在自然的精确副本。在这种观点支配下,人成了自然的一部分,并且仅仅只是作为宇宙万物当中的普通的一员加以理解。人从自然产生并受制于普遍的自然法则。自然的本性就是人的本性,人的本性根本上看就是人的自然性和生物性。这就是西方著名的自然人性论思想。在《利维坦》中,霍布斯说人是自然的产物,而且是自然的精制品。拉·梅特里指出,人是物质性的东西,是一种有机物质,是一株能游行的植物。至于人和动物的区别,只不过是人"比最完善的动物再多几个齿轮,再多几条弹簧,脑子和心脏的距离成比例地更接近一些,因此所接受的血液更充足一些",人是一架"巨大的、极其精细、极其巧妙的钟表"。他强调,从动物到人并没有一个剧烈的转变。他甚至说:"把人和动物列入一类对人还是一种荣誉。"[①]我们只需看一看拉·梅特里的书名《心灵的自然史》、《人是机器》、《人是植物》,我们就可感觉到自然人性论观念是多么深地渗透到他对人的理解中。费尔巴哈的人本主义几乎就是自然主义。他的人本主义认为,人是自然界的一部分,人的一切不能超乎自然之上,自然是存在于人之外并产生人的唯一的真正的实体。不仅要承认人之外的自然,还应承认人自身的自然,人就是人的自然,是自然的最高产物。

与外在自然相对应的是内在自然,与自然哲学平行发展的是自然主义伦理学。着眼于外在自然,西方产生了自然哲学;而凡是立足于自然人性论的西方伦理学家,在伦理学上都是自然主义的。自然主义伦理学追求在现实世界里的自然生活和欲望满足。在他们看来,人的生命只有一次,因此应该充分享有生存的自然乐趣,合乎自然的,本身就是善的。自然人性在文明生活中的完

---

① [法]拉·梅特里:《人是机器》,顾寿观译,商务印书馆 1959 年版,第 52、65、40 页。

善是自然主义伦理学追求的绝对目标。自然主义伦理学特别强调从人的自然本性中寻找道德的根源，似乎人类的道德是从动物祖先那里继承下来的，似乎道德意识的形成是一个在儿童心理中完成的自然过程，整个自然过程就是道德意识的心理根据。从此出发，它必然主张根据自然科学的事实和人的自然需要来检验道德判断、目的和理想，到人们在自然环境中形成的、在进化过程中继续下来的那些需要和利益中寻找道德行为的机缘和原则。

在亚里士多德之前，伦理学中就存在自然主义。居勒尼学派的伦理原则，简单地说就是：追求肉体的、感官的快乐是人的自然本性，而善就是肉体的、感官的快乐。赫拉克利特说："按自然行事，听自然的话"，才能避恶趋善。

在亚里士多德之后，伊壁鸠鲁认为，趋乐避苦是引起我们行动的唯一原因，能否实现自然的人性是判断道德与否的最高标准，追求自然的本性的实现是最高的善。

如果说，古代世界的人生观很大程度上是朴素自然主义的，那么基督教的人生观是超自然主义的，它脱离文明，要求以自然人及其冲动的死亡来达到一个新的、精神的人的诞生。这种超自然主义的倾向文艺复兴时期被取代，自然主义的倾向在中世纪之后很快就占据了优势，并且比以往的自然主义声势更强大，特征更鲜明。

在霍布斯看来，为对象对感官的作用所引起的内部运动成为了对外部世界的反作用，而这些反作用全都具有帮助个体保存的那些事物的倾向性，或者离开相反性质事物的倾向性。因此，我们对某些东西有爱好或欲望，就被说成是爱这些东西，我们就把它们叫做善。同样，我们对某些别的东西抱有反感，就被说成是憎恨这些东西，我们就把它们叫作恶。快乐是善的显现或感觉，不快是恶的显现或感觉。

从自然人性论出发，霍尔巴赫强调，千万不要违抗自然的至高无上的法则，要毫不畏惧地去享受，要勇敢地从宗教的束缚中摆脱出来，寻求属于自己的幸福。霍尔巴赫认为："人必然地把自己作为整个自然的中心；结果他只能根据自己的感触去判断事物。他只能爱那些他觉得对自己生存有利的东西；而必然要憎恨和畏惧使他感受痛苦的一切。"①

斯宾诺莎视自然为神，认为人只有领悟了自然的重大法则并与其保持一

自然人性在文明生活中的完善是自然主义伦理学追求的绝对目标。

---

① ［法］霍尔巴赫：《自然的体系》下卷，管士滨译，商务印书馆1977年版，第19页。

致,才能保持真正的心灵平静,达到幸福。因此,他按考察自然事物的方法考察人性,认为自然事物的本性是自保,相应地人的本性也就是自保。他说:"依照自然的最高权利,每人皆得生存。因此……每人所作所为皆出于他本性的必然性……每人各自按照自己的意思寻求自己的利益。"①他还说:"每个个体应竭力以保存其自身,不顾一切,只有自己,这是自然的最高的法律与权利。"②

费尔巴哈的"人"就只是一个自然实体。他强调人是自然的一部分,人的自然性就是其全部本质。人作为感性的存在必须依赖自然为其提供的一切才能生存,自然的本质就是人的本质,他所说的人与人的统一就是两性关系,两性的共同生活就是真正的人性。

现代自然主义伦理学以现今世界人类幸福为目的,坚决反对基督教道德压制人的正常欲望和要求。它认为,在伦理发展的任何一点上,都没有诉诸超自然解释的必要。现代学者斯宾塞断言,人像动物机体一样,适应环境是为了保存自己的种,其行为是为了满足自己的需要。他把道德看成是整个生物进化过程在其人类社会阶段上的发展形式,看成是人这种生物所固有的行为,是进化发展的最高成果。由此,他把善定义为进化程度较高的东西,而恶定义为进化程度较低的东西。从进化论立场出发,他认为,一切有助于人类生存、快乐、幸福的就是道德的,一切使人产生痛苦或走向死亡的行为就是恶。

实用主义者根据进化论证明人是自然界的一部分,是自然界发展进化的产物。同时又从进化论只承认事物的量变而否认质变的连续性原则出发,抹杀人与其他动物之间的本质区别。实用主义者把人看成是单个的、生物的人,他们所说的人性就是指人的自然性,即人在进化过程中从动物身上继承下来的自然本能。杜威就认为,人与其他动物在应付环境、求得生存方面,只有方式上的高低之分,并没有质的飞跃和突变。从这里出发,实用主义伦理学也就抹杀了道德价值与自然财富之间,进而抹杀了道德与自然之间的原则界限。实用主义伦理学改造伦理学的工作,其实就是把人放在自然中,把人的本性理解为人的生物本能,并从人的生物本性中寻找道德的根源。所以,实用主义伦理学成了现代自然主义伦理学的主要代表。

弗洛伊德主义伦理学也是现代西方自然主义伦理学的代表。弗洛伊德不

人作为感性的存在必须依赖自然为其提供的一切才能生存,自然的本质就是人的本质。

---

① [荷]斯宾诺莎:《伦理学》,贺麟译,商务印书馆1983年版,第199页。

② [荷]斯宾诺莎:《神学政治论》,温锡增译,商务印书馆1963年版,第212页。

仅在生物学基础上解释人的整个精神活动，而且把精神的力与物理学的力等同起来。无意识理论是弗洛伊德精神分析学说的核心。无意识指的是人的原始性欲、各种本能。无意识支配着人的整个命运，决定人的行为的动机。他把道德的根源归结为无意识的生物本能的决定作用，归结为个人的心理机能。以无意识为基础的个性心理结构学说，是弗洛伊德主义解释道德问题的根据。根据这个学说，弗洛伊德不仅把道德现象看作是个人心理构成的一部分即"超自我"的功能，而且把超自我归结为无意识的生物本能转化物，从而把道德归结为生物因素。在弗洛伊德看来，一切道德行为和道德情感，都只是人的生物本能和欲望的升华或变态而已。这样，弗洛伊德就把道德完全生物学化了。从这种生物学立场出发，他认为，人生的目的由快乐原则所决定，人的生活意义、人的最高目的是追求幸福。凡是能够满足人的生理需要，使人获得快乐，避免痛苦，就是幸福。当他把快乐原则与性欲满足等同起来的时候，他实际上把人降低到了动物的水平，变成了一般的自然物。

拉蒙特等人在现代创立人道主义自然主义，把自然看做是存在的全体，认为宇宙的根本的和持续的基础不是精神或意识，而是具有多种多样和变化不定的形态的物质。他们把人看做是大自然的一部分，大自然进化的产物，强调人与自然的统一性。他们注重人的生物特性和生物需要，把人理解为生物的人。他们认为，人首先应该满足其自然需要，并由此断言，人生的基本目的是追求幸福生活、保持健康水平、提高生命活力。而有利于这一基本目的实现的需要就是善的，阻碍这一基本目的实现的需要就是恶的。

三、简要分析

自然哲学、自然主义伦理学都面临一个人与自然的关系问题。人与自然的关系伴随着人类社会的诞生而出现，因而是一个悠远而古老的问题。

历史上曾经有个一个人类与自然浑然一体的时期。在这个时期，人直接

从这里出发，实用主义伦理学也就抹杀了道德价值与自然财富之间，进而抹杀了道德与自然之间的原则界限。

地就是自然存在物。人既没有自我意识也没有对象意识，人同自然的"关系"完全像动物同它的"关系"一样。人盲目地受到自然力的支配，屈从和拜倒在自然界的威力之下，人与自然表现为一种原始的合一。在这种原始的统一状态中，人与自然之间甚至都不能构成真正哲学意义上的关系，至多只是一种尚没有自我意识和对象意识的和谐假象。因为"凡是有某种关系存在的地方，这种关系都是为我而存在的；动物不对什么东西发生'关系'，而且根本没有'关系'；对于动物来说，它对他物的关系不是作为关系存在的。"①人类只有打破了这种似乎没有矛盾的和谐假象，即人只有建立起自我意识和对象意识之后，人与自然的关系才真正被建立起来。

人类的历史发展必然打破人与自然之间这种原始的统一状态，把人与自然之间的关系建立或展示出来。而在人与自然之间关系的逻辑构架之中，我们最容易看到的是人与自然之间的认识关系。人与自然之间的认识关系是指人类凭借自己的主体意识努力地对环绕自己周身的自然奥秘和规律进行科学研究而与自然发生的理论关系。这是文明时代以来人类对人与自然之间关系的理性表达。立足于外在自然而产生的自然哲学大致就属于人与自然关系的这种理性表达，体现的是一种认识维面上的"科学"自然观。

这种自然观把人类对自然之间关系具有的丰富的逻辑层次抽象或简化成为了技术理性对自然的统治，把自然界只是当成了人类理性实行技术统治的对象。这种"科学"自然观为了确保认识的绝对客观性，拒绝人的价值和情感的介入。结果，必然导致技术统治和知识霸权以及理性暴政。池田大作说："科学包含着这样的性质，即对一切事物都客观地审视，摒弃感情，用理性的'手术刀'解剖。因此，用科学的眼光看自然界时，自然就成了与自己割裂的客

---

① 《马克思恩格斯文集》第 1 卷，人民出版社 2009 年版，第 533 页。

观的存在。同样,当科学之光照在人的生命上时,人的生命自身就成了与医生的精神交流中断的客体。这当然就引起了人类生命的'物质'化。"①这样一来,"科学"自然观注定要被超越、被突破。

立足于内在自然而产生的自然主义伦理学把人与自然的关系由科学意义上的认识关系转换成了伦理学意义上的欲求关系(或实践关系)。欲求关系的出现表明:不仅自然界及其客观规律决定了人及其存在,相反,"人也反作用于自然界,改变自然界,为自己创造新的生存条件。"②人与自然的欲求关系是指人类凭借自己的主体意识努力地对利用自然而与自然发生的实践关系。这是一种"实用"自然观。在这里,"自然界才不过是人的对象,不过是有用物;它不再被认为是自为的力量;而对自然界的独立规律的理论认识本身不过表现为狡猾,其目的是使自然界(不管是作为消费品,还是作为生产资料)服从于人的需要。"③

如果说,在理论的认识关系中,人与自然的对抗是间接的,那么在实践的欲求关系中,人与自然的对抗就直接化了。农业文明是这种对抗的开始,工业文明促进了这种对抗。池田大作说:"现代的科学文明是以对立关系处理人和自然界的,它的出发点是为了人的利益要去征服和利用自然。"④在人征服和利用自然的过程中,最具吊诡的是人最后实际上是被自然所征服和利用。这就是马克思所预言的:"随着人类愈益控制自然,个人却似乎愈益成为别人的奴隶或自身的卑劣行为的奴隶。"⑤

无论"科学"的自然观和"实用"的自然观多么不同,但最后都有一个共同的结局,那就是促成人的被统治或被决定。事实上,在哲学史上,与自然哲学和自然主义伦理学的悠久历史相伴随的恰好是浓重的决定论传统。决定论在不同的解释框架中有不同的规定性。在传统哲学中,它是一种坚持严格的因果必然性的理论,是一种承认规律的客观决定性的理论。在近代,由于机械力学的介入,决定论完全否定偶然性和非决定性因素,实际上变成了是机械决

> 立足于内在自然而产生的自然主义伦理学把人与自然的关系由科学意义上的认识关系转换成了伦理学意义上的欲求关系。

---

① [英]汤因比、[日]池田大作:《展望21世纪:汤因比与池田大作对话录》,荀春生等译,国际文化出版公司1985年版,第96页。

② 《马克思恩格斯文集》第9卷,人民出版社2009年版,第483页。

③ 《马克思恩格斯全集》第46卷上,人民出版社1979年版,第393页。

④ [英]汤因比、[日]池田大作:《展望21世纪:汤因比与池田大作对话录》,荀春生等译,国际文化出版公司1985年版,第31—32页。

⑤ 《马克思恩格斯文集》第2卷,人民出版社2009年版,第580页。

伦理学讲座

罗金远
戴茂堂 著

定论、严格决定论。拉·梅特里就直言不讳地说，人体是一架机器，一切决定于这架机器运行得怎样。无论是自然哲学所面对的外在自然，还是自然主义伦理学所面对的内在自然，总是和必然性联系在一起的。其实，自然在其本来意义上几乎就是必然规律的代名词。自然隶属于必然规律，自然被一种神秘的规律所支配。在自然王国，没有自由，到处都充满了命运的力量。而命运就是一种必然的规律、自然的法则。古代的赫拉克利特将自然的规律理解为"逻各斯"。称逻各斯为命运或神，服从逻各斯就是服从命运或神。他之所以称逻各斯为命运或神，就是想说明逻各斯是统治一切、指导一切的东西，是人人必须遵从而不能违抗的规律。近代的经验论和唯理论的开创者都是决定论者。培根认为，哲学的目的就是支配自然，而"支配自然就须服从自然"①。笛卡尔认为，活的有机体完全和死物一样受物理定律支配。在斯宾诺莎看来，自然即神，是万物得以存在的内在原因，一切都受神的本性的绝对必然性所支配。很显然，只要我们相信外在自然的客观存在，我们就得接受自然的客观规律；而只要我们相信人是自然的一部分，那么人就永远只能被理解为一个永远受着自然的客观规律所束缚的被动的物体。这就斯宾诺莎所说的："只要我们是自然的一部分，是自然中不能离开的别的事物而可单独设想的一部分，我们便是被动的。"②

至此，我们已经非常清楚，立足于自然来思考问题的伦理学，最大的困惑在于，必定走向客观决定论，并在走向客观决定论的同时导致人的异化。所谓人的异化，简单地说，就是人不属于自己，就是人的被统治、人的被决定、人的无自由。透过人的异化的事实，我们看到立足于自然来思考问题的伦理学根本的问题在于一种主客相分的自然主义态度。自然主义态度在思维方式上表现为预设一个主体，同时也预设出一个客体，从而制造出主客二分。这种理解世界的方式确信外部自然世界客观存在的不言而喻性以及主体对客观自然世界的精确认识的不言而喻性。自然主义态度认为，人与自然的关系就是一个现成的东西（人）和另一个现成的东西（自然）的关系，人独立于自然，人赤裸裸面对自然，自然似乎是碰巧附加给人的，彼此是一种外在的关系。而我们的任务就是在人和自然之间搭上认识之桥，根本就不用去考虑还有超越主客二分的更高的人生境界。由于自然主义态度倾心于对象性思维，自然哲学和

随着人类愈益控制自然，个人却似乎愈益成为别人的奴隶或自身卑劣行为的奴隶。

① [英]培根：《新工具》，许宝骙译，商务印书馆1984年版，第8页。
② [荷]斯宾诺莎：《伦理学》，贺麟译，商务印书馆1983年版，第172-173页。

自然主义伦理学难以进入到对自然的沉思之中,人与自然的关系仅仅在外在关系方面如认识关系和欲求关系被呈现,而真实的关系却被遮蔽得密不透风。寻求这种真实的关系就要求无论如何要从自己生命的内部改变对待自然的态度,回到事情本身,回到主客融通无碍的本源性存在。在本源性存在状态,人与自然是统一的,人既不是自然的奴隶也不是自然的主人,人融身于自然之中,并同自然打交道,对自然有所作为。这实际上就向我们展示出既科学的认识之维、实践的欲求之维之后,人与自然关系的崭新维面——审美的情感之维。知情意是人的三种基本心理功能,人不仅在理论的、实用的立场上建构人与自然的关系,而且也在情感的立场上建构人与自然的关系。并且人与自然的情感关系注定会是人与自然关系的最高形式。因为无论是认识关系还是欲求关系都是建立在主客二分的对象性思维方式之上,导致了人和自然的双重分裂,而情感关系的确立就是要打破这种主客二分的对象性思维方式,展露出一个万有相通、万物一体的超越主客二分的本源状态。人与自然的认识关系和实践关系都是狭隘的,尽管它们打破了人与自然的原始和谐,但却扩张了人与自然的紧张,激化了人与自然的矛盾。只有情感之维才能弥合这种崩解着的人与自然的关系,把人和自然的认识关系、欲求关系作为一个环节容纳于自身之中,而把人带入主客不分的诗化境界。这是一种"审美"自然观。这种审美自然观先于一切认识和意志的展开方式,高于科学自然观和实用自然观,处于"前科学"、"前认识"阶段,既不是理论理性的对象,也不是实践理性的对象。它根本就不是对象化了的东西或一个知识性的什么,因为此时根本就没有物我之分或主客之分,它比主客二分更根本、更原初、更高级。它在直接性体验瞬间把握人与自然的相通性,确认人与自然的原始关联。自然哲学和自然主义伦理学倾向于通过主客二分,在认识和实践中肯定自己,建立起人类中心主义,但结果是人的遗忘与被决定和无自由。其实,人不是靠作为认识者和实践者才是宇宙的中心,而是靠心灵的高贵和情感的自由才成为宇宙的中心。只有在情感与心灵体验中,人才能最大程度地开放自己、肯定自己,维护自己的尊严和人格。由此,我们可以说,自然哲学和自然主义伦理学的未来走向应该是以一种主客不分的眼光去重构人与自然之间的关系,不再是把自然仅仅当成是认识的对象和实用的工具。只有这样,人才能既避开自我中心主义的纠结,又能在自然世界诗意地栖居;才能既不是自然的奴隶,又能是自然的看护者和守护者。

所谓人的异化,简单地说,就是人不属于自己,就是人的被统治、人的被决定、人的无自由。

第十七讲
幸福与德性的二律背反
——以西方伦理学为视角

道德原则问题实际上就是善恶的区别问题。什么是善？什么是恶？这是全部伦理学最根本的问题。在西方伦理思想史中，一直存在着两种观点的对立。立足于自然这一道德前提，从普罗泰戈拉到杜威的一批伦理学家认为，人性在于人的感觉性、经验性，道德的基础在于人的自然本性，满足人的自然欲望，追求世俗的幸福生活是善的，否则就是恶的；立足于自由这一道德前提，从苏格拉底到麦金泰尔的一批伦理学家认为，人性在于人的精神性、自由性，追求德性才是善的，否则就是恶的。

前者强调人的本性倾向于快乐与幸福，道德不过是实现人生幸福的一个必要而有效的手段。从这里出发，西方发展出幸福主义一系。后者强调，人的本质在于人有理性，正因为有理性，所以人可以不受自然法则的制约而拥有道德。于是，道德被视为人生的崇高目标，被视为人之为人的根本规定性。从这里出发，西方发展出德性主义一系。自然与自由的对立在西方伦理学中就这样奇妙地演绎出幸福与德性这两个对立统一的道德原则。幸福主义与德性主义的对立贯穿于整个希腊伦理学之中，一方面是居勒尼派和伊壁鸠鲁派，另一方面是柏拉图、亚里士多德和斯多葛派。在近代也同样出现了这一对立，一方面是经验主义的伦理学家，另一方面是十七、十八世纪的旧理性主义思

什么是善？什么是恶？这是全部伦理学最根本的问题。

想家和追随康德的德国哲学家。前者主张按照感性原则生活,理性服从感性;后者主张按理性原则生活,情感低于理性。根据幸福主义者的意见,主观上的快乐感情不管是怎样产生的,都是绝对善的。人生的目的和动机在于追求快乐,除了快乐与不快乐的情感之外,没有什么是真实的。没有快乐和痛苦,就既没有善也没有恶。快乐与不快乐是善与恶的分界线。快乐是衡量一切的尺度;根据德性主义者的意见,理性的美德是绝对的善,而不管它是否产生快乐。其中,古代的德性主义者全力论证道德属于内在目的,有道德的生活本身即是幸福,是唯一应当追求的目的。近现代的德性主义者崇尚理性力量,高扬人的道德情操,认为幸福在于按照理性的命令行事,至于感官快乐则只会玷污理性,贬损德性。很显然,在西方伦理学中,幸福与德性存在根本的对抗。总体上,二者的统一是相对的,二者的对立是绝对的。

一、幸福与德性之相对统一

西方伦理学很大程度上为幸福主义所统摄,不过,各种伦理学体系对幸福的理解很不一样。幸福论伦理学把幸福理解为生理快乐、感性幸福、功利欲求,把享乐与获利理解为幸福。在享乐主义者这里,谋求幸福的欲望是德性准则的推动原则。在伦理学上,费尔巴哈是一个典型的幸福论者。他从自然人性论出发,指出人的自然本质就是追求幸福,对于幸福的追求是一切有生命的生物包括人的基本的和原始的追求。"同其他一切有感觉的生物一样,人的任何一种追求也都是对于幸福的追求。"[1]从这里出发,费尔巴哈把追求幸福的欲望作为一切道德的基础,明确地说:"道德的原则是幸福。"[2]凡是与人们追求幸福相符合的就是善,凡是与人们追求幸福相违背的就是恶。"善就是肯定追求幸福的愿望,恶就是否定这种愿望"、"善就是与人对于幸福的追求相适应的东西,恶就是显然与这种追求相反的东西。"[3]哪里有幸福,哪里就有道德,哪里没有幸福,哪里就没有道德。他还以讽刺的口吻与坚持"德性就是幸福"的伦理学家辩论道:"没有德性就没有幸福:这个话你说得很对,你是道学

在西方伦理学中,幸福与德性存在根本的对抗。

① 《费尔巴哈哲学著作选集》上卷,荣震华、李金山译,商务印书馆1984年版,第536页。
② 《费尔巴哈哲学著作选集》上卷,荣震华、李金山译,商务印书馆1984年版,第432页。
③ 《费尔巴哈哲学著作选集》上卷,荣震华、李金山译,商务印书馆1984年版,第433、577页。

家，我衷心地同意你，我已经这样承认你！但是，你须注意：没有幸福就没有德性，因此，道德就归属到私人经济和国民经济的领域中来了。如果没有条件取得幸福，那就缺乏条件维持德行。……生活的基础也就是道德的基础。如果由于饥饿由于贫穷你腹内空空，那么不管在你的头脑中，在你的心中或在你的感觉中就不会有道德的基础和资料。"①

历史上，有人把道德当成是幸福的原因，如德性论，有人把幸福当成是道德的原因，如幸福论。显然，幸福论伦理学和德性论伦理学的分歧并不在于要不要幸福上。在德性论看来，幸福论的错误根本就不在追求幸福这个问题上，而在于不知道什么是幸福。于是问题的关键在于如何理解幸福。康德说："幸福是个很不确定的概念，虽然每个人都想要得到幸福，但他从来不能确定，并且前后一致地对自己说，他所想望的到底是什么。"②人人都在追求幸福，人人都有获得幸福生活的愿望，人类必然追求幸福，这是一个不争的事实。黑格尔就说："道德意识决不能放弃幸福，决不能把幸福这个环节从它的绝对目的中排除掉。"③德性论伦理学并不完全否定幸福观念。只不过与幸福论者主张幸福就是德性不同，德性论者主张德性就是幸福。在德性论者看来，幸福仅仅在它作为有德性的行为的结果时才有价值，而当幸福是通过刺激我们本性中低级的、感官的东西和压制我们较高的精神能力而获得的时候，这种幸福只能看做是卑下的。毕达哥拉斯认为，人是灵魂和肉体组成的一个和谐的整体。人的善恶和幸福都取决于灵魂。他说："在人身上最有力的部分是灵魂，灵魂可善可恶。人有了好的灵魂便是幸福的。"④康德说："德性和幸福是被人思想为必然地结合在那对我们说来有实践作用的至善里面的。"⑤康德并不要求人们抛弃享受幸福的权利。但在至善概念中，幸福不能居主要地位，因为把幸福作为至善的最高条件是与道义论相矛盾的。只有德性才是最高的，并且在一定条件下德行也必然产生幸福，从而实现至善的完满境界。康德说："道德乃是至上的善（作为是至善的第一条件），至于幸福则构成至善的第二要素……只有在划分了这样一种先后次序之后，至善才能成为纯粹实践理性的全部对

① 《费尔巴哈哲学著作选集》上卷，荣震华、李金山译，商务印书馆1984年版，第569页。
② ［德］康德：《道德形而上学原理》，唐钺译，上海人民出版社1985年版，第69页。
③ ［德］黑格尔：《精神现象学》下卷，贺麟、王玖兴译，商务印书馆1979年版，第127页。
④ 北京大学哲学系外国哲学史教研室编译：《古希腊罗马哲学》，商务印书馆1982年版，第36页。
⑤ ［德］康德：《实践理性批判》，韩水法译，商务印书馆1960年版，第116页。

象。"①费希特尽管划分了"低级欲求"和"高级欲求"两种能力的界限，而且论证了高级欲求能力对低级欲求能力的统摄作用。但他不是简单地"只着眼于高级欲求能力"，而"单纯得到道德形而上学"。费希特所要求得到的是"把高级欲求能力和低级欲求能力综合统一起来"、把道德与功利综合统一起来的"实在的伦理学"。

幸福与德性之相对统一不仅体现在德性论者并不拒斥幸福本身，而且体现在幸福论者并不完全否定德性观念。居勒尼不仅本身是一个有高度教养的人，而且他把教养估价为最高的东西，强调只有凭借精神教养才能获得快乐，有时甚至把精神的教养、思想的教养当成获得快乐的唯一条件。虽然他把快乐当成道德的原则，但他却指出，这只是一个对于有哲学教养的人的原则。实际上，幸福论者所理解的快乐往往既包括肉体的、感官的快乐，又包括精神的、心灵的快乐。赫拉克利特说，幸福在于追求高尚的快乐，即"精神的完善"，其中包括德行、教养特别是审美趣味："大的快乐来自对美的作品的瞻仰。"②伊壁鸠鲁学派从乐生术的角度强调不为外物所累的精神快乐。伊壁鸠鲁是从反面来判定快乐本身的，认为快乐就是身体的无痛苦和灵魂的无纷扰，而不是肉体享受的快乐。他说："快乐的量的极限，就是一切能致使痛苦的事物的排除。"③他把快乐分为精神快乐和身体快乐，认为肉体快乐是低级的，精神快乐是最高的快乐和最高的幸福，肉体快乐只是达到精神快乐的手段。穆勒不仅承认快乐有量的大小，也有质的高下，感官的快乐是低级的快乐，精神的快乐是高级的快乐。这样功利就加进了德性的内容。

并且有大量的幸福论者主张，快乐不应该是极端的赤裸裸的享乐，而应是

幸福与德性之相对统一不仅体现在德性论者并不拒斥幸福本身，而且体现在幸福论者并不完全否定德性观念。

---

① [德]康德：《实践理性批判》，韩水法译，商务印书馆1960年版，第122页。

② 北京大学哲学系外国哲学史教研室编译：《古希腊罗马哲学》，商务印书馆1982年版，第115页。

③ 北京大学哲学系外国哲学史教研室编译：《古希腊罗马哲学》，商务印书馆1982年版，第368页。

有节制的。他们绝不简单赞赏酒色之徒的庸俗的快乐。相反，他们认为享受和谐的感觉与快乐，才是有教养的表现。赫拉克利特就强调，快乐要适可而止，而且不要满足于这种快乐。他说："节制使快乐增加并使享受更加强。"①著名的快乐主义者阿里斯提卜一生追求快乐，但是非常理智，小心谨慎。因为他相信，如果不理智和谨慎，就会有更大的灾祸从暂时的快乐中产生出来。居勒尼学派晚期代表德奥多罗就认为，快乐是属于理智的，幸福必须用理智去享受，用心思、思虑去寻求。人们是依靠理智和正义才知道要在哪里寻找快乐。伊壁鸠鲁把欲望分为三种：一是自然的和必要的。这是为维持生命和保持健康所必须的一些物质快乐，如吃。二是自然的而不必要的，如过度的享受。三是非自然又非必要的欲望，如权力欲、荣誉。他主张，对第三种不能屈服，对第二种只能偶尔享受，第一种才是应该追求的。因此，他劝人把欲望保持在"自然的限度里"，约束在"自足"的范围内。伊壁鸠鲁说："当我们说快乐是一个主要的善时，我们并不是指放荡者的快乐或肉体享受的快乐……不断地饮酒取乐，享受童子与妇人的欢乐，或享用有鱼的盛筵，以及其他的珍馐美馔，都不能使生活愉快。"②梅特里也认为，极度地享乐是坟墓。他说："官能的快乐如果不善加节制，便丧失它的全部活力，不再成为快乐"、"饮食有节制是一切美德的根源，就像无节制是一切罪恶的根源。"③幸福论者霍尔巴赫也指出："要谨慎、节制、清廉，因为纵欲、放肆和无度将会摧毁你的生命并使你成为可鄙的人。"④可见，许多幸福主义伦理学家都力图使享乐主义变成合理的享乐主义，即合乎理性的享乐主义。

赫拉克说："利节制使快乐增加并使享受更加强。"

人人都追求美德，这是一个不能回避的现实。但幸福论者从幸福的角度看德性，并把德性与幸福的关系是目的与手段的关系。德性如智慧、公正、节制、勇敢等不是与幸福无关的东西，而是求快乐的工具。幸福是人生的最高目的，德性从属于人生的最高目的，不过是达到幸福的手段。德性之所以有价值，只是因为它给人以幸福。德性之所以为人们所遵从，只是因为它能确保人们获得快乐。霍尔巴赫说："德行，对所有的人来说，乃是达到幸福的最可靠的道路。"⑤

① 北京大学哲学系外国哲学史教研室编译：《古希腊罗马哲学》，商务印书馆1982年版，第116页。

② 北京大学哲学系外国哲学史教研室编译：《古希腊罗马哲学》，商务印书馆1982年版，第369页。

③ [法]拉·梅特里：《人是机器》，顾寿观译，商务印书馆1959年版，第4页、第60页。

④ [法]霍尔巴赫：《自然的体系》下卷，管士滨译，商务印书馆1977年版，第339页。

⑤ [法]霍尔巴赫：《自然的体系》下卷，管士滨译，商务印书馆1977年版，第288页。

德性假使不能给人以快乐就没有任何价值。穆勒表示,功利主义并不否定人们追求美德,而且主张美德是应该欲求的。但穆勒强调,幸福是人类行动的唯一的目的,美德之所以为人们所欲求,是因为美德是达到幸福的工具和手段。作为工具和手段,与其它工具和手段一样,美德本无重要之处。但美德一旦与其所追求的目的即幸福相联系,那么美德就成为不可缺少的东西了。所以,"这种作为手段的东西,与它的目的结合起来,其本身就成为可欲求的,而且人还是极其热烈地欲求它。"[1]美德由于与幸福相联,人们只要想到美德,就会想到由此而来的幸福,美德的价值也就成了幸福的一部分。他说:"实际上,除了幸福,别无可追求的……所有为美德而求美德的人,他们之所以追求美德……同一个人因得到一定程度的美德而觉得快乐,也因不能多得一些而觉得痛苦。如果这种美德不使他快乐,那种美德不使他痛苦,那么,他就不会爱好或追求美德了。"[2]可见,人们追求美德最终是为了一个最后的目的——追求幸福。因为人类在心理上或天性上都不欲求不属于幸福的东西,也不欲求不能达到幸福的手段。

二、幸福与德性之绝对对立

现实中德性和幸福往往是背离的,有德之人往往得不到幸福,而缺德者却有不少人有高官厚禄。幸福与德性之间没有绝对的同一性。如果我们要满足衣食等生物逻辑,那么势必牺牲道德或理想,放弃道德的领土;如果我们要维持道德或理想,那么势必因难以满足衣食等生物逻辑的要求而难以生存。幸福与德性的对立根本上源于人性中感性和理性的对立,即自然性与自由性的对立。前者使人保持现状,使人处于形而下的物质界,后者使人处于形而上的精神界,为人创造前所未有的新生活。物质的惰性力抵抗着自由的创造,而自由的创造又注定要打破物质的惰性。没有人能置身于这两种力量的斗争之外。在人性中,感性与理性、自然性与自由性多么对立,那么,在伦理学中,幸福与德性就有多么对立。

人与动物虽然生活在同一个世界,但人的生活世界却是完全不同于动物的自然世界的。人并不生活在一个铁板事实的世界中,而是生活在想象的激情中,生活在希望与梦境中。人与动物的这种区别就是事实与理想、现实性与

幸福是人类行动的唯一的目的,美德之所以为人们所欲求,是因为美德是达到幸福的工具和手段。

---

① 周辅成编:《西方伦理学名著选辑》下卷,商务印书馆1987年版,第265页。
② 周辅成编:《西方伦理学名著选辑》下卷,商务印书馆1987年版,第267页。

可能性的区别。人的生活世界之根本特点在于，他总是生活在理想的世界，总是向着可能性行进，而不像动物那样只能被动地接受直接给予的事实，从而不能超越现实性的规定。如果人被限定在他的生物需要和实际利益的范围内，就会找不到通向理想世界的道路。而德性观念的诞生有力地证明人有一个建设理想世界的力量。殷海光说："人类的社会文化的生活非设准道德不可。如果人类的社会文化的生活没有道德，那末势必归于萎废，甚至归于崩解。人类的社会文化生活，小无道德则小乱，大无道德则大乱，全无道德则全乱。"①康德认为，人固然是有感性欲望的动物，但人与动物的区别在于人有理性，正是理性保证人不完全顺从感性欲望的驱使而与动物同流合污。

没有理性的幸福与动物的求生愿望没有根本区别，只是一种生物反应。如果人仅仅是一个感性存在物，只追求感性的幸福，那人与动物就没有区别。人作为感性存在者，要追求物质利益，追求幸福；人作为理性存在者，只追求德性。如果从不同领域去看人，德性与幸福没有矛盾，然而人却是双重存在的统一，人既追求幸福又要有德性，这就陷入了实践理性的二律背反。最高的道德境界——至善，必须是德性和幸福的结合，但这种结合在现实中是永远无法达到。德性与幸福的结合只有在超感性的道德世界中才可能，在现实感性世界无法解决的矛盾，在本体的道德世界中可以解决。因为实践理性高于理论理性。思想比感官更高贵，而思想的对象比感官知觉的对象更真实。认为对幸福的追求就能产生德性意识，这是绝对虚妄的。相反，德性的养成时常以感性幸福的巨大幸福为前提。

幸福论者边沁说，在任何既定条件下，当我们必须在两种行为或政策之间进行选择时，永远应该选择可以产生最大数量的最大幸福的行为或政策——可以导致最大可能数量的幸福和最小可能数量的痛苦的行为或政策。

在人性中，感性与理性、自然性与自由性多么对立，那么，在伦理学中，幸福与德性就有多么对立。

①　殷海光：《中国文化的展望》，中国和平出版社1988年版，第539页。

边沁认为,由我们的趋乐避苦心理所支配的对幸福的追求与对最大多数人的最大幸福的追求是完全一致的。如果某人以边沁的精神提出,我们应在对自身将来快乐或幸福的期望的指导下进行选择,那么恰当的反驳是:"应用哪种快乐、什么幸福来指导?"因为有那么多可令我们享受的行为,那么多不同方式都可以达到的幸福。幸福论者从人的苦乐感觉引出道德,因而道德原则没有必然性,它以人的自爱自利和个人欲望为根据,所以是主观的,缺乏公共性,没有普遍有效性。幸福原则是偶然的,不能以此为基础引申出统一的道德命令。这就是霍尔巴赫所说的:"幸福对于任何人不能都是一样;同样的快乐不可能使各式各样被形成了的或改变了的人受到同样的感动。无疑地,这就是为什么大多数道德学家,对于幸福究竟在于何处以及如何去获得它这些问题,很少取得一致的原因所在。"①如果硬要根据经验事实来确定道德原则,那就会破坏道德原则的纯粹性。不同的快乐和幸福在很大程度上是不可通约的:不存在任何可用来衡量它的质量和数量的尺度。因此诉诸快乐标准并不能告诉我们究竟是去喝饮料还是去游泳,诉诸幸福标准也不能作出当修女还是当战士的决定。考虑到快乐和幸福的多样性特征,"最大多数人的最大幸福"这一观念不具有任何明确内容。显然幸福论者取消了德性,却又不能给向往崇高生活的人们指明一条超越之路。

幸福论伦理学的问题在于把"可欲的"和"值得欲求的"看成一回事,这就混淆了事实判断和价值判断。幸福论的逻辑是善是值得想望的,而要知道什么是值得想望的,就要知道什么是可以想望的,要知道什么是可以想望的,就只有去发现什么是人们实际所想望的,人们实际上所想望的是幸福,因此,幸福是值得想望的,是善,幸福是唯一值得想望的,所以是唯一的善。然而,实际想望的既可能是好的,也可能是坏的;可以想望的既可能是实际可以想望的,也可能是应该可以想望的。而实际想望的不一定是可以想望的。正如摩尔所说:"事实上,'值得想望的'并不象'可见的'意味着'能见的'一样,意味着'能想望的'。值得想望的东西仅仅意味着应当想望或者该想望的事物。"②值得想望的就是应该可以想望的,而实际想望的不一定是可以想望的,因此实际想望的不一定是值得想望的。如果把值得想望的和实际想望的视为同一,也就谈不上更好的和更高贵的想望对象。认识到这种区别,那么,无论我们怎样证

德性与幸福的结合只有在超感性的道德世界中才可能,在现实感性世界无法解决的矛盾

---

① [法]霍尔巴赫:《自然的体系》上卷,管士滨译,商务印书馆1964年版,第122页。

② [英]摩尔:《伦理学原理》,长河译,商务印书馆1983年版,第74页。

明幸福实际上为人们所想望,最多不过是描述了一种心理学事实,而不能说明它是应该想望的,进而不能说明它是善的。幸福论告诉我们的是:我们正在做什么,但我们想知道的是我们应该做什么。如果有理由把"事实上"的东西当做"应当的"东西即"善的"东西加以追求和赞美。那么,区分善恶的任务就没有了,伦理学也就无事可做了。

历史上德性论与幸福论的对立是根本的。德性论坚持的是重义轻利原则,即重道德价值轻物质价值。准确地说,是以义为利,认为义及其实现本身就包含利,只要循义而行即可得利。其特点在于:把道德看做是与人们物质利益无关的东西,物质利益实际上从未获得其应有的独立地位。幸福论则奉行重利轻义原则,不是把道德看成人类自身完善的一种方式,而是仅仅当做实现个人利益的工具。认为道德价值不存在于主观领域,只存在于客观事实之中,存在于行为的效果之中。无论动机道德与否,只要达到功利的目的就是道德的。幸福论直接把现代社会引向了物质主义。所谓物质主义就是以物质财富的增长为唯一的出发点和归宿,它规定着社会的各个领域。物质主义把物质作为估价一切问题的"度量衡",物质俨然成了新的救世主。物质的极大丰富和精神的高度空虚是功利主义带给人类的尴尬结局。在"最大多数人的最大幸福"口号的感召下,物质财富获得空前增长,但同时人类从此也就打破了自在生命的完整,成为物质的寄生虫,跌落到物质主义的深渊。人若时时念着物,追求物,就会不知不觉地陷入物的陷阱,成为物质世界的奴役,精神生活就会从内部腐乱,人生之理想境界也就不再存在了。在幸福主义那里,及时行乐就是最聪明不过的了,德性只是一个空洞的梦。然而,人不能仅仅停留于功利追求和感性幸福。单纯追求财富不应该是人类最终的命运。如果快乐就是一切,那么美德就会在这种对此世事物的疯狂追逐中被窒息。马克思说过:"对于不希望把自己当愚民看待的无产阶级说来,勇敢、自尊、自豪感和独立感比面包还要重要。"①幸福如果说也可以算是一种道德原则的话,那至多只能算是世俗的,问题在于道德恰好是超世俗的。就此而言,幸福论也许是讲道德的伦理学中最不讲道德的。

因为世俗生活的游戏的背后是生命意义的萎缩和终极关怀的丧失。世俗生活的浅薄从根本上制约了精神超越的深度,泯灭人生价值的主题,使人类

---

① 《马克思恩格斯全集》第 4 卷,人民出版社 1958 年版,第 218 页。

精神难以找到安身立命之所。人有两个生活空间,物质的和精神的。而人优越于动物,在于人有精神、德性和文化,在于人不甘于做物质的奴隶。没有道德的维系,我们的世界难免成为"率兽食人"的世界。因为正是道德使人成为一个有责任感和良心的存在物。谈人如果不谈道德,就等于把人降低到了"零点",人将不成其为人。有了德性,人便超越自己的物质有限性而进达精神的无限,实现了有限与无限的历史跨越。精神的生存空间和内向的发展维度是人与其他动物区别的唯一所在,是人的神性的唯一所在;物欲外求的无节制发展必将导致精神生存空间和内向发展维度的消失,人的神性的消失,人作为物种的最终消失。精神是生命的花朵。德性是神圣的、崇高的,对于崇高而神圣的德性来说,世俗生活是无足轻重的。在一个完美的时代,不应该是人的外在的物质财富,而应该是人的内在的精神财富才有资格充当最高的标准和原则。只有卸下世俗的重负,崇高的神性才能重返,精神的崇拜才能重建,人才能上升到无限的生命层次。这样,我们才能走上道德之路。就此而言,伦理学必须从道德律出发,这是伦理学的前提。精神不仅不能忽视而且必须置于比物质更高的地位。幸福主义伦理学以个人感觉作为道德的标准,而各个人的感觉又是不同的,所以结果必然是没有什么客观标准。既然我的感觉是道德的标准,只要我感觉这个行为是合乎道德的,那么即使罪恶也可以变成德性了。这样的伦理学很可能以道德上的相对主义为罪恶开路和作辩护。

世俗生活的浅薄从根本上制约了精神超越的深度,泯灭人生价值的主题,使人类精神难以找到安身立命之所。

三、走向德性①

当今世界,现实生活越来越多地显露出道德的困惑。而道德困惑的现实

---

① 参看赵红梅:《从规范到德性:伦理学的回归》,《伦理学研究》2010 年第 6 期。

又逼迫着我们去反思现存的伦理学理论。在反思中,学术界一方面深刻地批判了传统的规范伦理,另一方面又出现了要求复兴德性伦理的强烈呼声。恰恰是从对规范及规范伦理的反思中,我们更能体会到伦理学走向德性的重要。

大千世界,规范林立。大体来说,规范有来自于自然的,也有来自于社会的。来自于自然的规范,可以称之为"自然规律"。来自于社会的规范大体有两种,可以分别称之为"道德律"和"法律"。综合来看,大千世界,规范就呈现出三维图景:自然规律、道德律和法律。

"自然规律"遵从的是自然因果律。自然因果律指的是自然之间固有的、本质的、必然的、稳定的联系。这种联系不可以因为人的意愿而改变、创造或消灭。因此,自然规律是作为一种盲目的无意志的力量在大千世界发生着规范作用。最早来到人的生活之中并规范人的生活的正是这种自然规律。然而,人不会满意于仅仅只是过一种自然的生活。事实上,自从有了历史,人就一直努力建立着属于人自身的社会生活。正是建立社会生活的需要,人自己凭借自己特有的自由,创造出规范自己的道德律和法律。

"道德律"和"法律"遵从的是自由因果律。其中"道德律"来自于自由的内在规定;"法律"来自于自由的外在规定。法律是现实中人们处理相互之间关系的一种外在的规律,是自由的人处理他们之间自由的相互关系的外在规律,是一种外在的法则;而道德律是自由意志和自身相和谐的规律。法律只涉及外在的行为,行为体现的自由是外在实践的自由;道德律则不同,道德律本身就是决定我们行为的原则,行为体现的自由是内在的理性法则的意志自由。

与自然规律规范人的生活不是人自由选择的结果不同,道德律和法律对人的规范却是人自由选择的结果。但实际上,人类却总是想竭力逃脱出规范之约束。这种逃脱的动力显然来自于人绵延不绝的自由的冲动。并且这种自由的冲动越是强烈,这种逃脱规范的意愿就越是强烈。于是,人类便在规范与自由之间形成了巨大的张力。

在规范的三维之中,自然规律是自发的,是他律的。自然规律对人的规范是绝对强制的,并且是彻底刚性的,人在自然面前几乎完全没有自由。在规范的三维之中,法律是一种过渡形态,处于自然规律与道德律之间,既是自律的又是他律的,是他律和自律的交织。说法律是自律的,是因为法律是自由的因果律;说法律是他律的,是因为法律毕竟是自由的外在规定。如果说,在自然

只有卸下世俗的重负,崇高的神性才能重返,精神的崇拜才能重建,人才能上升到无限的生命层次。

174

规律那里,规范与自由之间的张力是最冲突、最紧张的,那么,在法律那里,规范与自由之间的张力是外在的甚至是消极的。然而,外在的甚至消极的法律又不是没有意义的。通过外在的法律,人可以想到有内在的法则,想到心中的道德律。在一个法制社会,人会变得越来越道德。有了法律,人类变得越来越文明,越来越有道德,越来越意识到自己应该尊重别人。所以康德以为,法律的作用仅仅是启发一种道德律,启发人的道德意识。①在规范的三维之中,道德律是自己决定自己,自己规定自己,是自由的内在规定和自我立法,是自律。与法律对义务的履行的制约具有外在的强制性相区分,道德对义务的履行的制约不具有外在的强制性。所以,在道德律那里,规范与自由之间的张力是内在的、积极的。因为道德规范并不与自由相对立,而恰恰是作为自由的内在要素包含在自由当中。从"自然规律"的他律经过"法律"的自律与他律的交织到"道德律"的自律的过程,是一个规范不断减弱的过程,也是一个自由不断加强的过程,体现出来的是人类对规范的不断超越、对自由的不断接近。

从他律到自律与他律的交织到自律的推进,是一个从必然到自由的演进过程,也是一个由外向内的展开过程。其实,正是在这个过程中,人的世界经历了两次跨越而逐步建立和发展起来。第一次跨越表现为人类力图通过认识自然规律,进而建立区分于自然规律的属于自己的道德律和法律,来竭力把自己与自然相区分,努力使自己从自然当中抽身出来,逐步摆脱自然规律的束缚。这一次跨越为人类迈向自由提供了可能和准备。第二次跨越表现为人类通过认识道德律和法律,进而区分道德律与法律,竭力把自己与他人相区分,努力使自己从他人当中抽身出来,逐步实现从消极自由到积极自由的提升。这就表明,人的世界的建立和发展既是通过人与自然的分离,更是通过人与他人的分离而实现的。随着这种分离的不断加深,追求德性的完善就会作为一种崇高的目标和使命而自然而然地被提了出来。对于一个人来说,有德性是善的,越具有德性也就越是善的。德性不仅是个人幸福之基,也是社会美好之基。这就是康德所说的,人类的最终命运就是道德的最大程度的完善,并且通过人的自由来实现,因此唯有人能够得到最大的幸福。人类的普遍目的就是最高的道德上的完善。

德性是人性的重要一端,是否具有德性品质,直接关系到人格是否完善,

在规范的三维之中,法律是一种过渡形态,处于自然规律与道德律之间,既是自律的又是他律的,是他律和自律的交织。

---

① 邓晓芒:《康德哲学讲演录》,广西师范大学出版社 2005 年版,第 139—140 页。

人生是否幸福。这种对德性的完善的追求，在古希腊社会就有明显的体现。古希腊社会是这样一个社会，在这个社会里，人们关注的是个人是否履行了社会指派给他的社会职责。正因如此，德性如勇敢、正义等对于个人来说显得特别重要。众所周知，公正是古希腊最主要的道德条目。古希腊流行一个著名的谚语："公正是一切德性的总汇"。为什么公正是一切德性的总汇? 亚里士多德给出了一个权威性的解释："最善良的人，不但以德性对待自己，更要以德性对待他人。待人以德是困难的。所以，公正不是德性的一个部分，而是整个德性；相反，不公正也不是邪恶的一个部分，而是整个邪恶"①。很显然，在亚里士多德看来，公正之所以是一种完全的德性，是因为在各种德性中唯有公正不只是关爱自己而是关爱他人的德性。公正强调的是对他人、对所有人都要讲仁慈。很是巧合的是，在现当代伦理学中，公正也同样被极力推举。关于公正原则，罗尔斯的权威表述是："第一个原则：每个人对与所有人所拥有的最广泛平等的基本自由体系相容的类似自由体系都应有一种平等的权利。第二原则，社会和经济的不平等应这样安排，使它们：1.在与正义的储存原则一致的情况下，适合于最少受惠者的最大利益，并且，2.依系于在机会公平平等的条件下职务和地位向所有人开放。"②尽管古代伦理学和现当代伦理学都讲公正，但从古代到现当代，关于公正的诠释却有一个明显的跳跃。在古代伦理学，公正更多地被理解为一种内在的美德和良知，一个人是否正义取决于他是否具有内在的美德和良知。在古代，德性是公正的逻辑起点；在现当代伦理学家看来，古代的公正是柔性的，缺少一种"必须如此"的强制性。为了克服这种"弱点"，现当代的公正思想则逻辑地指向了外在的制度。在现当代伦理学家看来，实现公正是需要一定的制度规范的，因此公正问题实

人类的最终命运就是道德的最大程度的完善。

---

① [古希腊]亚里士多德：《尼各马科伦理学》，苗力田译，中国社会科学出版社1990年版，第90页。

② [美]罗尔斯：《正义论》，何怀宏译，中国社会科学出版社1988年版，第292页。

际上是制度问题。万俊人先生指出："古老正义美德观念随着现代社会的到来，其所内涵的社会伦理规范特征随着现代社会日趋制度化、组织化而凸现出它新的制度伦理含义和规范秩序维度。如果说，在古希腊哲贤柏拉图、亚里士多德那里，正义作为伦理学的基本范畴虽然已经明确了其社会伦理规范的价值指向，但仍然保持着它自身突出的美德伦理的特性，……那么，在现代西方伦理学的视景中，'正义'则被首先看做是一种社会美德，一种社会制度伦理或秩序结构的普遍规范。"①就这样，在现当代，外在的规范成了公正的逻辑起点，"规则成了道德生活的基本概念"②，伦理学实际上也就丢掉了亚里士多德的德性传统。然而，在麦金泰尔等德性伦理学家看来，当今西方社会恰是因为这种"丢掉"，导致了道德生活的混乱无序状态，其主要表现为：客观的非个人的普遍道德标准丧失；道德文化领域情感主义盛行；德性从以往社会生活的中心位置退居到社会的边缘，人们只求做一个循规蹈矩的人，而不求做一个德性高尚的人。在麦金泰尔看来，无论规范多么周全，对于不具有高尚的德性的人来说，那规范也不过是一个摆设，不过是一纸空文。要拯救现代社会，就要向亚里士多德主义的德性传统回归。著名环境伦理学家罗尔斯顿说过类似的话："法律能禁止那些最严重的违规行为，但却无法使公民主动行善。"③迫于压力而循规蹈矩的人可以是法律意义上的好公民，但不一定是道德意义上的能自觉自愿做好事的好人。做一个好公民与做一个好人是不完全一样的。做一个好公民只要守法就行，做一个好人，除了守法还要有高尚的德性。而一个德性高尚的人却一定是一个法律意义上的好公民。"因为只有那些具有正义德性的人才有可能知道怎样运用法律。"④只有那些具有正义德性的人才会不考虑任何利害得失地去遵守法律规范。

正是基于德性相比于法律的优先性，当代西方出现了德性主义的浪潮。许多当代伦理学家认为，所有的道德行为都可以从德性中推出，所有的道德行为都可以解释为合乎德性的行为，所有的道德规则都可以来自德性，而且主张规则概念是派生的，德性概念才是第一性的。⑤当代伦理学家迈克尔·斯洛特的观点很有⑥代表性："在德性伦理学中，焦点在于有德性的个体和那些

古希腊著名谚语："公正是一切德性的总汇"。

---

① 万俊人：《寻求普世伦理》，北京大学出版社 2009 年版，第 208 页。

②④ [美]麦金泰尔：《德性之后》，龚群等译，中国社会科学出版社 1995 年版，第 150、150 页。

③ [美]罗尔斯顿：《环境伦理学》，杨通进译，中国社会科学出版社 2000 年版，第 433 页。

⑤ 参看陈真：《当代西方规范伦理学》，南京师范大学出版社 2006 年版，第 281 页。

⑥ Michael Slote.Moral From Motives.Oxford:Oxford University Press,2001,p.4.

使之配称为有德性个体的内在的特性、意向和动机。(一些德性伦理学承认一般的规则甚至法则，但这些规则或法则被明确地看成是派生的或次要的因素。)"伦理学的任务确乎不应该定位在制定规范上。否则，伦理学就会法律化，就会成为纯粹外在规范约束的设计，成为一系列行为规则的汇编，成为一种"准法律"，并把对这种"准法律"的遵守当成是唯一的美德。然而，道德是万万不可法律化的。邓晓芒先生指出："以道德原则作为法律原则去强制每个人的自由意志，将带来不可估量的恶果，它将使人丧失自己作为道德选择的资格，使道德本身变得虚伪，最重要的是：它彻底否定了人作为一个自由存在者

的尊严，因而也否定了一切道德。"①其实，卢梭早就指出："道德和一般正义问题不同于私法问题，不能靠命令和法制来节制；假如有时法律也对道德发生影响，那只是因为法律从道德中吸取自己的力量。"②本真的伦理学不应该是在已有的众多法律规范之上去继续增加一些准法律规范，而是应该告诉人们如何去定位自己的生活目标，并为实现一种善的生活追寻和培植自己的内在品格和美德。而这正是伦理学原初的理想和本来的状态。我们时代有许多令人惊喜的进步，但如果我们丧失了德性的力量，所有的进步都将变得毫无意义。每个人的肉身来自父母，但每个人的精神的再生和人格的卓越却只能是自己去锻造。因此，在当今，呼唤伦理学走向德性，绝对不是一件偶然的、无足轻重的事件，其实就是实现伦理学的还原与回归，就是让伦理学"以行为者为中心"，而非"以行为为中心"；让伦理学关注人的存在状态以及"我应该成为什么样的人"，而非仅仅强调人的行为本身以及"我应该怎样做"；让伦理学关注人的德性的养成，而非仅仅强调人的行为对外在规范的遵守与服从③。

以道德原则作为法律原则去强制每个人的自由意志，将带来不可估量的恶果，它将使人丧失自己作为道德选择的资格，使道德本身变得虚伪。

---

① 邓晓芒：《灵之舞》，东方出版社 1995 年版，第 133 页。
② [法]卢梭：《论戏剧》，王子野译，三联书店 1991 年版，第 87 页。
③ Rosalind Hursthouse. On Virtue Ethics.Oxford: Oxford University Press,1999,P.17.

第十八讲
论西方公正思想的逻辑进程

众所周知,公正是西方伦理学讨论的重要话题之一。公正甚至被有些伦理学家当成是最高的道德。19世纪俄国著名伦理学家克鲁包特金甚至说过"没公正便没有道德"。一般来说,公正是涉及人与人之间关系的美德,是一个关于社会的全体成员相互之间恰当关系的最高范畴。从柏拉图的"理想国"到卢梭等近代启蒙思想家的"社会契约",从古典政治经济学家亚当·斯密的"经济和谐"到当代罗尔斯的"公平正义",西方伦理学始终都有着对公正的种种思考。不过,在西方伦理学发展史中公正思想的展开具有鲜明的逻辑进路。古代城邦制时代,西方伦理学热衷于从社会维面讨论公正问题;随着近代主体意识的觉醒,西方伦理学热衷于从个人维面讨论公正问题;无论是古代西方基于社会维面的还是近代西方基于个人维面的公正思想,都是把公正理解为一种内在的美德和良知,在这里,德性是公正的逻辑起点,而现代西方则把公正思想推向了外在的制度维面,在这里,制度成了公正的逻辑起点。

> 公正是涉及人与人之间关系的美德,是一个关于社会的全体成员相互之间恰当关系的最高范畴。

一、古代西方:基于社会维面的公正思想

在希腊文里,正义和直线、法官是一个词,表示一定之规。在赫西俄德看来,认清自己而不超出自己的限度就是公正的标志。在西方,从梭伦开始,公

正作为一个道德范畴被提了出来,起着调节社会集团之间、人与人之间利益平衡的作用。在梭伦看来,正义是一个界限和尺度,据此可以判定哪些利益归哪些社会成员占有。柏拉图把正义视为与智慧、勇敢、节制并列的四大美德之首,认为正义存在于社会有机体各部分间的和谐关系之中,认为充分发挥每个人的能力,使每个人找到最适合于自己做的工作;是社会组织的最高原理,是最大的善和最高的正义。亚里士多德把正义划分为分配正义和平均正义两种。前者要求按照均衡平等的原则将这个世界的万事万物如权利、责任等公平地分配给社会全体成员。当分配正义的规范被某些社会成员违反时,平均正义就开始起作用。即如果社会的某个成员侵犯了他人的权利或财产,平均正义就要求偿还属于受害者的东西或对受害者予以补偿。显然,这两种正义都是基于某种公共利益的平等原则。亚里士多德说过:"政治学上的善就是'正义',正义以公共利益为依归。"①又说:"所谓'公正',它的真实意义,主要在于'平等'。如果要说'平等的公正',这就得以城邦整体利益以及全体公民的共同善业为依据。"②在亚里士多德的书中我们得知在古希腊时期流行"正义是一切德性的总汇"这样的谚语。亚里士多德对于这个谚语做出了权威的解说。在亚里士多德看来,公正之所以是一切德性的总汇,乃是因为公正自身是一种完全的德性,是最主要的德性。因为在各种德性中唯有公正是关心他人的善,而不只是关心自己。亚里士多德指出:"最善良的人,不但以德性对待自己,更要以德性对待他人。待人以德是困难的。所以,公正不是德性的一个部分,而是整个德性;相反,不公正也不是邪恶的一个部分,而是整个邪恶。"③很明显,亚里士多德想要强调的是,唯有公正的德性本身把人置于了一种与他人的社会交往平台当中,而正是在这样的社会交往平台上呈现出人与人之间行为交往的原则界限。难怪罗素说:"这种正义的观念——即不能逾越永恒固定的界限的观念——是一种最深刻的希腊信仰。"④

从政治伦理的角度看,古希腊正义观表现为在个人与城邦之间,强调个人不是城邦的对立面,而是城邦的一部分,个人应当服从城邦的利益。希腊社

亚里士多德指出:"最善良的人,不但以德性对待自己,更要以德性对待他人。

---

① [古希腊]亚里士多德:《政治学》,吴寿彭译,商务印书馆1965年版,第136页。

② [古希腊]亚里士多德:《政治学》,吴寿彭译,商务印书馆1965年版,第153页。

③ [古希腊]亚里士多德:《尼各马科伦理学》,苗力田译,中国社会科学出版社1990年版,第90页。

④ [英]罗素:《西方哲学史》上卷,何兆武、李约瑟译,商务印书馆1963年版,第53页。

会的关键是城邦。城邦是国家、政府等政
治组织的初始形态。公民不视城邦为外在
的约束，而是视之为自己价值实现的场
所，视之为一种规模有限、独立自治并得
到其公民的最高忠诚的共同体。公民关心
城邦的政治，为国家尽义务，这是一种美
德。公民的主要生活形式是政治的。城邦
时代的希腊人对公共生活的关注程度、对
政治生活的参与意识是任何一个其他民
族都无法比拟的。萨拜因指出："城邦耸立
于一切小集团之上，耸立于各种次要的团
体之上，它赋予一切集团和团体以意义和
价值。最高的幸福在于参与城邦本身的生活和活动，而家庭和财产，只有作为
这种最高幸福的组成部分才能充分发挥作用而使人享有乐趣。"①公民对城邦
的认同的最高体现是他们为了国家的利益与荣耀会英勇奋战，甚至不惜献出
生命。国家对于英勇战死的公民也报以很高的荣誉，奉为民族英雄，并抚养其
子女。谈及雅典人的城邦生活，丹纳指出："公共事务与战争便是公民的职责。
他必须懂得政治，会打仗；其余的事在他眼里都无足轻重；他认为一个自由人
应该把全部心思放在那两件事上。"②从时间上说，城邦国家后于或起源于个
人；但从本质上说，城邦国家却先于或优于个人。德谟克利特的观点很直白：
"国家的利益应该放在超乎一切之上的地位上，以使国家能治理得很好。不应
该让争吵过度以至失去公道，也不应该让暴力损害公共的善。"③在柏拉图的
《理想国》中，个人和国家的关系是一种手段和目的的关系，国家居于首位。个
人善的追求和实现最终必须诉诸城邦的共同善，因此社会正义是首要的善。
柏拉图在《克里托篇》中借苏格拉底说："你那么聪明，竟然会忘记你的国家比
你的父母和其他祖先更加珍贵，更加可敬，更加神圣，在诸神和全体理性人中
间拥有更大的荣耀吗？你难道不明白应当比敬重父亲更加敬重国家，应当比

① ［美］萨拜因：《政治学说史》上册，邓正来译，商务印书馆 1990 年版，第 32 页。
② ［法］丹纳：《艺术哲学》，傅雷译，人民文学出版社 1963 年版，第 41 页。
③ 北京大学哲学系外国哲学史教研室编：《古希腊罗马哲学》，商务印书馆 1982 年版，第
120 页。

艺术哲学
LECTURES ON ART
［法］H·丹纳 著
张伟 戊嬅琳 译

从时间上
说，城邦国
家后于或起
源于个人；
但从本质上
说，城邦国
家却先于或
优于个人。

伦理学讲座

罗金远
戴茂堂
著

消除对父亲的怨恨更加快捷地消除对国家的怨恨吗？如果你不能说服你的国家，那么你就必须服从它的命令，耐心地接受她加诸于你的任何惩罚，无论是鞭挞还是监禁，对吗？如果国家要你去参战，你会负伤或战死，但你也一定要服从命令，这样做才是正确的。你一定不能后退、逃跑或放弃你的职责。无论是在战场上或法庭上，或是在任何地方，你必须做你的城邦和国家命令你做的事，否则你就得按普遍的正义去说明他们，但是对父母使用暴力是一种罪恶，反对你的国家那就更是一桩大罪了。"①亚里士多德从中道观出发，认为在个人的善与城邦的善之间城邦的善更为重要。亚里士多德指出："一切社会团体都以善业为目的，那么我们也可说社会团体中最高而包含最广的一种，它所求的善业也一定是最高而最广的；这种至高而广涵的社会团体就是所谓'城邦'，即政治社团（城市社团）。"②段德智指出："'城邦意识'或'共和国'意识一直是古希腊罗马人的主体意识的主导形式。不论是柏拉图的《理想国》和亚里士多德的《政治学》，还是西塞罗的《共和国》和《法律篇》，所突出和强调的都是这样一种'团体意识'和'国家意识'。"③

综上所述可以发现，古代西方更注重从社会的维度来把握公正的理想。柏拉图是以普遍性的东西作为基础，甚至认为个人必须以普遍性的东西为他的目的，并且认为个人的意志、行为、生活、享受都是为了国家或城邦，而国家便是他的第二天性、他的伦理。这个伦理的实体构成了个体的精神、生命和本质。亚里士多德也是认为城邦是实质性、根本性的东西，城邦政治对于人类的社会生活而言具有优先性。古希腊的四种基本德性（智慧、勇敢、正义和节制）都与国家相联系，本质上都是公民德性，而公民德性要求人们把公共利益置于个人利益之上。而后来的中世纪基督教伦理依然是肯定这四种基本的公民德性的。中世纪著名的神学家阿奎那认为："如果一个自由人的社会是在为公众谋幸福的统治者的治理之下，这种政治就是正义的，是适合于自由人的。相反地，如果那个社会的一切设施是服从于统治者的私人利益而不是服从于公共利益，这就是政治上的倒行逆施，也就不再是正义的了。"④还说："社会的利益大于个人的利益，并且更为神圣。"⑤只是西方历史进入到近代以后在公正

个人善的追求和实现最终必须诉诸城邦的共同善，因此社会正义是首要的善。

① 《柏拉图全集》第1卷，王晓朝译，人民出版社2002年版，第45—46页。
② ［古希腊］亚里士多德：《政治学》，吴寿彭译，商务印书馆1965年版，第3页。
③ 段德智：《主体生成论》，人民出版社2009年版，第78页。
④⑤ 《阿奎那政治著作选》，马清槐译，商务印书馆1963年版，第46、70页。

问题上才慢慢产生出一种更具有个人化的价值理念。

二、近代西方：基于个人维面的公正思想

随着自由资本主义在近代的兴起，西方伦理学注入了新时代的价值内容，要求从个人出发追问社会的公正，突出了公正的人性基础，认为公正的价值基准在于强调个人的价值的至高无上，一切有益于人性发展、个人欲望实现的，就是公正的，反之则是不公正的。

近代西方有伦理学家强调，追求个人利益应该是人的自然权利，应该成为判断一切善恶的根本标准。如霍布斯相信，自我保存既是自然的正常秩序，也是道德的正常秩序。孟德威尔的《蜜蜂寓言》继承并捍卫了霍布斯的利己主义，认为人的各种意向和欲望都是出自自利自爱的本性，甚至一切美德都是出于人的自利自爱的本性，德性只能是自私心的变化形式。洛克的道德学说把人看成是一个感性的存在物，认为人的本性总是逃避使人身心痛苦的事物，追求使人身心快乐的事物，而且追求个人最大的快乐。而近代英国功利主义伦理学最鲜明的特色在于把个人的利益看成是唯一真实的利益，认为凡是符合功利和满足私利的行为就是善的行为，就值得去做，凡是不符合功利的行为就是恶的行为，就不值得去做。个人的幸福是近代法国伦理学的基本原则。如卢梭强调人类的行为永远关切自己的利益，关切自己的幸福。他说："人类天生的唯一无二的欲念是自爱，也就是广义上说的自私。"[1]爱尔维修是孟德威尔的自私心理论在法国土地上的继承者。他认为，个人利益主宰着我们的一切判断，力图保存自己，谋取个人利益，是人的"共同本性"和行为的"基本规律"。

但近代西方思想家普遍意识到，如果每个人都去追求个人利益，必然导致社会混乱和彼此伤害。为了避免彼此伤害，为了更好地实现个人权利，个人必然产生关于正义的强烈意愿，并希望通过遵循这种正义原则适当转让或限制每个人的利己主义心态。所以，西方近代思想家在极力强调个人独立、自由、自主的同时，要求建立一定的社会制约机制，以保障社会每个成员而不是个别成员都能实现其独立的个人利益而不是互相伤害。这种社会制约机制作为建构社会秩序的正义主要是诉诸人的理性。近代西方人相信，遵循理性，不

① ［法］卢梭：《爱弥尔》上卷，李平沤译，商务印书馆 1978 年版，第 95 页。

卢梭说："人类天生的唯一无二的欲念是自爱，也就是广义上说的自私。"

仅可以消除极端的利己主义，而且可以更好地实现个人权益，并建立起普遍的公正。在理性的规范和掌控下，近代社会的利己主义并没有走向否定他人利益、社会利益的极端，而是表现为一种能够宽容和接纳社会利益的"合理的利己主义"或费尔巴哈所说的"合乎人情的利己主义"。

近代英国剑桥柏拉图学派中的昆布兰就指出："每个有理性的行为者对于人类全体所怀有的极大仁爱就构成一般方面的全体人和特殊方面的各个人在其能力所及范围以内所能求得的最幸福的状态；而且也是达到他们所能企求的最幸福状态的必要条件；因而全体人的共同利益就是最高利益。"[1]培根基于个人利益极端化一定导致社会不公，而社会不公反过来又一定会削弱个人利益的情况的考虑，反对无原则的自私自利，提出了必须维护"公共的善"和"全体福利"的公正思想。休谟认为，正义植根于维护社会的和平与秩序、促进人类的生存与发展的需要之中，而正义的任务就是通过财产划分和规范来维护社会的秩序、实现公共的福利、促进"社会的联盟"。功利主义者边沁提出促成了最大多数人的最大幸福就是道德上最公正的。卢梭指出，为了保存我们自身，我们必须要爱自己即自爱，但同情心会使人由自爱而产生的对他人的爱，这既是人类和谐的要求，也是人类正义的本原。所以卢梭说："爱人类，在我们看来就是爱正义"，"只要把自爱之心扩大到爱别人，我们就可以把自爱变为美德，这种美德在任何一个人的心中都是可以找到它的根柢的。

我们所关心的对象同我们愈是没有直接的关系，则我们愈不害怕受个人利益的诱惑；我们愈是使这种利益普及于别人，它就愈是公正的。"[2]在黑格尔看来，家庭、市民社会和国家是伦理实体依次更替的三个发展环节。虽然家庭、市民社会也是伦理共同体，但家庭是未经分化的血亲关系，市民社会则是单个的组合体，只有国家才是其发展的真理性阶段——国家是家庭和市民社会的统一环节，是最具体、最丰富和最真实的伦理精神——自由的实现。

遵循理性，不仅可以消除极端的利己主义，而且可以更好地实现个人权益，并建立起普遍的公正。

---

① 周辅成编：《西方伦理学名著选辑》上卷，商务印书馆1964年版，第694—695页。
② 〔法〕卢梭：《爱弥尔》上卷，李平沤译，商务印书馆1978年版，第356页。

尽管近代西方公正思想强调社会利益,但根本上看,它认为,在个人利益与社会利益之间,个人利益大于社会利益,所以它只是没有走向绝对的利己主义,而是一种文雅的利己主义。如培根虽然高谈仁爱心和社会公益,但他又说,社会公益只是一个人类的抽象利益,只有个人的特殊利益才是具体的、根本的。他把自爱和他爱的关系比作原型和画像的关系,表明在他那里,自爱是第一位的,利他是第二位的。休谟强调,正义是使每个人各得其应有物的一种恒常和永久的意志。正义的协议设计归根结底是要为个人的生存和发展提供安全的保障。功利主义主张,个人利益与社会利益应该和谐统一,但和谐统一的基础在于个人利益而不是社会利益。功利主义尽管强调最大多数人的最大幸福,但又认为只有个人利益的满足才能促进最大多数人的最大幸福。所以,边沁指出,社会只是一个习惯上假定的集合体,个人利益才是真正现实的利益,个人利益的总和就是社会利益,社会利益的增加取决于个人利益的增加,撇开了个人利益之后,社会利益不过是一个虚构和抽象,常常把握不定。穆勒认为,在个人、政府、社会的关系上,个人具有终极价值性质,政府和社会只不过是保障个人自由得以实现的必要手段和外在形式,社会的价值归根结底在于组成社会的所有个人的价值。爱尔维修把社会看成是个人的集合,虽然也承认社会利益,但认为只有各个个人增进了自己的福利,那么社会福利也就自然增长了。康德从理性的角度论证人的自由、独立与尊严。他认为,在整个宇宙中,唯有人才是目的,才具有绝对价值。因此,每个人在行动时,都要始终把人当做目的,而不是把人只当作工具。这些都表明,近代西方伦理学更多的是基于个人维度来讨论公正问题的。

三、现代西方:基于制度维面的公正思想

无论是古代西方基于社会维面的还是近代西方基于个人维面的公正思想,都是关乎内在的德性,也就是说,公正更多地被理解为一种内在的美德和良知,一个人是否正义取决于他是否具有德性。在这里,德性是公正的逻辑起点;在现代西方伦理学家看来,古代和近代的公正是柔性的,缺少一种"必须如此"的强制性。为了克服这种弱点,现代西方公正思想则逻辑地指向了外在的制度维面。在现代西方伦理学家看来,实现公正是需要一定的制度保障的,因此公正问题实际上是制度问题。在这里,制度成了公正的逻辑起点。

边沁指出,社会只是一个习惯上假定的集合体,个人利益才是真正现实的利益。

在现代西方,无疑是罗尔斯对公正问题从制度的维面给予了最经典的论述。他在《正义论》中明确提出:"正义是社会制度的首要价值。"①某些社会制度,不管它们如何有效率和有条理,只要它们不正义,就必须加以改造和废除。公正的基本问题是社会的基本结构,更确切地说,是社会基本制度对基本权利和义务、对由社会合作所产生的利益的分配方式。罗尔斯认为:"如果一个社会的主要制度被安排得能够达到总计所有属于它的个人而形成的满足的最大净余额,那么这个社会就是被正确地组织的,因而也是正义的。"在罗尔斯看来,正义通过一定的程序设计是完全可以实现的。为此,他提出了用以规范和约束国家制度设计和社会组织安排,从而实现社会和谐的正义原则:"第一个原则:每个人对与所有人所拥有的最广泛平等的基本自由体系相容的类似自由体系都应有一种平等的权利。第二原则:社会和经济的不平等应这样安排,使它们:1.在与正义的储存原则一致的情况下,适合于最小受惠者的最大利益,并且,2.依系于在机会公平平等的条件下职务和地位向所有人开放。"②第一原则是平等原则,它要求每个公民在同等程度上享有言论、出版、信仰、私有财产等权利。任何一个人都不应该损害他人的权利和自由,每个人都具有和他人同等的权利。第二原则包括差异原则和机会平等原则,用来为社会中处于最不利地位的人们提供最大可能的利益,确保机会平等。总体上,罗尔斯的正义原则就是要求平等地分配各种基本权利和义务,同时尽量平等地分配社会合作所产生的利益和负担,坚持各种职务和地位平等地向所有人开放,只允许那种能给最少受惠者带来补偿利益的不平等分配存在。罗尔斯强调在设计国家制度和安排社会组织的时候须遵循两个优先:第一原则固定不变地优先于第二原则;第二原则中的(2)固定不变地优先于(1)。罗尔斯希望精心设计而成的这种体现自由且平等的正义原则能使社会变得全面和谐。

罗尔斯的"公平正义"原则虽然给每一个人都上了一道保险,但还是会在一定程度上影响个体的发展和社会的效率。作为当代新自由主义代表人物的诺齐克也正是从这个意义上批评罗尔斯的。在《无政府、国家和乌托邦》中,诺齐克在逻辑上将国家定位为保护者、服务者和仲裁者,并从优胜劣败的现代市场的立场,指出国家是从起初的诸种仲裁组织之间的相互竞争中淘汰剩下

①② [美]罗尔斯:《正义论》,何怀宏译,中国社会科学出版社1988年版,第1页、第19—20、292页。

的一个最大的"仲裁"代理机构。基于把国家逻辑地设定为仲裁者，诺齐克自然而然地就把国家的正当性定位在古典自由主义所说的"守夜人"这一角色：将"最低限度国家"的合法性职责限制在"仅仅承担制止暴力、盗窃、诈骗和契约的履行等十分有限的职能"①。任何政府如果拥有比守夜人更多的权力的话，则它一定会侵犯到公民个人权利，导致社会不公。诺齐克认为，理想的最低限度国家是一个中立性的国家、一个尊重多元价值的自由国家。在这个理想的国度中，宗教与道德价值多样性，诸多善的观点互相竞存；人们被当作不容侵犯的个人看待，任何个人不会被他人以某种方式当做手段或工具，而是被视为拥有权利与尊严的个体。诺齐克依然是从制度上解决公正问题。

与诺齐克相近，哈耶克基于知识分工理论、经济动机理论和消费者主权理论，不满政府对财富分配的介入和对市场的不当干涉，大力倡导私有化，主张在机会平等的竞争中追求社会发展中平等与效率的和谐。他反对极权主义，批判计划经济，倡导效率与平等的自发性和谐。哈耶克将国家干涉主义和垄断资本主义、国家社会主义和法西斯主义、社会主义和共产主义统统称为集体主义、计划主义、集权主义。在集体（权）主义者的眼中，对一个社会的共同目标的追求，可以无限制地忽略任何个人的自由。他认为，集权就是用组织的手段，对收入进行再分配，而组织由人控制，因此不可能公正地对待每一个人。美好社会及其标准是，让人人有同等自由选择机会，在那里，法律不是由政府创造的，而是通过解释和推行将人类行为的存在法则合法化。在他看来，任何对社会进程进行有意识地、通过理性设计和规划而施加的控制或指导的各种理性诉求，不仅永远不能实现，而且只会导致自由的丧失和文明的被摧毁。通过理性建构来设计社会发展蓝图并对社会进行整体的规划和改造只能使人类通向奴役之路。哈耶克指出："集体主义思想的悲剧在于：它起初把理

罗尔斯的"公平正义"原则虽然给每一个人都上了一道保险，但还是会在一定程度上影响个体的发展和社会的效率。

罗尔斯：
生平与正义理论
John Rawls
His Life and Theory of Justice

托马思·博格（Thomas Pogge）/著　顾肃 刘雪梅/译
中国人民大学出版社

---

① R. Nozick: Anarchy, State and Utopia, Basic Books, Inc. 1974.26.

性推到至高无上的地位,却以毁灭理性而告终,因为它误解了理性成长所依据的那个过程。我们的确可以这样说,正是集体主义学说的谬论和它对'自觉的'控制或'自觉的'计划的要求,才必然会导致这样一种要求,即某个人的思想应支配一切——虽然只有对社会现象作个人主义式的探讨才会使我们认识到那些指导理性成长的超个人的力量。因此,个人主义在社会过程面前的态度是谦逊的,而对其它意见的态度则是容忍的,并且,它恰好是思想上的傲慢自大的对立面,而想全面指导社会过程的那种要求的根源,正是这种思想上的傲慢自大。"[①]所以他反对傲慢自大,主张"无为政府",抗衡凯恩斯主义,倡导自生自发的社会秩序。公正的社会必须是一个实现自由主义制度、市场经济与法治的社会。

与诺齐克相反,德沃金则从发挥罗尔斯正义原则中平等思想出发,从权利的平等中引出他的公正理论。德沃金在《认真对待权利》这部代表性政治哲学著作中,将自然权利(人权)作为根本的假设,认为人们不应该违反个人的权利去增加整体的效益。德沃金从权利的平等推导出自由,强调政府应对它所统治的人们给予平等的关怀与尊重。德沃金将正义看作自由主义的核心,认为正义就是要求政府及其工作人员"平等地对待权利",国家的责任就是确保向所有的社会成员提供一个得以公正、平等地参与社会竞争、谋求发展的机会。这就要求国家对相关领域(如财富分配)的介入,以便每个人都有能力追求幸福的生活;要求政府应对它所统治的人们给予平等的关怀与尊重。所谓"关怀"是指,政府应该尽量地使人们不要受苦、不要受挫折;所谓"尊重"是指,在什么样的生活才是美好的生活这个问题上,政府应该保持中立态度,政府的主要工作不是去教育人民,而是提供给人们一个平台,供其自由地去建立和追求他们的理想人生;只有这样,政府才能做到一视同仁,对各种人生及理想给以平等的尊重。在肯定人

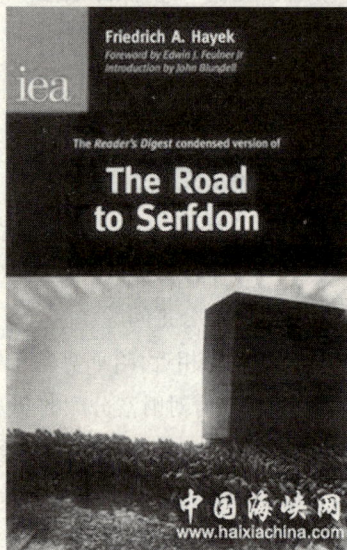

通过理性建构来设计社会发展蓝图并对社会进行整体的规划和改造只能使人类通向奴役之路。

---

① [英]哈耶克:《通往奴役之路》,王明毅等译,中国社会科学出版社1997年版,第157-158页。

们拥有"被视为平等的关怀和尊重"的权利的基础之上,德沃金提出用以实现这项权利的制度安排:市场机制＋代议民主制＋个人权利。选择市场经济不仅是为了效率,更是为了平等;市场机制基本上可以使每个参与市场的人具有同等的自由去进行他所想进行的交易；为了使先天处于较不利地位的人们享受到被视为平等的关怀和尊重,政府可以采取社会福利政策,对市场做出种种改造和修正。代议式的民主政治最能体现平等关怀与尊重的权利,在这里,政府决策依据的是它所统治的人民通过投票这一机制而体现出的意愿和希望。但代议民主制在使每个人的要求受到同等关怀和尊重的同时,它的多数裁决规则仍可能侵犯到个体的权利,导致多数人的暴政。因此,有必要在上述两种主要制度之上,再加上保障个体权利这张底牌,以使少数人的权利不受破坏。①

根据对西方公正思想逻辑进程的考察,可以看出:在古代西方伦理学家看来,公正是一个德性问题,在现代西方伦理学看来,公正是一个制度问题,而近代西方伦理学则处于一种过渡阶段,既强调了公正的道德旨趣同时又开始把公正诠释为某种制度要求(这最明显地表现在近代契约论者关于公正的讨论当中)。西方公正思想的发展经历了一个由内向外的显现过程,一个由理念向现实的展露过程。或许,这一逻辑展开过程启示我们,公正问题不仅是一个理论问题更是一个实践问题。公正必须走出思想的天地,落实在实际的生活之中。公正需要美德与制度双重保证。一方面,制度是公正的体制保证,另一方面,美德又确保正义成为一个人内在的自觉要求。如果仅仅依赖于外在的制度,便难以触及人的灵魂。若把公平正义内化为人的德性,这样,一个人做正义之事,则是出于自觉、自愿,出于个人良知的召唤,而不是外在强迫。应该说,实现公正,制度和美德同样重要,对公正问题的思考需要有两个维度。

国家的责任就是确保向所有的社会成员提供一个得以公正、平等地参与社会竞争、谋求发展的机会。

---

① 参阅李小科:《现代西方政治哲学视野中的"和谐社会"》,《中共中央党校学报》2005年第1期。

第十九讲
中国传统伦理思想的矛盾结构

为什么中国人奢谈真诚却创造的是"瞒和骗的艺术"?为什么礼仪之邦的中国历史却摆满了吃人的筵席?为什么面子观念极强的中国人却可以撕破脸皮去安稳地做奴隶?为什么满纸仁义道德的传统伦理实际上是男盗女娼?为什么几千年的道德文明建设没有营造出真正的"君子国"?这都与中国传统伦理思想的内在矛盾结构密切相关。把握中国传统伦理思想,我们必须对它的矛盾结构做出分析。不过,中国传统伦理思想的矛盾结构,只是我们用今天的眼光才看出来的。在过去的文人眼里,中国传统伦理思想从来就不觉得是矛盾的。中国传统伦理思想的内在矛盾十分突出,下面我们从几个主要方面略作分析。

一、民本之反民主性

中国宗法社会存在的前提是农民安居乐业,民不聊生便有倾覆王朝的危险。"民变"、"民暴"引起的"国削君亡"的事实使思想家明白:民为水,君为舟,水可载舟,亦可覆舟。自从中国统治者发现了"政之所兴,在顺民心;政之所废,在逆民心"①的道理后,"亲民"、"利民"、"爱民"便成为统治者的必修课。在

---

① 《管子·牧民》。

这种背景下,古代思想家提出了"民惟邦本"、"民贵君轻"的民本学说,认为民意是天意,民心即圣心。《尚书·五子之歌》说:"民可近,不可下;民为邦奉,本固邦宁。"《尚书·泰誓》说:"天视自我民视,天听自我民听。"孟子把民本学说发挥到极致,提出"民为贵,社稷次之,君为轻"、"轻刑薄税"、"制民之产"、"听政于国人"、"与民同乐"等思想,主张"养民"、"教民"、"保民"。有人据此断言,中国古代政治伦理中有民主思想。

其实,中国传统的民本学说究其本质而言与西方民主制有很大距离。民主制在最低限度上也具有两个要求:其一,统治者的权力受到宪法限制;其二,统治者必须依据宪法对人民负责。而这两条在理论上和实践上都与中国的民本思想无缘。在民主制下,西方君主,位虽世袭,但权要受到宪法的限制。中国的民本思想从来就没有提出要用宪法来限制皇帝的权力。皇帝既是政治权力的主宰又是社会信息的总汇,对社会信息具有绝对的制导权。尽管历代朝廷设有注意民意、舆论的机构和制度,如设集议制、封驳制,设谏官、御史等,但这些制度本身又取决于皇帝本人的意志,因此不具有对皇权的制衡作用。至高无上的衬王号称"天子"'。天下所有的人或民均是"天子"一人的奴隶。君王永远是绝对权力的拥有者。所以,陶希圣在《中国社会与中国革命》中说:"士人阶级的民本制,要有绝对主义君主与之提携。"另外,中国的民本思想最终目的在于维护君王统治,而不是对民众本身负责。民本学说严格划分"治人者"与"治于人者"的此疆彼界,并从治人者的长治久安出发,要求注重民众的力量和民心的向背,注重维持民众的基本生活条件,以最终确保统治者地位的永恒稳定。民之为贵不在于民作为一个个体的权利应该得到尊重,而在于得民心是君王不失社稷、不失君位的可靠政治策略。中国史书虽屡屡提到"重民"、"保民"、"恤民"、"视民如子"等思想,但这里的"重"、"保"、"恤"都是一种在绝对的等级之中上对下的恩赐、爱护和关怀,从根本上讲是一种统治策略,是君王为维护自身的绝对权威而实行的怀柔政策。正如鲁迅在《且界亭杂文二集·在现代中国的孔夫子》中所说:"孔夫子曾经计划过出色的治国的方法,但那都是为了治民众者,即权势者设想的方法,为民众本身的,却一点也没有。"

民主是近代西方政治的核心概念,其基本含义是公民当家做主,公民决定国家大政,公民选举掌握国家大政的领导人。没有人权、平等、自由,就没有民主政治。重视人的地位,强调人的尊严,是民主政治的最基本前提。西方思

民之为贵不在于民作为一个个体的权利应该得到尊重,而在于得民心是君王不失社稷、不失君位的可靠政治策略。

想家认为，每个人的权力都是天赋的，人在自然状态中都是自由的，人人都可以用自己认为合适的方法决定自己的行为，人人都是平等的，没有等级特权，任何人都不享有多于他人的权力。生命、自由和财产是个人不可剥夺、不可转让的基本权利，任何人都不得侵犯他人的生命、自由和财产。西方民主思想的基础是法律面前人人平等，不论智愚贤不

肖，即使是白痴和犯人也应受到法律的保护。西方的"民主"是建立在自然人权(天赋人权)之上，是绝对地服从于自然人权的"民主"。在西方民主思想中，总统制中的"总统"属于变数，他在位久暂之权操纵于民手中，当他不在总统之位时仍是公民之身份，所以在民主思想中民与君根本就没有所谓贵贱轻重之别，民贵君亦贵，君、民二者的角色是平等的。然而，在中国，君王自命天子，龙种高贵，君王驾崩，君统不辍。中国的民本思想的理论前提是所谓的"民贵君轻"。而"民贵君轻"论的理论前提刚好又是实际上的"民轻君贵"。所以，究其根本，在民本论那里，从理论和实际两方面看，民、君二者的角色都是对立甚至对抗的，一个为主，一个为客。民众不过是被养、被教、被保、被爱、被贵的客体，是被怜悯和被利用的对象；君主才是养民、教民、保民、爱民、贵民的主体，是"仁政"、"王道"实施者和利益的最终获得者。在这里，民贵君轻是观念上的、理想中的，君贵民轻才是事实上的、现实中的。

《荀子·解蔽》说："圣也者，尽伦者也；王也者，尽制者也。两尽者，足以为天下极矣。"清人唐甄说："治天下者惟君，乱天下者惟君。治乱非他人所能为也，君也。"[①]显然，在中国传统观念看来，历史活动的主体或主人是君。民不仅不能成为历史活动的主体，而且还要接受君王统治。能否驾驭"民"，甚至成了衡量"君"王统治是否成功的一条重要砝码。民本论的逻辑是"百姓足，君孰与不足？百姓不足，君孰与足？"[②]显然，"君足"才是出发点和归宿。可见，民本论与主权在民的民主理论是不同质的政治伦理范畴。这使得民本论不可能导向

没有人权、平等、自由，就没有民主政治。重视人的地位，强调人的尊严，是民主政治的最基本前提。

---

① 《潜书·鲜君》。
② 《论语·颜渊》。

主权在民、人民参政的民主政治轨道。在古代中国，民本论不是民本位理论而是君本位理论，充当着君主专制政治的补充物和装饰品。而"专制制度的唯一原则就是轻视人类，使人不成其为人。……专制君主总把人看得很下贱"①。与专制政治密切相关的"民本"理论注定不会真正做到以民为本，更不会有西方市民观念中以个人为本的含义。中国的"民本"非但不具有"以民为本"的含义，反而是特权观念的一种延伸，成了专制的代名词。《尚书·洪范》说："天子作民父母，以为天下王。"这正暴露了民本思想的要害：君是父，民是子，君应爱子并且不得不爱，因为"民可载舟亦可覆舟"。事实上，在民本论的中国，到处都是专制极权。中国人的民主自由恰大半断送在民本论手下。殷海光说："把'民本'看作'民主'，……是'望字生义'之谈。'民本'不仅不是民主'，而且刚好是民主底反面。……'民本'思想，以'仁政'开始，一与现代技术结合，绕一弯子，就归结于极权统治。"②

在西方，民主是专制公开的对立物；在中国，民本是专制隐蔽的合作者。"民本思想"不过是在专制制度上涂上了一层诱人的色彩，具有极大的欺骗性。民本学说的欺骗性从儒家的"仁政"理论中可见一斑。孟子的仁政思想出自他所提出的"仁心"。《孟子·公孙丑上》："有不忍人之心，斯有不忍人之政矣。以不忍人之心，行不忍人之政，治天下可运之掌上。"然而，中国两千多年的历史中从来就是"礼义"、"法度"并举，"教化"、"刑罚"兼施，儒法相济为用，并行不悖，互为应援。即所谓"阳儒阴法"。仁政旨在通过仁学攻心术在柔情似水的教化中不动声色地使外在的等级之礼内化为每个人自觉的伦理要求、道德责任和道德使命，使人自觉放弃和交出自身权利而不觉得丧失自我。对专制制度的绝对信任正是仁政造成的错觉，而又是这种错觉使专制制度千年不衰。在民本和仁政底下，"民"除了拥有选择绝对服从、绝对依赖"君"的"权力"外，别无选择。而别无选择的选择就是不许选择或无选择，就是专制，就是反民主。在这样的情况下，仁政难免变成暴政。

实际上，在仁政的背后，中国有极为"发达"的专制机器和极其残酷的专制手段。尽管古代中国没有解剖学，但从中国残忍的宫刑当中，鲁迅却发现中国人深谙人体的生理结构和特征。

对专制制度的绝对信任正是仁政造成的错觉，而又是这种错觉使专制制度千年不衰。

---

① 《马克思恩格斯全集》第1卷，人民出版社1956年版，第411页。

② 《殷海光全集》第13卷，台北桂冠图书股份有限公司1990年版，第258页。

中国政治统治以"内圣外王之道"为理论基础,附之以"圣人最宜于做王"观念,结果民主政治无从生长。国家的军、财、政、文大权全都集中在朝廷以至皇帝一人手上。所以,尽管中国自古有所谓"民本"之类的说法,但"民"根本就不是"本",从来就不是"本",而是君王维护统治的"工具"。所以,高居万民之上具有无限权力的君主才是"本"。这就是尊君论。在中国历史上,显然是尊君论压倒民本论,尊君论"在朝",民本论"在野",尊君是真、民本是假。"君尊臣卑"不仅是精致的伦理道德学说,而且是普遍流行的社会心理。在这种社会心理面前,民本至多只能是士大夫的理想,而难以成为民众普遍的个体自觉。这正是中国历史上虽有民本思想的"巨流",却始终未能生长出民主政治,没有民权运动的勃兴的原因。

不过中国古代倒确实有"民主"概念。《尚书·多方》说:"天惟时求民主,乃大降显休命于成汤。"但其中的"民主"是"民之主"的简称,意指"统治者",与现代民主之含义大相径庭。显然,中国古代只有"民主"之名,而无"民主"之实。所以,到了近代,觉醒了的中国人谈及民主、民权之事,没有可以借用的古代资源,不得不取资欧美。近代中国通用的"民主"概念是中国近代新学家在意译英文 Democracy 时利用汉语固有单字组合而成,而非取自《尚书》。

现代汉语系统里通用的"民主"概念(无论是指一种国家制度还是指一种政治观念)在中国历史上都难以找到完整的对应物。因此,与专制意义相对的"民主"概念对中国人来说是舶来品和异己物。

二、真诚之虚伪性

赤子之"诚"是一个在中国大地上流传了数千年的古老神话。中国传统伦理思想赞美儿童般透明的赤子之心,赞扬水晶般纯洁的赤子之诚。中国人的信仰建立在对自己本心或本性的纯洁无瑕、赤诚无蔽、光洁如镜的假定之上。人们以为只要真诚就可把握和实现人的本来的天性。人们希望人与人之间不要虚伪、欺瞒,要以诚相待,认为这样才符合人自身的本性。《大学》说:"所谓诚其意者,毋自欺也,如恶恶臭,如好好色。此之谓自谦,故君子必慎其独也。"《十庸》说:"诚者,天之道也;诚之者,人之道也。"又说:"唯天下至诚,为能尽其性;能尽其性,则能尽人之性;能尽人之性,则能尽物之性;能尽物之性,则可以赞天地之化育,则可以与天地参矣,"又说:"诚者,自诚也;而道,自道也。

中国政治统治以"内圣外王之道"为理论基础,附之以"圣人最宜于做王"观念,结果民主政治无从生长。

诚者物之终始,不诚无物。是故君子诚之为贵。"周敦颐在《通书·诚上》中说:"诚者,圣人之本。大哉乾元,万物资始,诚之源也。乾道变化,各正性命,诚斯立焉,纯粹至善者也。"在《通书·诚下》中又说:"圣,诚而已矣。诚,五常之本,百行之源也。"中国人相信,作为"天道"的"诚"是一种天赋的道德观念,是人固有的真实本性。

孟子以为,诚则善,进而提出性善说。孟子说:"人皆有不忍人之心。今人乍见孺子,将入于井,皆有怵惕恻隐之心,非所以内交于孺子之父母也,非所以要誉于乡党朋友也,非恶其声而然也。恻隐之心,人皆有之,仁之端也;羞恶之心,人皆有之,义之端也;辞让之心,人皆有之,礼之端也;是非之心,人皆有之,智之端也。"仁义礼智之端皆具于性.故性无不善也。孟子以为,恶者非人性自然之作用,而实不尽其性之结果。尽管荀子不同意性善论,认为人天生就有一种好利恶害、好逸恶劳的自然本性,主张性恶论。但中国传统的人性论中占主导地位的是孟子的性善论。在这种性善论看来,善先天地存在于人性中,也使人先天地成为善者。只要这种先天的善性充分发挥出来.人就能自觉地做出有利于他人或社会的功业。人固有的善性,在孔子那里是亲亲、孝悌和仁,在庄子那里是心斋、坐忘,在禅宗那里是顿悟本心,在宋明理学那里是心性天理,在李贽那里是童心……

既然诚是每个人固有的善性,那么中华民族就应该是最没机心、最纯真无瑕的民族了。事实果真如此吗?邓晓芒指出:"我们只要看看近年来书摊上充斥于目,泛滥成灾的'中国谋略'、'孙子兵法'、'六韬三略'、'三十六计'、'智谋奇术'、'阴谋权术'的书,也许会得出完全相反的结论:中国人是世界上最不诚实的民族,中国人搞阴谋、算计人世界第一!"[1]鲁迅最早窥破"诚实无欺"这一"悠久的"骗局,他发现绝对真诚的赤子之心后面,掩藏着的竟是"吃人"的"本心":"我未必无意之中,不吃了我妹子的几片肉,现在也轮到我自己……"、"有了四

中国人的信仰建立在对自己本心或本性的纯洁无瑕、赤诚无蔽、光洁如镜的假定之上。

---

① 邓晓芒:《人之镜——中西文学形象的人格结构》,云南人民出版社1996年版,第27页。

千年吃人履历的我,当初虽然不知道,现在明白,难见真的人!"鲁迅说,中国历史是吃人的历史,布满了"吃人的筵席",这筵席从文明初一直排到现在,而且还有人想继续排下去。鲁迅的小说,刻画过许多伪君子的形象,他们的言词表面上冠冕堂皇,内心深处却十分肮脏。一面制礼作乐,尊孔读经,而一面又坦然地放火杀人,做着蛮人对于同族也还不肯做的事。如《祝福》里那个鲁四老爷,《肥皂》里那位遗老四铭,《高老夫子》里那个宝贝高尔础,全是言行不一、口是心非的伪君子,全是"满口仁义道德,处处男盗女娼"的道德骗子。

按照中国文化的道德理想,人人皆可为尧舜、为圣人。孟子曰:"人皆可为尧舜。"荀子曰:"涂之人可以为禹。"竺道生曰:"一阐提皆得成佛。"王阳明曰:"满街皆是圣人。"都是在申述普通人在道德修养方面可以达到最高境界。成圣的幻想创造了中国人道德的狂热,道德的狂热反过来也创造了成圣的幻想,并使一代一代的中国人相信为这种幻想卖命是值得的。但无论如何努力,这成圣的幻想总是无法落实于生活现实。如果道德理想没有现实的保证,那虚伪就成了正人君子的唯一出路。正是成圣而不能的过程中正人君子学会了虚伪和欺骗。虚伪表现为表面的行为和真实的内心不统一甚至相反。读书人想发财又不敢也不能,过年时就拿一条木制的鱼来象征"富贵有余"。和尚许久没有吃荤,心痒嘴馋,但又不敢也不能,于是就做些素鸡、素火腿之类来替代。中国人个个是顺民,同时又个个是皇帝。在家里关起门来,对老婆孩子,他便是皇帝;出得门来,遇事随和,他便是顺民。一个以诚为本的民族为什么会产生大量的伪君子和"伪道学"?殷海光解释说:"原因非常简单:他们口头不能不坚持伦理的绝对主义和形式主义,仿佛严格得很;但是,人总是人,人有七情六欲就不能不满足。但是,在伦理的绝对主义和形式主义之中又找不到'转圈'的余地,找不到'理论基础'。于是,他们被挂在'极高明'的'圣人之教'与'极卑鄙的人欲横流'之间,而现出一幅尴尬相,时常言行不符。"[①]传统文化的圣贤人格是非常难达到的。它既要你入世,又要你不属于这个世界;既要你牵扯到复杂的凡俗世界之中,又要你表现出很高的觉悟,要你在最坏的环境中达到最高的境界,像颜回那样。中国历史上确实有那么几个能够体现"颜子之乐"的大儒,但更多的是一些自欺欺人的阿Q。颜回是愚忠者,做不了还要勉为其难;阿Q是伪君子,做不了还要自欺欺人。

---

① 殷海光全集》第17卷,台北桂冠图书股份有限公司1990年版,第469-470页。

成圣的幻想创造了中国人道德的狂热,道德的狂热反过来也创造了成圣的幻想。

自欺欺人表现为，此一时，彼一时。没有权力或不得势的时候，躲在"超然"的盔甲里，说尽"温、良、恭、俭、让"的好话，装出温文尔雅、文质彬彬、温柔敦厚的样子，确实具有中庸的美德。然而"倘有权力，看见别人奈何他不得，或者有'多数'作他护符的时候，多是凶残横恣，宛然一个暴君"①。从此，不再相信中庸，认为自己是温良恭俭让的受害者，马上不露痕迹地从一种角色过渡到另一种相反的角色，变成了道德淫威的实施者。有位旧官僚曾经说过："中国之官愈贵而愈贱。其出也，武夫前呵，从者塞途，非不赫赫可畏也；然其逢迎于上官之前则如妓女，奔走于上官之门则如仆隶，其畏之也如虎狼，其敬之也如鬼神，得上官一笑则作数日喜，遇上官一怒则作数日戚，甚至上官之皂隶、上官之鸡犬，亦见面起敬，不敢少拂焉。且也，上官之上更有上官，其受之于人者亦莫不施之于人。即位至督抚，尚书，其卑污诟贱，屈膝逢迎者，曾少减焉。"②这官僚的话活现出伪君子的丑态。

自欺欺人表现为，明一套，暗一套。一方面沾沾自喜于孔颜乐处，另一方面又贪婪地享受精致独特的饮食文化。一方面要求文以载道，看不起抒情小说和戏剧，另一方面又暗地里读《金瓶梅》和《品花宝鉴》之类的作品。一方面是"君子爱财，取之有道"、"知足常乐"，另一方面知足在他那里又只是一种被迫的心理退却，一旦条件成熟，不知足马上就会赤裸裸地现身，知足就变成了饥不择食的贪婪。几千年来，多少学而优则仕的读书人，以有道君子的名分进入官员行列，可他们之中有几个不贪不义之财的呢？而中国皇帝更是在一种制度的安排之下堂而皇之地做淫棍。以压抑欲望为特征的阉割太监这一举世无双的传统的作用恰恰在于满足皇帝建立庞大后宫的需要，即满足另一些人纵欲的需要。看一看历朝历代数以百计的艳情小说和春宫图，就可见出在禁欲背后是一种怎样的纵欲，极端的压抑是怎样为极度的放纵所补偿的。

宗法社会打着保护群体利益的旗号，结果导致个体利益没有合理的实现渠道。而个体之私又是无法消除的现实存在。所以，个体之私与群体之公总是处于紧张状态。个体为了实现自己个人的愿望，就不得不披上合理化的外套。而大公无私正是道德色彩最为艳丽的服装，它能把自己的私心包裹起来。这样一来，从明地里看，个个都是大公无私的，但暗地里个个却都自私自利。或

中国历史上确实有那么几个能够体现"颜子之乐"的大儒，但更多的是一些自欺欺人的阿Q。

---

①　《鲁迅全集》第3卷，人民文学出版社1981年版，第32—33页。

②　张枬、王忍之编：《辛亥革命前十年间时论选集》《说国民》第1卷上册，三联书店1978年版，第76页。

者说，名义上为公，实际上为私；名义上克己，实际上克他。李贽就曾看破了那开口仁义道德，闭口修齐治平的正人君子，不过就是自欺欺人、假公济私的骗子："种种日用，皆为自己身家计虑，无一厘为人谋者，及乎开口谈学，便说尔为自己，我为他人，尔为自私，我欲利他。"[1]"表忠心"是一杆大旗，大旗底下，人们各得其所，各得其利。从孔孟到程朱陆王讲了那么多的破私立公，最终不过是把他人的一切私欲剥夺了去献给自己和统治者，以成全自己和统治者之私。以"一切为公"为幌子来变相地"处处为私"几乎成为具有赤子之心的人们的普遍的生活哲学和处世良方。真诚的背后是什么，不是太清楚了吗？

赤子之真诚喊了几千年，末了竟是这样一个自欺欺人的局面，历史真是太会嘲弄人了。在这里，传统道德露出了最丑恶的一面，无数美好动听的道德辞藻变成无比滑稽可笑的道德官腔。道德在很大程度上成了人们手中的钱币和赌牌。人们在强大的舆论面前对道德可以俯首帖耳，但一有机会就可以对道德玩世不恭。多少道德高人不知不觉地从热爱道德走向了玩弄道德，并且一代接着一代玩弄着。热爱道德是假，玩弄道德是真。

大量记载于正史和为无聊文人鼓吹的道德举动，虽然符合虚伪的仁义道德，但对真正的道德来说却是非人道的。例如，郭巨埋儿可以解释为孝，张巡杀妾可以解释为忠，女性裹脚可以说成顺，寡妇再嫁可以视为淫，把对人的压迫说成尽本分，把对人的残酷剥夺说成教化帮助等等。"真诚无欺"的道德竟成了谦谦君子的衣食饭碗，"成为杀人的口实"[2]，这实在有点滑稽。

中国历史的残酷血腥，政治仕途的无情无耻不断地展示出传统真诚观念背后的虚伪性。在中国古代"二十四孝"中的"老莱子娱亲"，说的是，一个七十余岁高龄的老人装成三岁小儿在地上打滚，为的是逗乐他那九十余岁的老父，这被认为是尽孝。这种尽孝的方式，真诚吗？这里，不仅没有真正的真诚，反而是故作天真式的虚伪。或者说真诚得不仅肉麻而且变态。这就像"文革"当年把领袖像章别在肉体上当众炫耀"真诚"，今天只能算是虚伪而成为被嘲笑的对象一样。中国人强调真诚又不愿意正视真诚的虚伪性，结果既做不到真诚，也逃脱不掉虚伪的结局。真诚不是天生的，而是做到的（人为的），不能把真诚当做固有的本性，而应当作追求的目标和理想。与虚伪（人为）完全隔绝

---

① 《焚书》卷一.《答耿司寇》。

② 刘再复、林岗：《传统与中国人》，安徽文艺出版社1991年版，第268页。

的真诚是没有的。与虚伪(人为)完全隔绝的真诚本身就是虚伪。真诚只能是面对多种多样的诱惑而在创痛酷烈的自我否定中实现。承认自己不真诚,这本身需要极大的真诚。人们以为"赤子之心"是真诚的楷模,天真的儿童不会说谎,这全是神话。只会说谎是骗子,不会说谎是愚笨,不愿说谎才是诚实。真正的真诚是在意识到这种真诚有可能是虚伪的时候才产生的。真诚是一种表演。只有意识到自己在表演真诚的人,才能真正变得越来越真诚。为什么中国传统真诚观念会导致普遍虚伪和自欺?邓晓芒解释说:"当人们大讲绝对的真诚时,他们能做到的,充其量是一种表演;但他们在理论上否认这种表演,甚至根本没有意识到自己在表演;他们拼命想要截断演员和角色、和他的面具之间的有机关联。然而,当他们自以为由此而成了一个纯然内在本真的'圣人'时,他们恰好事实上成了一个纯然外在虚假的'假人'。"①仁义道德显然远远没有人们想象的那样美好。实际上仁义在伪善者那里只是门面上的装饰,在窃国者那里只是屠刀上的点缀。《庄子》说:"窃钩者诛,窃国者为诸侯,诸侯之门而仁义存焉。"涂抹在圣贤偶像上的道德油漆剥落了,圣贤的神圣性受到极大挑战。

三、伦理之反道德性

中国号称"礼仪之邦",伦理学在中国古代一直就是显学。自称"道德渊薮"的中国,自古以来,圣人教化不绝于耳。按理说,中国人即使不能"人人是尧舜"、"满街是圣人",至少也应该有很好的道德境界,发达的道德修养,自觉的道德意识。可是,恰恰相反,从孔子开始,历代思想家们几乎从未间断地沉溺于道德颓势的挽救中,结果还是惊呼道德一代不如一代。这是中国历史掩饰不住的怪现象。甚至时至今日,我们依然为道德滑坡所困惑。

"我翻开历史一查,这历史没有年代,歪歪斜斜的每页上都写着'仁义道德'几个字。我横竖睡不着,仔细看了半夜,才从字缝里看出字来,满本都写着两个字是'吃人'!"②在鲁迅看来,正是仁义道德在不知是日是夜的社会造就了不知是人是鬼的食人君子。

> 中国人强调真诚又不愿意正视真诚的虚伪性,结果既做不到真诚,也逃脱不掉虚伪的结局。

---

① 邓晓芒:《灵之舞——中西人格的表演性》,东方出版社 1995 年版,第 32 页。

② 《鲁迅全集》第 1 卷,人民文学出版社 1981 年版,第 425 页。

国学经典藏书

三国志

一西晋·陈寿 著

鲁迅这道破礼教吃人之天机的名论，几乎中国读书人都读到过。仁义道德真的会吃人吗？至少鲁迅的"狂人"在"仁义道德"背后清清楚楚地看到了"吃人"二字。以打倒"孔家店"闻名的吴虞在他那响彻云霄的《吃人与礼教》中也尖锐地指出："我们如今应该明白了！吃人的就是讲礼教的！讲礼教的就是吃人的呀！"①也许，礼教道德真的吃人。

为什么会这样？这得从中国古代伦理自身说起。中国古代伦理学立足于宗法人伦，建基于自然血缘亲情。梁漱溟指出："吾人亲切相关之情，发乎天伦骨肉，以至于一切相与之人，随其相与之深浅久暂，则莫不自然有其情分。因情而有义。父义当慈，子义当孝，兄之义友，弟之义恭。夫妇、朋友、乃至一切相与之人，莫不自然互有应尽之义。伦理关系，即是情谊关系，亦即是其相互间的一种义务关系。"②儿子对父亲的孝敬、父亲对儿子的慈爱，绝不是基于对方具有独立的人格、尊严，而仅仅是因为父、子之间有自然天定的血缘关系，非如此不可。中国人之所以认为"百善孝为先"就是因为父母是产生血缘关系的原点。中国伦理之所以特重家庭，就是因为家庭是血缘关系的根基。这样一来，人与人之间不是人格平等的独立个体之间的关系，而仅仅只是一种义务关系，道德完全成了尽义务，并且是尽一种从出生之日起就命中注定了的不得不认认真真地去尽的义务。由此可以推论，没有血缘关系也就没有义务关系，因而也就没有道德关系。曹丕和邴原有过一个对话。曹丕问："君父各有笃疾，有药一丸，可救一人，当救君耶？父耶？"邴原悖然对曰："父也。"③这完全是从血缘亲疏来做伦理取舍和道德判断的。所以《孝经》说："不爱其亲而爱他人者，谓之悖德。"中国人对于那于己有"不杀之恩"或"救命之恩"的人是一定要图报答的，这种恩人常常也被叫做"再生父母"。有恩不报就是不仁不义。实际上，这还是从变化了的自然血缘立场来考虑的。因为恩人与自己的父母一样，同样给了自己

"我翻开历史一查，这历史没有年代，歪歪斜斜的每页上都写着'仁义道德'几个字。我横竖睡不着，仔细看了半夜，才从字缝里看出字来，满本都写着两个字是'吃人'！"

① 《新青年》第6卷第6号。
② 梁漱溟：《中国文化要义》，学林出版社1987年版，第79-80页。
③ 《三国志·魏书》卷八"邴原传"注引"原别传"。

一条生命、一个身体。

朱熹说:"百行百善总于五常,五常又总于仁。""仁"显然是中国传统文化中最高的道德范畴。而"仁"就是立足于自然的"亲亲之爱"和伦常之情的。"仁"以血缘关系为基础,在纵的方面表现为父子关系(孝),在横的方面表现为兄弟关系(悌)。《论语·学而》强调:"其为人也孝悌,而好犯上者,鲜矣。不好犯上而好作乱者,未之有也。君子务本,本立而道生,孝悌也者,其为人之本欤?""弟子入则孝,出则悌,谨而信,泛爱众,而亲仁。"《论语·泰伯》说:"君子笃于亲,而民兴于仁。"《孟子·尽心上》指出:"孩提之童,无不知爱其亲也;及其长也,无不知敬其兄也。亲亲仁也,敬长义也。"《孟子·离娄上》还指出:"仁之实,事亲是也。"显然,强调血缘亲情是"仁"的一个基础含义。然而,只要立足于血缘亲情,仁就不可能具有绝对的超验性,就只会成为经验之物、相对之物。孟子反驳墨子的兼爱学说,认为兼爱违反了人伦原则,必导致无君、无父。这恰好从反面证明,"仁者爱人"绝非是普遍的。既然亲有厚薄之分,那么就只能形成不同层次的道德空间。仁爱也只能是差等之爱。费孝通在《乡土中国》中对这"差序格局"作了详细的描述:"我们社会中最重要的亲属关系就是这种丢石头形成同心圆波纹的性质。……这个网络像个蜘蛛的网,有一个中心,就是自己。我们每个人都有这么一个以亲属关系布出去的网,但是没有一个网所罩住的人是相同的。……以'己'为中心,像石子一般投入水中,和别人所联系成的社会关系,不像团体中的分子一般大家立在一个平面上,而是像水的波纹一般,一圈圈推出去,愈推愈远,也愈推愈薄。在这里我们遇到了中国社会结构的基本特性了。我们儒家最考究的是人伦,伦是什么呢?我的解释就是从自己推出去的和自己发生社会关系的那一群人里所发生的一轮轮波纹的差异。'释名'于伦字下也说'伦也,水文相次有伦理也'。……伦重在分别,在礼记祭统里所讲的十伦,鬼神、君臣、父子、贵贱、亲疏、爵赏、夫妇、政事、长幼、上下,都是指差等。'不失其伦'是在别父子、远近、亲疏。伦是有差等的次序。……其实在我们传统的社会结构里最基本的概念,这个人和人往来所构成的网络中的纲纪,就是一个差序,也就是伦。"①

既然仁爱以远近亲疏之血缘秩序为内在尺度,肯定就有人被排除在仁爱的光照之外。如何能达到"视天下为一人"的普遍性就始终是一个问题。如果

中国古代伦理学立足于宗法人伦,建基于自然血缘亲情。

① 费孝通:《乡土中国》,三联书店1985年版,第23—25页。

仁爱能惠临每个人，除非全世界的人都有共同的血缘关系。这是不可能的。所以，仁爱至多是亲情主义，难以及于人人。孙中山在《社会主义之派别及方法》中就指出："我国古代，若尧舜之博施济众，孔丘尚仁，墨翟兼爱，有近似博爱也者。然皆狭义之博爱，其爱不能及于人人。"由于没有普遍性，一部分人的所谓道德满足必然以牺牲另一部分人的利益甚至生命为代价。既然是"己欲立而立人，己欲达而达人"，那么别人难免不会成为实现自我价值和生命的工具。要达到真正的仁义，恐怕先得否定自然的"亲亲"原则，建立起普遍的道德原则。这是中国古代伦理学不可回避的问题。否则，只能是始于"仁者爱人"，终于"仁者吃人"。

其实，在孔子提出仁义道德的那个年代，老庄就对这种道德的道德性颇为怀疑。在老子看来，仁义道德不仅不能带来一个道德的社会，而且正是产生虚伪、混乱的缘由。《老子》第三十八章说："上德不德，是以有德；下德不失德，是以无德。上德无为而无以为，下德为之而有以为，上仁为之而无以为，上义为之而有以为，上礼为之而无应之，则攘臂而争之。故失道而后德，失德而后仁，失仁而后义，失义而后礼。夫礼者，忠信之薄也，乱之首也。前识者，道之华，愚之始也。是以大丈夫处厚而不居薄，处实而不居华，故去彼取此。"《老子》第十八章又说："大道废，有仁义；智慧出，有大伪；六亲不和，有孝慈；国家昏乱，有忠臣。"因此，他主张"绝圣弃智"、"绝仁弃义"、"绝巧弃利"。庄子同样对仁义道德提出了质疑。他说："骈拇枝指，出乎性哉？而侈于德。附赘悬疣，出乎形哉？而侈于性。多方乎仁义而用之者，列乎五藏哉？而非道德之正也。性长非所断，性短非所续，无所去忧也。意仁义其非人情乎？彼仁人何其多忧也。且夫待钩墨规矩而正者，是削其性也。待绳约胶漆而固者，是侵其德也，屈折礼乐，俞仁义，以慰天下之心者，此失其常然也。常然者，天下诱然皆生而不知其所以生，同焉皆得而不知其所以得。故古今不二，不可亏也，则仁义又奚连连如胶漆纆索而游乎道德之间为哉！"

怀疑仁义道德的道家自己的伦理学又怎样呢？道家认为，"道''是生命本然，道的生命本然的显现关键在于"见朴抱真"、"复归于朴"。道家所设定的快乐乃是所谓天乐。天乐是什么？《庄子·大道》说："与天和者，谓之天乐"，"知天乐者，其生也大行，其死也物化……无天怨，无人非……以虚静推于天地，通于万物，此之谓天乐。"显然，天乐不过是生命的自然顺化。道家要做"真人"，真人是什么样的？真人就是"大泽焚而不能热，河汉沍而不能寒，疾雷破山飘

我们社会中最重要的亲属关系就是这种丢石头形成同心圆波纹的性质。……这个网络像个蜘蛛的网，有一个中心，就是自己。

风振海而不能掠"①的东西。这不就是石头吗？真人就是石头，真人与石头一样古老质朴，一样无心无肠。没有心（"吾丧我"）也就丧失了情，丧失了情（"心如死灰"）当然就"与万物合而为一"了。这不就是返回自然性吗？"真人"真实得除了本然生物性的原生命外一无所有。这算什么真人？庄子的超然境界就是恬淡、麻木和无所谓，即《德充符》所说的："有人之形，无人之情。有人之形故群于人。无人之情，故是非不得于身。眇乎小哉，所以属于人也；謷乎大哉，独成其天。""真人"看上去像人，其实是物；作为人十分渺小，作为物才与大自然合一。不管道家对现实世界的人的"异化"状态多么不满，其实它最终还是使人返回到了人的本质的异化状态——自然性。至此，我们发现老庄的伦理学并没有提供给我们一个比孔子更好的道德世界，这里同样没有生命的颤栗和意志的自由。刘小枫指出："道家精神的出发点是对事实世界的残酷、虚妄、丑恶的反动，但它引向的并非是一个更高的价值世界，而是植物性、生物性（'足以养其身'、'终其天年'，保身、全生、养亲、尽年）的世界。……肯定道家的路向，就意味着肯定在任何不幸的境遇中，人都有理由返回到另一种非人性状态，排除爱和善的价值意义，使整个世界陷入另一种虚无。把价值等同于自然就无所谓价值。"②19道德世界不同于自然世界，自然生命无法为人的存在提供价值尺度。道德状态本身就意味着人对自身的自然状态的超越。传统伦理以血缘关系为依据或回返自然性，这就等于取消了道德的超越功能。血缘关系的有限性和自然世界的自私性使传统伦理无法扩展为绝对的神圣法则，起码在逻辑上不能避免某些人被排斥在价值关怀之外，不能保证道德的普适性。传说，有这样的一副对联："百善孝为先，论心不论事，若论事，天下无孝子；万恶淫为首，论事不论心，若论心，世上无完人。"我们在惊叹中国人深得具体问题具体分析之神髓之余，又切实感受东方智慧中的相对主义的圆滑：此亦一是非，彼亦一是非。然而道

要达到真正的仁义，恐怕先得否定自然的"亲亲"原则，建于起普遍的道德原则。

① 《庄子·齐物论》。
② 刘小枫：《拯救与逍遥》，上海人民出版社1988年版，第241页。

德的绝对命令在于："不论做什么，总应该做到使你意志所遵循的准则永远同时能够成为一条普遍的立法原理。"①道德相对主义的最终结果必然是反道德主义或道德虚无主义。

儒家与道家虽各自强调"修身养性"或"坐忘"之不同修养方式，但最终都是要回复到人的自然淳朴的本性。而这自然的原始天真状态本身丝毫不具有道德善恶的性质，因为这时的人还没成为真正的人。如果以自然生命为根据来把握人，那就不可避免地把人的存在降低到植物性和生物性层次上去。而在生物世界，弱肉强食、血缘亲疏、自私自利是唯一的通行证，怎么也不可能建立起"公正"、"普遍"的伦理学。事实上，中国人大谈仁义道德，却很少讲公德与公正。"公正"的伦理学只能建基于自由世界，普遍伦理只能以坚持个体的自由和人格的独立为前提。离开了公正，道德就会是自私的，走向道德相对主义，从而在实际上成为为私欲张目的不道德与反道德的东西，即人们平常所说的那种虚伪的假道学。中国历史上有那么多的道德条目（如"三从四德"、"三纲五常"），为什么"那最终归宿，却恰好是'非道德'"②？中国传统文化以道德为其核心，为什么却偏偏没有道德学？吃人的主题为什么恰恰是中国道德文化中颇有概括力的主题？这是因为中国道德文化传统排斥个体观念，贬低人的价值，无视人的尊严，缺少一个道德赖以建立的根基——自由意志。自由意志本身虽不是一条道德规范，但它却是一切道德之所以能够成立的前提。中国传统道德正由于把自由意志排除于道德之外（或顶多置于既定道德之下），从而导致了道德根基的遗失，导致了这个道德传统的非道德化。没有自由意志，结果"伦理成了褪色的抽象画，道德变成有力者口头虚饰的修辞学。于是，任何实际反道德的人，可以毫不费力的篡夺道德的尊严；任何恶行者，可以化装成普渡众生的活佛。"③

道德所调节的是个体内在的生命秩序。道德建基于个体的意志自由，道德的发展与实现的方式是个体的，是自律的。道德的基础是自律。而传统伦理观念从根本上说是以他律为基础的，只是具有自律的表现形式。中国古代伦理学之所以走向贬低人、压抑人、剥夺人的非道德结局，并非由于圣人先哲定下来的道德未曾推广，并非由于中国人的"修身"、"克己"、

我们在惊叹中国人深得具体问题具体分析之神髓之余，又切实感受东方智慧中的相对主义的圆滑。

① [德]康德：《实践理性批判》，韩水法译，商务印书馆1962年版，第30页。
② 邓晓芒：《灵之舞——中西人格的表演性》，东方出版社1995年版，第20页。
③ 林正弘编：《中国文化的展望》下，台北桂冠图书股份有限公司1990年版，第690页。

"去欲"的功夫未到家,而是由于伦理学本身失去了坚强基石:独立人格。不能站在独立人格的坚强基石上,结果传统伦理走向了畸形的、荒唐的伪善。"二十四孝图"、"妇女节烈"、"女性缠足"、"郭巨埋儿"、"曹娥投江"都是畸形道德的典型。显然,畸形道德是建立在践踏人的生命、尊严、价值即践踏人的人格基础上的。道德君子们干着惨无人道的行为时,很可能觉得自己就是道德的,一面残贼生灵还一面以为为自己的民族做了一件丰功伟业。因为自己没有独立人格,别人也当然不是人,所以大量非人道和反人道的行为才居然可以堂而皇之贴上道德的标签。鲁迅在《我之节烈观》中展开批判的也正是荒唐的畸形道德。旧中国的道德君子以妇女"节烈"为最高道德,然而,鲁迅站在尊重人的生命和尊严的制高点上,发现那些道德君子正是凶恶的"杀人团",是最不道德的"杀人团"。在鲁迅的眼里,儒家的道德谱系都不过是"以残酷为乐",把"幼者"作为"长者的牺牲"的"畸形道德"。另有学者指出:"在历史实践中,正是传统的伦理学助长了私人本位意识:不断的'修身',正唤起人们对'身'的无穷兴趣,和对私人利益的追逐。'己身'恰像皮球,伦理学愈借助道德规范的力量压抑它,打击它,它反而由于这种力量弹得越高。在好的情况下,这种伦理学顶多能培养出一些'独善'的人物;在坏的情况下,满口仁义道德,恰恰助长男盗女娼。而无论哪一种情况,都浸透着强烈的私人本位意识。国民性的卑劣,证明着传统伦理学的失败和破产,它实际上并没有完成它企图完成的塑造健全性格的目标,相反却引出了病态性格。"[①]中国历史竟是这般戏剧化——人们不断地企求道德的指示,企图通过扬善贬恶使社会和人生都臻于一个理想的境界,但所有这些努力几乎都成为泡影,道德在实际运用中往往走向它的反面,结果导致了冷漠、自私、虚伪的国民性格。

道德相对主义的最终结果必然是反道德主义或道德虚无主义。

———————

① 刘再复、林岗:《传统与中国人》,安徽文艺出版社1991年版,第414页。

四、为己之无我性

《论语》有一句话说的是"古之学为己",儒学也因此被称之为"为己之学"。杜维明说:"在儒家人文精神里,第一个最基本的信念和看法即'为己之学'。"①的确,中国文化具有明显的内倾精神,主要探讨自己行为的规范,而不积极激励人去对外部世界作出系统的了解,很少或几乎不探讨自然的问题。中国古代学术的重心在人伦上,或者说在如何修身养性以成圣人上。以至有人认为,中国古代"为己之学"也可称心性之学或身心性命之学。这种为己之学特别强调内心自觉、洁身自好、向内用力,强调圣人境界可以通过自身的努力而完成。在儒家看来,如何成为圣人绝不是一个技术问题而是一个自我修养问题,不是一个外在的过程而是一个内在的自我转化的问题,不是一个客观的目标而是一个自我的实现。成圣的最终基础和实际力量存在于人的本性中,成圣的道路就是一个以此时此地的人的存在状态为出发点的持续不断的自我转化过程。就此而言,好像中国传统伦理观念特别尊重人,特别重视人的主观能动性的发挥。其实,这只是表面现象。

本质上看,尽管传统文化有"人为万物之灵"、"人与天地参"的说法,但并不真正重视"个人"和"自我"。在中国传统伦理观念里,几乎没有"我"的空间。这可从"为己之学"提供出来的做人原则和做人方法两方面进行分析。

就做人的原则看,传统伦理观念强调人是道德的动物,因此应该按道德行事。古人说:"人者,天地之心也"、"天地之性人为贵"。为什么宇宙天地间人为贵?当然是因为人有道德,讲伦理。《礼记·曲礼上》曰:"人而无礼,虽能言,不亦禽兽之心乎?"《孟子·滕文公下》曰:"无父无君,是为禽兽也。"然而,问题不仅在于指明道德是人与动物的分界点,更在于指明把人与动物区分开来的是什么样的道德。只有建立在自由意志之上的道德才是真正的道德,才能带给人生自由的欢愉。从这一点看,如前所说,中国传统的道德恰恰是反道德的。因为传统道德缺少一种真正的道德所赖以建立起来的自由意志前提,它根本不体现为对于人的尊严、自由的守护与尊重。儒家将自由等同于服从社会法则因而取消了自由,道家将自由等同于服从自然规律因而取消了自由。

---

① 杜维明:《儒家传统的现代转化》,中国广播电视出版社 1992 年版,第 390 页。

所以,道德在传统中国只不过是与现实的具体的人的感性生命和情感活动相对抗的抽象教义,是超出自由意志之外的他律原则,是一套立足于宗法血缘亲情而建立起来的三纲五常、三从四德等礼制秩序。由于礼在传统中国不是用来培养人际真情,而是确认个人在人伦网络中所处的位置,因此对礼的体认导致个人永远是被规定的对象,永远消融在贵贱有差、尊卑有等的名分之中。"中国的圣贤先哲所构筑的那套礼治秩序,恰恰不是为了人的尊严与自由?反过来是压抑和抹杀人的自由与个性。事情就是这样有点不可思议,由承认人的尊贵性为逻辑起点的礼治文化,恰好完成对人的自由与个性的最大限度的损害。礼治秩序对社会中的个体实现了精心巧妙的组织与确定,然而可惜的是它对个体的组织与确定,不是让他们最大限度地发挥生命的潜能,不是让个体自我负责地实现生命的过程。相反却把个体'长幼有序'地固定化,使其身在其中而不能动弹,没有个性的出路。"①鲁迅严厉指出,中国的礼教不是教人活着,而是教人死掉,是通过一种循循善诱的方式教导吃人和被人吃。也许还要让吃人者和被吃者感到有胃口。结果竟然是:按照道德行事就是接受道德的奴役,天理成了杀人的武器。为己之学从"人为贵"出发,竟然酿成惨绝人寰的"以理杀人"悲剧,这多少有些出乎意料。

就做人的方法看,传统观念强调修养,强调以道德之心制服肉体之身。孔子主张"内省吾身",曾子主张"吾日三省吾身",孟子主张"养心",荀子主张"以道制欲",墨子主张"必去喜,去怒,去乐,去悲,去爱,去恶,而用仁义"②,子思主张"君子慎其独",……都是强调人必须克制自己的私欲,用内在的心性之理去排除个人欲念的干扰。对于儒家来说,个人修身不是终极目的,最终的目的是齐家治国平天下。这就是儒家的内圣外王学说。梁启超说:"'内圣外王之道'一语,包举中国学术之全体,其旨在于内足以资修养而外足以经世。"③内圣外王学说包括内在伦理修养论和外在政治论两个部分。前者即仁学或内圣之学,后者即礼学或外王之学。在二者之间,内圣只占时间之先,外王才是逻辑之先。所以,个人修养只是手段,个人要以张载所说的"民胞物与"的博大胸怀和宇宙意识,承担起巨大的社会责任感和庄严的历史使命。这样,个人人格的完成便被置于完成政治使命的背景之下,人的价值最终归结为对

只有建立在自由意志之上的道德才是真正的道德,才能带给人生自由的欢愉。

---

① 刘再复、林岗:《传统与中国人》,安徽文艺出版社1991年版,第154页
② 《墨子·贵义》。
③ 《论语考释》中之《庄子天下篇释义》。

社会和他人的贡献。而这恰恰忽视了人作为主体而非客体、作为目的而非工具的根本价值。由儒学所激发出来的个体意志实际上又被儒学以一种必然的规定导入王道政治的规范之中。个体意志的自足实际上是不自足;个体人格的绝对价值实际上只是工具价值。刘小枫指出:"先儒诸贤说了那么多激荡人心的人格意志的活,结果可能等于零。个体人格的自足意志就是做孝子的意志,做忠臣的意志;济世为民的高尚意志就是忠君报国的集权意志;实现个体人格的价值目的变为实现'君'、'国'意志的有效手段;个体人格至上蜕变成为君王至上、国家至上,等等,这难道不令人拍案叫绝?"[1]传统儒家以维护大一统国家的统治阶级的需要取代了个体生活中丰富多彩的尤其是保持独立人格的需要。个体失去了自身的价值,变成了仅仅是君主实现个人目的的手段。尽管它竭力论证伦理以人的自觉意识为基础,而实际上却使每个人都丧失独立人格,仅仅为他人活着,对他人负责,尽片面的义务。它使民成为君的附属品,子成为父的附属品,妻成为夫的附属品。全天下之男女,或为臣、或为子、或为妻,而不见有一独立自主的"我"。可见,在儒家那里,修养成圣的过程就是把自我交给社会和政治的过程,就是取消自我的过程。

在修养上,道家主张通过"致虚"、"守静"、"坐忘"、"心斋",以恢复人的自然本性的平静和谐,达于"从心所欲不逾矩"或"率性"的境界,达于一抹平的清静和虚静。《庄子·在宥篇》借广成子的话说明了怎样可以达到这种境界:"无视无听,抱神以静,形将自正。必静必清,无劳汝形,无摇汝精,乃可以长生。目无所见,耳无所闻,心无所知,汝神将守形,形乃长生。慎汝内,闭汝外,多知为败。"只要目有所见,耳有所闻,心有所想,就会魂不守舍。达于虚静,最好是关闭与外物的所有通道,让自己一团混沌。这就是《老子》二十章所说的

鲁迅严厉指出,中国的礼教不是教人活着,而是教人死掉,是通过一种循循善诱的方式教导吃人和被人吃。

---

[1] 刘小枫:《拯救与逍遥》,上海人民出版社1988年版,第104-105页。

"俗人昭昭,我独昏昏;俗人察察,我独闷闷"。老子特别喜欢把无知无识、若愚若昏的状态比作婴儿,并以为这才是修养达到的很高境界。《老子》十章说:"专气致柔,能如婴儿乎?"《老子》二十八章说:"常德不离,复归于婴儿。"《老子》四十九九章说:"圣人皆孩之。"《老子》五十五章说:"含德之厚,比于赤子。"《庄子·齐物论》借南郭子綦的寓言,树立起一个形如槁木、心如死灰的体道之士的形象。在庄子那里,往往只有肢体残缺的人才能达到那种修养的境界。形体健全者,汲汲于用世,四处奔走,当然就难以体道;形体残缺者,用世不成,收束自己的心智与欲求,专志于内心冥想,结果反能促成精神生命的健全,达到生死一如、是非平齐的境界。可见,道家的修养过程是一个逐渐包容万物,臻于"物化"的过程,是寻求自我结构与人的自然结构与宇宙结构合为一体的过程。当自我最终与宇宙这个伟大的自我达到合一之时,自我也就被破除或成为空无。有人认为:"道家看重的是个人生命的存在和人性自然的维护。他们抨击君主,鄙弃物欲,诋毁文明,为的是个体价值的实现,独立人格的保持。他们不仅没有国家观念,也没有宗法家族观念,反而以国家、家族为累,要摆脱其对人性自然的束缚"、"老子是以个体的精神自由为追求,而不以天下国家(群体)为重的。"①说道家看重自然人性、自然生命的维护,倒是真实的;但说道家有个体价值、独立人格观念,似乎过誉。

儒家把个人"自觉地"消融于人与人的礼法伦常关系,道家则把人与人的伦理关系还原为天地万物的自然关系("道")。无论儒家还是道家。他们的理想人格都建立在群体意识之上,从而没有独立性、个体性。如果说,儒家通过修身让社会人伦之网吞没了个体,那么道家通过修身则让自然天地万物吞没了个体。儒家道家的修身都不是使人完成他的个性,而是使人牺牲他的个性,使人将自己最深层的个体意识遮蔽起来。"为己"在孔子那里就是要"至圣";在道家那里就是要"至道",但至圣和至道最终都通向无我。这也许就是所谓儒道互补吧。通过修身养性,中国人变得不思进取,不尚竞争,不出风头,内向含蓄,木讷拙朴,少年老成,总之,变得没有个性,没有人格。梁漱溟说过,中国文化的最大偏失在于个人永远不在它的视野之内。儒家把"我"看得"鄙贱";佛道把"我"看得"空无"。表述虽各不相同,但都鄙视独立人格,取消自我意识。如果说中国传统有什么自我意识的话,那就是意识到自己的无意识;如果说中国传统有什

在儒家那里,修养成圣的过程就是把自我交给社会和政治的过程,就是取消自我的过程。

---

① 李宗桂:《中国文化概论》,中山大学出版社1988年版,第145页。

么独立人格的话,那就是自觉地扼杀自己的个性,坚持自己的无人格。正是在这个意义上,可以说,传统文化的为己之学的最高境界恰是"无我之境"。

西方人没有什么为己之学或心性之学,但西方人通过自然哲学的研究反观自己本身的生存问题时,同样建立了某种意义上说也许更实用、更着眼于指导自己的现实生活的人生哲学。并且这种人生哲学反而反思到了人身上非自然的、精神性的能动本性,展示出了一个在中国传统文化视域里往往被人的自然天性遮蔽住了的超自然性。而中国人一开始就以人生实用的学问作为自己的安身立命之本,只承认直接讨论人心、人性的"心性之学"是人生哲学,自然哲学根本就没有位置。但由于中国人是从人的自然本性出发来建立人生哲学,这种人生哲学所要解决或所能解决的,却只是自然的人或人的自然性问题,由此而提出的忠、孝、仁、义等个人美德和"诚、正、格、致、修、齐、治、平"等社会理想,就其根基而言,不能超出人的血缘亲情、天理天道、大道自然的范围。从这点看,中国的人生哲学反而颇有点像自然哲学,恰恰缺乏真正的人学味道。这就是邓晓芒所说的:"我们几千年来都在讨论人'应该'是怎样的,人生的最高境界应该是什么,但却很少讨论人实际上是怎样的,或者即使讨论到这一方面,也只是用来反衬那人生'应该'的理想模式之崇高伟大,总是具有'警世'或'揭露现实的黑暗'的意义。然而,这一理想模式的崇高伟大之处,在传统哲学看来,恰巧在于它对一切现实人生、对人的活生生的生命活动的殄灭和抹杀,最终将其归结为一种平板的、没有任何个人可以凸现出来的'天平'的宁静,实际上是一种虚无之境和寂灭之境。这种恬淡的、超越现实生活的境界,勿宁说是一种非人的和无人的'自然'境界,这种人生哲学,不如说是一种否定人的人生哲学。"[①]中国的为己之学或人生哲学起于对人的主观能动性的关注,终结于对主观性、主体性的泯灭,恰是一种否定人的人生哲学。中国的为己之学的先决条件是无我、克己。这实在是有点悖理和荒谬。

五、平均之非平等性

中国人有浓厚的平均主义意识,对平均主义充满了依恋喜爱之情。这种平均主义在人性论上体现为博爱主义。所谓"老吾老以及人之老,幼吾幼以及

无论儒家还是道家。他们的理想人格都建立在群体意识之上,从而没有独立性、个体性。

---

① 邓晓芒:《人之镜——中西文学形象的人格结构》,云南人民出版社1996年版,第84页。

人之幼"（孟子）、"亲近来远，同民所欲，则仁恩达矣"（董仲舒）、"博爱之谓仁"（韩愈）、"爱必兼爱，成不独成"（张载）、"先天下之忧而忧，后天下之乐而乐"（范仲淹）、"天下兴亡，匹夫有责"（顾炎武）、"仁者在天为生生之理，在人为博爱之德"（康有

为）等，表达的都是这种博爱主义情怀。然而，在中国传统社会，无差别的普遍平等的爱根本就不存在，有的只是亲亲有序、尊贤有等。在"推己及人"背后隐藏的是等级秩序、爱有差等和亲疏远近。所以孟子主张"老吾老以及人之老，幼吾幼以及人之幼"的同时，又把墨子视人之父若己之父的学说斥之为"无父"。张载在《西铭》中提出"民胞物与"，认为天地是人和万物的父母，众人是我的同胞兄弟，万物是我的同伴，颇有泛爱主义色彩。可他接着又强调："大君者，吾父母之宗子；其大臣，宗子之家相也。"可见，他的"爱"内蕴着宗法等级观念。事实上，正是这位张载把宗法等级视为天理的根本秩序。在《经学理窟·宗法》中他说："宗子之法不立，则朝廷无世臣。……宗法若立，则人人各知来处，朝廷大有所益。"在《经学理窟·礼乐》中他又说："天生之物便有尊卑大小之象，人顺之而已，此所以为礼也。"

在古代社会，博爱一直是君臣父子夫妻之间的等级关系的必要补充和必然伴随物，是建立在等级观念上的民本思想的合理延伸。这也就不奇怪，为什么正是博爱主义者构成了一支阵容强大的等级制理论家队伍，制订出"三纲五常"一类精美的等级制纲领，写出《周礼》、《礼记》、《仪礼》这样的等级制经典著作。博爱依靠等级秩序中上对下的恩赐，依靠绝对的等级权力，同时又为等级披上一件闪闪发光的外衣。而等级观念越成熟，博爱就越难落实。博爱越不落实，等级权力就越巩固。显然，博爱主义与等级观念相互需要。有了这相互需要也就有了世界上最荒谬的二律背反：越强调博爱，每个人享受实际的爱的权力就越被剥夺和取消。结果，在中国古代，博爱成了统治者做仁君、施仁政的装饰品，成了空洞的许愿和抽象的说教，没有任何实际内容。鲁迅曾悲

如果说中国传统有什么自我意识的话，那就是意识到自己的无意识。

叹:"中国的社会,虽说'道德好',实际却太缺乏相爱相助的心思。"①传统社会,人人都讲博爱,其实却是一个"无爱的人间",因为"博爱"是以牺牲人的生命、抹杀人的人格为前提的,是一种没有"人"的爱。实际上,自从孔夫子提出"爱有等差"以来,自由燃烧的爱的火焰就在中国人心中被窒息了。鲁迅愤怒地断言——"中国人永远是看客",这算是看破了中国仁爱、博爱背后的自保心理。所以《增广贤文》有"人情似纸张张薄"的沉痛悲叹,社会有"各人自扫门前雪,休管他人瓦上霜"、"人不为己,天诛地灭"的说法。

平均主义在经济上要求消灭私产、平分财富。《论语》说:"不患寡而患不均,……均无贫。"《平书订·财用》说:"均也者,均上下,均有无,均出入也。"康有为专门撰写了《大同书》,认为:"今欲至大同必去人之私产而后可。凡农工商之业,必归之公。"②"使天下之工必尽归于公,凡百工大小之制造厂、铁路、轮船皆归焉,不许有独人之私业矣。"③《天朝田亩制度》把经济上的平均主义推向极致:"凡分田照人口,不论男妇。算其家口多寡,人多则分多,人寡则分寡,杂以九等,如一家六人,分三人好田,分三人丑田,好丑各一半。凡天下田,天下人同耕,此处不足则迁彼处,彼处不足则迁此处。凡天下田,丰荒相通,此处荒,则移彼丰处以赈此荒处,彼处荒,则移此丰处以赈彼荒处,务使天下共享天父上主皇上帝大福,有田同耕,有饭同食,有衣同穿,有钱同使,无处不均匀,无人不饱暖也。"通俗化的理解,经济上的平均主义就是"有饭大家吃"。这种平均主义在历史观上体现为原始共产主义的大同理想。《礼记·礼运》说:"大道之行也,天下为公,选贤与能,讲信修睦。故人不独亲其亲,不独子其子。使老有所终,壮有所用,幼有所长,鳏寡孤独废弃者,皆有所养。男有分,女有归。货恶其弃于地也,不必藏于己;力恶其不出于身也,不必为己。是故谋闭而不兴,盗窃乱贼而不作。故外户而不闭,是谓大同。"这是一种小农经济基础上产生的农业社会主义空想。小农经济社会的平均主义理想如果真得实现,从结果上看倒是很平均,可是并不平等,也不公平。因为它压抑了许多人的创造个性、自由意志,它以结果上的平均代替了起点上的平等。小农经济的平均主义其实是以形式上的平等掩盖着实质上的不平等。这和现代社会的平等意识有原则区别。现代社会要求的不是结果上的平均而是起点上的平等。现代平

① 《鲁迅全集》第1卷,人民文学出版社1981年版,第137页。
② 康有为:《大同书》,辽宁人民出版社1994年版,第240页。
③ 康有为:《大同书》,辽宁人民出版社1994年版,第246页。

等观念强调,社会应在尊重主体人格和创造个性的前提下为人们参与竞争提供均等的机会,并鼓励他们在自由竞争中发挥自由意志和个人才能,以创造最大财富。

　　正是在平均主义的中国,到处都是等级特权,没有平等权利。宗法制度的基本精神就是以宗子为中心,按血缘关系的远近来区别亲疏贵贱,规定出人生来具有的等级秩序。等级制将人区分为尊者和卑者。程颐《程氏易传》曰:"上下之分,尊卑之义,理之当也,理之本也。"《朱子语类》卷六八曰:"君尊于上。臣卑于下,尊卑大小,截然不犯。"所谓"劳心者治人,劳力者治于人",所谓"君子治野人,野人养君子",都是特权观念。中国官吏享有一系列特权。比如"恩荫"做官的特权,官愈大荫人就愈多,荫的官就愈显赫。宋代的皇亲国戚,达官贵人一家竟然可荫官一、二十人,就连未出生的婴儿也可以托庇父祖的"树荫"。官吏犯法享有减罪、免罪以及赎罪之特权。如《唐律》规定,五品以上抵徒刑两年,九品以上抵徒刑一年,而皇族权贵们犯了罪,法律是无能为力的。官吏还享有免赋、免役之特权。蓄役奴婢用于歌舞、侍奉也是官吏的特权。中国人还利用天人合一学说,将特权神秘化和绝对化。董仲舒论证说,人间宗法制与官僚制的创设是出于天的启示和安排:"君臣父子夫妇之义,皆取诸阴阳之道。君为阳,臣为阴;父为阳,子为阴;夫为阳,妻为阴。……仁义制度之数,尽取之天。天为君而覆露之,地为臣而持载之。阳为夫而生之,阴为妇而助之。春为父而生之,夏为子而养之,秋为死而棺之,冬为痛而丧之。王道之三纲,可求于天。"[1]卑者对尊者的绝对依赖以及尊者对卑者的绝对权力都是出于上天的安排,人间世俗的等级秩序本于天之序。未经论证的统治秩序就像人间的私生子。天人合一使统治秩序摆脱了"私生子"的困惑,有了一个精神上的"父亲",从而获得了一个超人间的存在论证明。自从董仲舒的"天人感应说"给人间秩序戴上"天"这顶桂冠后,官僚特权就变得合情合理了。谁怀疑现存秩序谁就会被冠以"无法无天"的罪名。甚至要证明"造反有理",也只能打出"替天行道"的牌子来为自己的正义证明。

　　"四海之内皆兄弟",这是原始的人道主义理想。实际上是魔道主义,因为它允许一(级)人压迫另一(级)人。儒家礼教等级森严的上下尊卑观念将人群划分为金字塔式的纵向等差结构。上下之分不单是指谓上下社会阶层的记述

鲁迅愤怒地断言——"中国人永远是看客"。

----

① 《春秋繁露·基义》。

名词,而且用成价值名词。中国人往往兼有双重身份,对上是奴,对下是主,对上屈尊,对下独尊。传统社会,主奴关系是最基本的人际关系。人与人相处,不是你给人家赔笑脸,就是人家给你赔笑脸。卑者不得不戴上尊者加于自己的枷锁,也不能不把枷锁套在更卑下的人身上。被虐待的儿媳做了婆婆,同样会虐待儿媳。奴才做了主人,是决不肯废去老爷的称号的,他摆起架子来,恐怕比他先前的主人还十足。鲁迅的《灯下漫笔》说得异常沉痛:"自己被人凌虐,但也可以凌虐别人;自己被人吃,但也可以吃别人。一级一级的制驭着,不能动弹,也不想动弹了。"他引《左传》昭公七年的话,"天有十日,人有十等。下所以事上,上所以共神也。故王臣公,公臣大夫,大夫臣士,士臣皂,皂臣舆,舆臣隶,隶臣僚,僚臣仆,仆臣台。"鲁迅接着分析说:"但是'台'没有臣,不是太苦了么?无须担心的,有比他更卑的妻,更弱的子在。而且其子也很有希望,他日长大,升而为'台',便又有更卑更弱的妻子,供他驱使了。"[①]"尊卑贵贱,不逾行次",等级分明,界限森严。这也就是古人所说:"辨其名实,明其等级,是是非非有所分别,上上下下无有混淆。"龙生龙,凤生凤,贼养的儿子掘壁洞。每个人都被死死地钉在等级阶梯的某个梯级上,很难动弹,否则就是作非分之想,甚至被加上大不敬的罪名。每个人都有自己的身份角色,因此就得做好这个角色该做的事。

《左传·昭公二十九年》说:"贵贱无序,何以为国?"孔子把整肃名分视为治国为政的头等大事。孔子的学生子路曾问孔子:"卫君待子而为政,子将奚先?"他回答说:"必也正名乎。"[②]儒家为了保证个人对社会尽义务担责任,将每个人都安置于不同的社会名分之下。《大学》规定:"为人君,止于仁;为人臣,止于敬;为人子,止于孝;为人父,止于慈;与国人交,止于信。"这名分是每

中国人往往兼有双重身份,对上是奴,对下是主,对上屈尊,对下独尊。

---

① 《鲁迅全集》第 1 卷,人民文学出版社 1981 年版,第 215-216 页。

② 《论语·子路》。

个人无法选择又必须承受的东西。若不按名分行事，则父不父、子不子、兄不兄、弟不弟、夫不夫、妇不妇、长不长、幼不幼、君不君、臣不臣。即所谓"名不正则言不顺"。中国历史上那么多的家诫家训，说的就是"本分自守"四个字。本分就是以自己的名分为根本，按自己的名分做事。中国人对名分的强调正是为了把人分出等级以保证社会秩序的稳定。儒教实际上被称为"名教"。一个名就是一个头衔，给予某人在社会上以特定的地位并明确了他与别人的关系。儒家认为，如果每个人都知道自己的地位，并使自己的行为与自己的地位相称，社会秩序就有了保障。在这个以人伦关系为基础的世界里，"我"不是作为"我"而存在，"我"是人君，是人臣，是人父，是人子，是人夫，是人妇。从表面上看，每一对人伦关系中的双方似乎是平等的，如臣尽忠时，君亦尽礼，子尽孝时，父亦尽慈。但实际上极不平等。君主、人父的权威永远高于人臣和人子。至高无上的皇帝使一切人都只是大小不同的奴才。只有作为奴才，才是人人平等的，因为大家都等于零，大家都是奴才。中国人在人格上从来就不平等，或者说只是在人格不平等这一点上中国人才是平等的。

然而，平等只是人格平等。在这个意义上，平等是绝对的。可是，中国式的平等刚好是相对的，只是在同一等级内部求平等、均贫富。一般的老百姓决没有与皇帝和皇亲国戚"等贵贱、均贫富"的念头。倘若你与他人处于同一地位，你要冒尖，别人会削你一足以求平等，别人的饭比自己好，别人的钱比自己多，你心里就有不平，就有"拉平"的要求；倘若你本来就高居众人之上，无论你怎样脱颖不群，别人都习以为常。因此，平均主义在中国实际上不是一种绝对平均主义而是一种等级平均主义，这种平均主义认可着等级的合理性，甚至将平均化等于等级化。所以，愤愤不平往往只是发生在同一等级内部。思想家们个个对淫荡深恶痛绝，但从来就不会对皇帝的"三宫六院"说三道四，反而目为正常。人们常常惊讶于：一些正人君子做了官，干了渎职的事情或侵犯了公平的栅栏，却很心安理得。鲁迅的小说《孤独者》中的魏连殳，穷困潦倒，其所作所为只因与众不同，就被当做疯子；后来他作了师长顾问，还是同样的举动，却得到了全然不同的褒扬："且夫非常之人，必能行非常之事。"平等在这里大打折扣。在这一点上，荀子的"维齐非齐"理论值得一提。他是这样说的："夫两贵之不能相事，两贱之不能相使，是天数也。执位齐，而欲恶同，物不能澹则必争，争则必乱，乱则穷矣。先王恶其乱也，故制礼义以分之，使有贫富贵贱之等，足以相兼临者，是养天下之本也。《书》曰：'维齐非齐'，此之谓也。"

中国人在人格上从来就不平等，或者说只是在人格不平等这一点上中国人才是平等的。

伦理学讲座

罗金远
戴茂堂
著

荀子的"维齐非齐"理论一语道破了平均主义与等级专制并存的天机:天下要想齐一、平均、太平,就得消除人们的不平等之感,而消除这种不平等之感,就得把社会分成各个尊卑贵贱的等级,在等级内实行平均主义,在等级之间则保持差别。中国式的相对平均主义维护了绝对的等级制度,从而使平等观念不能生成。

平等只是人格平等,而人格是私人性的、独立性的。因此平等观念必须以承认人的个性差异为前提。在这个意义上,平等是相对的。而中国式的平均主义并不承认这种相对性,并不承认这种个性差异存在的绝对性,所以总是要把人的个性差异变成社会的统一要求,使个人成为群体组织的一个平均值并同化于群体组织之中。这里,恰好要求平均主义必须体现为相对的,可是它却正好是绝对的。而这种绝对平均主义就必然抹平人的个性差异,压抑人的创造力。不承认人与人之间的先天能力的差别的平均主义,就是要剥夺个体自身的独特性,将千差万别、丰富多彩的人的世界抽象为一个苍白的平均值。在这里,任何个人的特殊旨趣和特殊能力都得不到承认,人变成了无特征的等价物。这样,个人被平均化,成为一个毫无特征的等值,个人与个人之间绝对均等以至可以互换、可以替代。然而,决不能指望在只有普遍性而没有特殊性的社会,平等就能实现。只有当个体不是作为平均数,而是作为一个独立的存在而得到充分自由全面的发展时,人的平等才能得到真正实现。中国式的绝对平均主义否定了个体的相对独立,从而使平等观念不能建立。

如果说中国有什么平等观念的话,那么这平等观念既体现为一种等级观念,也体现为一种平均观念,是严格等级化与高度平均化的奇特混合体。这种混合越完美就越证明二者实质上是相通的:对人的平等权利的剥夺。林语堂一针见血地指出:"中国人从来不说'平等'之类的废话。"①中国的平等观念正是被平均主义所阉割。我们主张每个人天生具有自我保存、自我发展、自我实现的平等权力的同时,绝不能走向绝对平均主义。相反,应该公开承认人的先天权力的绝对平等(质的平等)和人的先天能力的绝对差异(量的不平等)。这二者的结合必然是强调通过自由竞争给每个人以平等地进入社会的机会,来决定和确立每个人的社会地位。这里,平等不是人的一切的平等,不是人的先天能力的平等,而仅仅是先天权力的平等。它尊重每个人的独特选择,但同时

中国人对名分的强调正是为了把人分出等级以保证社会秩序的稳定。

① 林语堂:《中国人》,学林出版社1994年版,第87-88页。

也承认并不是人人都能实现自己的选择。就像每个运动员都平等地具有夺冠的权力却不是人人都能夺冠一样。权力平等必然导致自由竞争,竞争的结果只能是不平等,如同冠军只属于跑得最快的人一样。这平等观既保护每个个体自由的自我选择的先天平等权力,又尊重每个人之间平等的自由的竞争关系以及结果的不平等,并且通过各种法律和政治制度、经济手段来保障个人的先天权力的实施和先天能力的发挥。显然,中国式平均主义与这样的平等观具有太大的距离。

六、理想之非超越性

中国传统价值观念的整体主义基点和禁欲主义目标都带有极强的理想主义色彩。中华民族是一个理想主义的民族。儒家以三皇五帝一类的精英人物作为它们理想化的人格模式,具有浓厚浪漫色彩。"人人皆可为尧舜"本身就是每个中国人不变的信念。但儒家的终极理想终究只是建立在农业文明的基础之上,因此其生命力被大大弱化。或者说中国的理想主义极不彻底,真正的理想应该是超越性的;而"君子人"的信仰与其说是相信某个未来的东西、彼岸世界的东西,不如说是相信自己、相信自己的诚心、本心直接就是世界本体、天道。

这与中国传统文化强烈的入世精神密切相关。中国人把一切都放在实用理性和经世致用的天平上加以衡量和处理。实用主义的态度使得中国人非常执著于此生此世的现实人生,而不能实现理想的彻底超升。我们这个民族是务实的民族,重功能,重效果,不冲动,不狂热,没有什么来世拯救或灵魂不朽的观念,它把"不朽"、"拯救"都放在此生的世间功业文章中。不在来世或天堂去追求不朽,不朽就在变易不居的人世中。儒家的"道"是一条达到最高理想境界的世俗道路。"道在伦常日用之中。"不需要舍弃现实人间、否定日常生活,去另外追求灵魂的超度、精神的慰安和理想的世界。中国人除了有对现实

平均主义在中国实际上不是一种绝对平均主义而是一种等级平均主义。

处境的直接感受外，并不存在对于个人灵魂得到拯救的需要。因为在中国人看来，每个人的良心、本心都如同赤子。尽管荀子主张性恶论，但性恶论没有成为中国传统文化的主流观念。而根据性善论，人不可能自己去犯罪，凡罪过都是外来的污染，因此也只有靠每个人回复自己的本性来清除污染，抗拒腐蚀，不需要灵魂超度。"中国人的人格归宿不在现实之上，而在现实之中；不是要超越现实，而是要适应和洗刷现实；不是要追求未曾有过的东西，而是要'返本还原'、'反朴归真'、恢复早已有过的东西。这就是中国一切理想主义的本质特征。"①

与儒家相比，道家讲了许多超脱的话，但骨子里却有对人生、生命的深深眷恋和爱护。庄禅即使厌恶现实世界，追求虚无寂灭，也依然透露出对人生、生命的情趣与肯定。徐复观说："在我国传统思想中，虽然老、庄较之儒家，是富于思辨地形上学的性格；但其出发点及其归宿点，依然是落实于现实人生之上。……老子是想在政治、社会剧烈转变之中，能找到一个不变的'常'，以作为人生的立足点，因而得到个人及社会的安全长久。庄子也是顺着此一念愿发展下去的。但这毕竟只是一种'念愿'；对现实的人生来讲，不能说真正是'成'了什么。不像儒家那样，一念一行，当下即成就人生中某程度的道德价值。固然，庄子是反对有所成的。但……老庄是'上升地虚无主义'，所以他们在否定人生价值的另一面，同时又肯定人生的价值。"②

人作为一个生命体，不能没有世俗生活的要求，但是，人之为人又不能没有崇高的理想与信念。而中国古代伦理思想的入世精神以及对现实的高度看重，使我们民族很少有形而上的冲动，很少有超越性的信念和情感。中国文化内宗教之缺乏，中国人之远于宗教，实际上正是中国人理想缺乏一种超越性的证明。儒道禅代表的中国文化的趋向与其说是宗教的不如说是审美的。庄子所追求的最高理想"神人"并不是某种人格神。道家并不以宗教经验为依归，而是以艺术态度为指向。就中国的佛教禅宗看，入道的法门，不论是"理入"还是"行入"，最后都是要达到"内心自证"的目的，与其说它是信仰的宗教，不如说它是理性的宗教。佛教是将信仰建立在理性上，因为佛教非常重视见、知与了解，孔子绝不自称为神所使或为神所启，而且"子不语怪、力、乱、

---

① 邓晓芒：《人之镜——中西文学形象的人格结构》，云南人民出版社1996年版，第46页。
② 徐复观：《中国艺术精神》，春风文艺出版社1987年版，第41页。

伦理学讲座

罗金远
戴茂堂 著

只有当个体不是作为平均数，而是作为一个独立的存在而得到充分自由全面的发展时，人的平等才能得到真正实现。

神"。孔子没后,弟子亦未奉之为神。对于宗教出世而言,孔子是世俗的。孔子周游列国,绝无避世之意。孔子曾对弟子说,"未能事人,焉能世鬼","未知生,焉知死","务民之义,敬鬼神而远之,可谓知矣"。宗教总脱不开生死鬼神这一套,而孔子从不谈及,这就充分证明了孔学不是宗教。在孔子看来,不需要超凡入圣的佛菩萨或基督徒,却同样可以具有自我牺牲的献身精神和拯救世界的道德理想。孔子没有把人的情感心理引向外在的崇拜对象,而是把它消融满足在以亲子关系为核心的世间关系中,把一种宗教性神秘性的东西变成了人情日用之常,使构成宗教的三要素的观念、情感和仪式统统沉浸在这一世俗伦理和日常心理的综合统一体中。正因为肯定日常世俗生活的合理性和身心需求的正当性,它也就避免了建立另外的神学信仰大厦。墨家为恢复远古传统的外在约束力企图建立宗教,结果被儒家打败了。超脱人事的思辨兴趣(如名家),或非理性的狂热信仰(如墨家),由于在根本上不符合儒家现实的伦理一心理模式,终于被排斥在中国文化主流之外①。

中国社会土生土长的民间宗教充其量也不过是世俗政治的一种超世俗形式的延伸。中国人从幻想成仙到求神拜佛,都只是为了某种现实的目的。中国人对神明的崇拜多出于实用主义、功利主义的考虑。作为中国本土宗教的道教,与世界其他宗教分裂灵魂与肉体、划分此岸与彼岸的学说大不相同之处,首先就在于它是一种现世的宗教,其信仰目标并非到彼岸做尊神,而是羽化登仙,悟道成仙。如何成仙?《太上灵宝首入净明四规明鉴经》说:"学仙非难,忠孝为先。"葛洪作为中国道教史上的关键人物,指出:"欲求仙者,要当以忠孝、和顺、仁信为本。若德行不修,而但务方术,皆不得长生也。"他甚至给成仙定了一个道德价格表:"人欲地仙,当立三百善;欲天仙,立千二百善。若千一百九十九善,而忽复中行一恶,则尽失前善,乃当复更起善数耳。故善不在大,恶不在小也。虽不作恶事,而口及所行之事,及责求布施之报,便复失此一事之善,但不尽失耳。"②他还说:"非积善阴德,不足以感神明。"③道教津津乐道的三十六洞大、七十二福地,并非存在于冥冥上天,而是存在于自然界的美妙山水之间。世界上形形色色的宗教几乎全都关心"人死之后如何"的问题,而道教却乐生、重生、贵术,热衷于"人如何不死"的问题。从本土宗教道教

我们这个民族是务实的民族,重功能,重效果,不冲动,不狂热,没有什么来世拯救或灵魂不朽的观念。

① 参看李泽厚:《中国古代思想史论》,人民出版社1986年版,第21—28页。
② 葛洪:《抱朴子·对俗》。
③ 葛洪:《抱朴子·微旨》。

如此热衷于忠孝当中，我们更能看到中国人的信仰和超越之不彻底性。

从彻底的超越性角度看，中国没有宗教。宗教问题实为中西文化的分水岭。不管是三代之时或先秦时代，中国都没有一部通篇讲人神关系和上帝的圣典。在先秦百家之后，中国仍然没有出现一部通篇讲人神关系和上帝的圣典。儒教其实是处世术，道教其实是养生术，儒道释合流其实是统治术。如果非要说有中国什么宗教的话，只可说有"伦理教"。在中国，道德成为准宗教。中国自孔子起，便"走上以道德代宗教之路"。林语堂说，儒学有理由被称为"君子的宗教"。在中国如果非说有什么神的话，也不是超验在彼岸的上帝，而是圆极在此岸的"道法自然"的祖宗神。中国人没有上帝，只有祖宗。中国的神就在世俗世界之中，神人是合一的，世俗的君主、父亲、丈夫就是神。中国的伦理教要求"教徒"们崇拜世俗的皇帝、丈夫、父亲，力求做到无愧于历史、君王、家族。这种崇拜在儒教当中大量存在，自不用说。就是中国佛教和尚的社会秩序也是靠宗法制度即"祖"、"宗"、"子"、"孙"、"侄"等一套世俗化观念来维系，不过在上面加了一个"法"字，而且辈分的分别甚严。清初木陈和尚打了檗庵和尚（熊开元）一掌，后来写信给人说："唯檗庵自任为灵岩法子，则灵岩亦是我家子侄，山僧尚可以家法绳子。"这是典型一例。作为外来宗教的佛教传入中国，马上就变成了伦理化的宗教。正是由于在尽孝、尽忠这伦理的两大端上有所修正，佛教方获得国人认同。印度佛教主张佛法在诸天之上，但中国化的佛教宗派允许祭天大礼存在；佛教鼓吹出家，但中国化的佛教讲入世和尽孝，其轮回观念演化为父母死后作超度的佛事。汉译佛典甚至还伪造《父母恩重经》，阐发孝道，宣扬忠君。中国禅师慧能的话——"心平何劳持戒，行直何用修禅，恩则亲养父母，义则上下相怜，让则尊卑和睦，忍则众恶无喧"——很容易让我们感受到其中的儒家伦理道德。

中国人讲"天地君亲师"，其中的"师"乃"道"的人格化，即教诲人法"天地君亲"之道。这道不在超验的天国，仅凭血肉之躯就可体察入微。按照中国人的眼光看，天与人是可以通约的，人可以受命于天而自居为天命，进而像天一样有主宰一切的能力。既然如此，就无须宗教了。所以，中国人对鬼神和彼岸世界抱着将信将疑和置之不论的态度，而把主要注意力放在现实生活中，放在世俗人伦方面。儒家的理想就在人的基本情感和生物本能上建立起来。儒家对于社会原初的联系，比如家庭联系，采取了积极承认的态度，不仅不把它当做妨碍个人人格完成的障碍，而且认为它是促进人格完成的现实基础。晚

人作为一个生命体，不能没有世俗生活的要求，但是，人之为人又不能没有崇高的理想与信念。

周百家争鸣以降的两千余年，中国思想家一直围绕天人关系、历史之变、心性、治乱、道德等问题展开争论，而较少表现出神学性的终极关怀。士子们追求的是"圣化"而非"神化"。神化是企求超越自我，成为彼岸世界永生的一员；圣化则是希望最大限度实现自我，在此岸升华为完人。一个是现实的，一个是超越的，一个是此岸的，一个是彼岸的。二者有天壤之别。

把钉在十字架鲜血淋漓的耶稣作为崇拜的对象，与中国文化传统格格不入。中国人拥有强烈的忧患意识，但中国的忧患意识不同于西方的悲剧精神，仅仅是指向社会的道德层次和政治层次的压抑。中国文化缺少严格意义上的悲剧意识，不敢正视淋漓的鲜血，不敢正视惨痛的悲剧。结果，只有终身守护着自己的家园，逃向幸福的梦幻，逃向美好的愿望，逃向大团圆的自慰心理。中国人自足自适，怡然自得，很少是真正彻底的悲观主义者。生活中好像没有悲剧，即使有了也要做出喜剧化处理。王国维说，中国的戏曲文学往往带有乐天之色彩。鲁迅说，在悲剧面前抱有大团圆心理恰恰是我们民族的一个相当顽固的文学传统。鲁迅还说中国人患有"十景病"："点心有十样锦，莱有十碗，音乐有十番，阎罗有十殿，药有十全十补，猜拳有全福手福手全，连人的劣迹或罪状，宣布起来也大抵是十条，仿佛犯了九条的时候总不肯歇手。"①近有直系军阀吴佩孚历数奉系军阀张作霖的罪行整整十条；远有楚汉相争，刘邦罗列项羽之罪也是整整十条。这十景病与乐天意向、大团圆心理完全相通，都通向了中国传统的乐感文化。

乐感是对心理情态本身的充盈和自足的肯定。孔子追求"乐"的境界、提倡"游于艺"的态度。孟子把"众乐"和"与民同乐"当成最高的乐。儒家的"乐"显然是一种道德的愉悦，因此是一种不带伤感和罪感的，区别于西方"静穆的哀伤"的古典理想。"乐"不但不带罪感，相反，它本身就是德之华。"德"本来就有"自得其乐"之意。《释名·释言语》说："德，得也，得事宜也。"庄子特别强调人摆脱自己的情感束缚而"游"于天地之间。庄子以为，无为而至于死乃是最大的乐事。孔子把颜回的安贫乐道视为人生态度之楷模，道家把"哀乐不能入"当做最高的人生境界。把生命的快乐感受作为人生的极致，是儒道两家的共同愿望。中国人总愿意乐观地眺望未来，他们的眼光总看着自己现有的条件，设法从中发现和创造乐趣。纵使困厄到了家徒四壁、孑然一身的地步，仍

从彻底的超越性角度看，中国没有宗教。

---

① 《鲁迅全集》第 1 卷，人民文学出版社 1981 年版，第 191 页。

中国传统社会心态

陆震 著

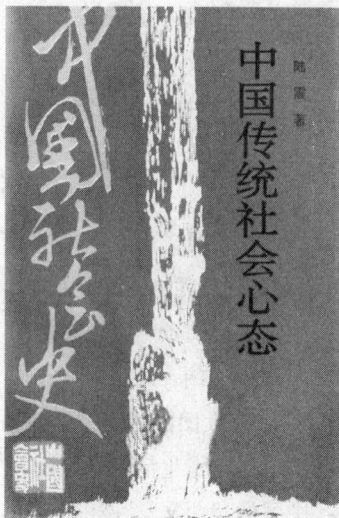

会相信"车到山前必有路",寄希望于有一天会"否极泰来",他们是一些真正的现实主义者,知足到了唯现实是从的地步。你让我站着,我就找出站的乐趣来;你让我跪着,我就找出跪的乐趣来;你让我趴下,我就找出趴的滋味之①。这里,且不说理想的超越性,就是一般的精神追求都几乎荡然无存。

没有罪感的中国人也没有死亡意识。中国人不愿意正视死亡,受不了死亡的恐惧。邓晓芒在《人之镜》中分析指出,中国文学传统中没有死亡意识。死人不是化蝶就是复生。前者有梁山伯与祝英台的故事,后者有汤显祖笔下那著名的《牡丹亭》。同样是在死亡面前上演的爱情悲剧,在莎士比亚的《罗密欧与朱丽叶》中死亡是整个爱情悲剧的高潮;《牡丹亭》也写出了死亡,但死亡不构成全剧的中心,全剧的高潮不在死亡而在复生,不在于杜丽娘和柳梦海的爱情应该实现而不能实现的那种永世长存的痛苦,而在于痴情男女如何战胜死亡得以团圆的欣慰和欢乐。《罗密欧与朱丽叶》对死亡的恐惧在《牡丹亭》中经过一番扑朔迷离而轻柔缠绵的梦幻性装饰变成了依依呀呀的爱情咏叹。《人总是要死的》是法国著名的存在主义作家波伏瓦的代表作。在一次保卫城堡的战斗中福斯卡为了城堡的获胜,为了能操纵历史,服下了一瓶长生灵药。从此。长生不死的福斯卡由于长生不死而失去了生的乐趣,他没有了明天。时时出现在他眼前的是这样一幅图景:有朝一日,人类灭绝,可是他还活着,只有月亮挂在空中照着这空荡荡的大地。于是,福斯卡悟出了不死的恐惧。小说揭示出:没有明天,一切就将毫无意义,永生是一种不会死亡的死亡。由于死亡的存在,人的生命才获得了存在的意义,死神以自身的黑暗反衬出生命的光亮。对死亡的恐惧与对生命的热爱同在,唯有正视死亡才能意识到生命的存在,唯有恐惧死亡才能感受生命的毁灭之美。而孔子说"未知生焉知死",死的意义只在于生,只有知道生的价值才知道死的意义。即使是死,忠君报国而死比宗

如果非要说有中国什么宗教的话,只可说有"伦理教"。在中国,道德成为准宗教。

① 参见陆震:《中国传统社会心态》,浙江人民出版社1994年版,第71页。

教式的殉难也是更高一层的境界。所以，中国人可以接受文天祥式的忠君殉国，却无法面对王国维式的自我毁灭。庄子并不要去解决个体对死亡的恐惧与哀伤，也并不追求以痛苦地折磨现世身心生存来换取灵魂的解救与精神的超越。庄子把死亡并不看成宗教性的解脱而是当做审美性的超越与解放。否定感性现实性的快乐以寻求超验，强调通过痛苦以获得神宠达到至乐，这种思路与庄子思想不容。庄子追求的是一种自自然然的一死生、泯物我、超利害、同是非的对人生的审美态度，认为这就是"至乐"本身。儒家入世，道家出世，都不肯正视死，都躲开了世界和人生的可怕边缘。中国人虽然也有"死而无憾"一说，但对现实人生毕竟是恋恋不舍的。中国人的乐生心态表现为在这个世界上总想多待几天，多看几眼，多活几日。人死灯灭，一旦停止了呼吸，就什么都完了。在先人的眼里，生命的意义就是活着。对生的企盼使他设法避免死亡，寻求长生不老。从皇帝到百姓，中国人不知在药石方术方面浪费了多少时间和精力。对生的依恋可以使他让渡和牺牲一切包括人的尊严和自由。"好死不如赖活"说的是与其做一个自由人死去，不如当一名奴隶而活着。哪里还有什么超越性理想的影子？

从文化心理看，中国人的信仰是不彻底的。由于不彻底，所以处处留有余地：既有最高的理想，又有最低的要求，此外还有什么"达则兼善天下，穷则独善其身"啦，什么"太上有立德，其次有立功，其次有立言"啦，等等。它先为你提出一个最高的理想，假使实现不了，还有其次，其次……这样，在超越的层面上，儒家面临着两难：首先，任何人都不是上帝，任何人都有弱点，任何人都必须内在于现实之中生活，因此对于人的任何过于绝对的要求，似乎都有悖于人性；从这个角度看，儒家的宽容似乎是建立在对人性比较全面的观察之上——它似乎想告诉人们：在现实世界的沉浮中，不管穷也好，达也好，在什么位置，就有什么使命，就可以体现什么价值，无论在何时何地都不应该放弃自己的责任，都没有理由自暴自弃。但是，反过来说，对于有弱点的人，如果你给他提出最高理想的同时，又提出最低的要求，那么他可能连最低的要求也达不到；如果在"太上"之外，还有一连串的"其次"，那么他也许会顺着"其次"的通道堕落到地狱之中。所以，从这个角度看，理想如果不具有超越性，很容易导致无理想，信仰如果不具有彻底性，也很容易导致无信仰。而正是由于理想缺乏超越性，所以古代中国产生了一批颜回式的愚忠者，一批寡廉鲜耻的伪君子，一批随遇而安的文弱书生，一批昏蒙不堪的阿 Q。他们或油滑或庸

在悲剧面前抱有大团圆心理恰恰是我们民族的一个相当顽固的文学传统。

223

俗,全无崇高的理想和信念。

人原本是一种自然存在,须受到自然规律的束缚。这决定了人一定会有享受世俗生活的意愿。然而,只有当人实现了对自然性从肯定到否定的飞跃后,人才成其为人。因为世俗生活只能维持和繁衍人的自然生命,展现人的动物性。没有精神,人只能沉溺于世俗之流中,成为行尸走肉。人不同于世间万物,在所有生物中,只有人对本身的生存有一种不满足感,总希望人生无可限量。人虽然处于事实性中,但人的超越性理想使他处于追求自由的可能性中。当生命在时间上的有限性成为无可回避的事实时,人们寄希望借助理想来充实自己的生命,为生命寻找精神上的依托和意义,给生命的继续存在提供信念。没有理想,人就会平庸、懒散地生活。理想如果没有超越性,人就不可能走向崇高。理想的超越性使人总是前瞻性地生存,显示出人与世俗生活之间的某种对立,显示出人的存在的开放性和自由性。可以说,只要有人类,就应有超越性的理想。并且理想只是属于人类的。人类的历史如果缺少了理想,人类的大厦将失去一根重要的精神支柱。我们要有超越性的理想。

以上,我们从六个方面对中国传统伦理思想的矛盾结构做出了分析。分析表明:尽管中国传统伦理思想就其内部看是一个自足的系统。然而,站在今天的视点上,它又具有不可克服的矛盾并潜伏着深刻危机。中国传统伦理思想的矛盾是如此尖锐,但中国人却一直以自己特有的乐观和自适,高尚地完美地忍受这种矛盾安排。直到近代,借助于"西风东渐"的力量,中国传统伦理思想的矛盾才逐步公开。当代世界的一体化,更是将中国传统伦理思想的局限进一步公开。而正是解决这一矛盾和局限的种种努力,将会促成了中国传统伦理思想完成其现代转换。

由于死亡的存在,人的生命才获得了存在的意义,死神以自身的黑暗反衬出生命的光亮。

第二十讲
当今中国伦理学的现象学还原

　　毫无疑问,改革开放三十年,我们的伦理学无论是在学理探讨还是在应用研究方面都取得了令人瞩目的成就。然而,我们的伦理学随着改革的深入依然面临着不断创新的艰巨任务。在今天,推进中国伦理学的创新,我们以为,实现胡塞尔所期待的现象学还原,尤为重要。

　　反思我们的伦理学,可以发现要么因为缺乏情感而过于客观,要么因为讲究亲情而过于主观,处于严重的主客二元对立之中,是一种对象化的思维,是一种自然的思维。这与现象学的方法和精神恰好是相反的。胡塞尔自己曾指出:"现象学同时并且首先标志着一种方法和思维态度:典型哲学的思维态度和典型的哲学的方法。"①现象学作为现代西方最有影响的哲学流派之一,所要坚守的就是主客不分,所要超越的就是主客对立。当代西方的重要哲学家可以说没有一个不受胡塞尔现象学的影响,以他的名字命名的现象学哲学,至少作为一种方法,已经成为哲学家们的一项基本训练,甚至是一种资格条件。施奈德说:"胡塞尔的影响彻底改变了大陆哲学,还不是因为他的哲学获得了支配地位,而是因为任何哲学现在都企图顺应现象学的方法,并用这种方法表达自己。它现在是高雅的批评的绝对必要的条件。"②在人类当今那

推进中国伦理学的创新,我们以为,实现胡塞尔所期待的现象学还原,尤为重要。

---

　　① 　[德]胡塞尔:《现象学的观念》,倪梁康译,上海译文出版社1986年版,第24页。
　　② 　转引自[美]施皮格伯格:《现象学运动》,王炳文译,商务印书馆1995年版,序言。

迷乱、疯狂并越来越沉沦入黑暗的内心世界中,胡塞尔的现象学被看做是一道光明,使现代人的精神生活获得了理性的坚定的支持,也使理性本身再次拥有了丰富的人性内容①。现象学本来就蕴涵一种伦理担当,因为它一贯都以拯救科学的危机和找寻人生的意义为己任。在当代,舍勒的实质伦理学用现象学的眼光来看待伦理学,就是从情感方面来看伦理学。实质伦理学强调,一个行为道德与否,不能看它的形式,而要看它的实质,要看行为者在做事情的时候怀着什么样的心情和情感。因此,借助现象学的方法力量和伦理品质,实现中国伦理学的创新,不仅必要而且可能。

一

　　本来,伦理学应该是富于人情味和感召力的。但是,长期以来,我们的伦理学却显得有些冷漠,有些刚硬,过于"原则",过于"客观",缺乏亲和力与感染力。我们的伦理学之所以显得有些冷漠和刚硬,很大程度上是因为它缺少了情感的支撑——既对自然界缺乏敬畏之情,又对人自身缺乏仁爱之情。在自然界面前,如果没有敬畏之情,自然界就一定沦为要被征服的对象;在人自身面前,如果没有博爱之情,人自身就一定沦为要被冷淡的对象。

　　具体来看,我们的"客观"伦理学把这种冷漠与刚硬首先指向了人自身。我们现有的伦理原则和道德条目,对于人自身来说,很是隔陌,有如一种"身外之物"。它们的提出由于缺乏足够的自我意识和自由意志之基础,大多像是一种外在于人的强制规定和刚性规范,像是一种冷冷的理性法则、抽象的道德玄谈或体面的思辨表达。当我们的伦理学家用现有的这套伦理原则和道德条目对大众进行启蒙、教化和规训时,不仅缺少亲和力,反而还表现出一种曲高和寡和居高临下的尴尬,表现出一种对人自身的精神冷淡。也就是说,无论人自身愿不愿意、认不认可,我们的伦理学几乎都期待或要求大众无条件地服从或接受它的伦理原则和道德条目,这是没有选择的选择。时下有人把这种情况形象地称之为"道德绑架"。

　　我们的"客观"伦理学把这种冷漠与刚硬同时也指向了自然界。长期以来,我们的伦理学建基于传统层次的人类中心主义立场上。传统层次的人类

---

① 高秉江:《胡塞尔与西方主体主义哲学》,武汉大学出版社 2005 年版,"前言"。

伦理学讲座

罗金远
戴茂堂　著

伦理学之所以显得有些冷漠和刚硬,很大程度上是因为它缺少了情感的支撑——既对自然界缺乏敬畏之情,又对人自身缺乏仁爱之情。

中心主义着眼于狭隘的、片面的甚至畸形的人类利益，从而难以理解和接受环境友好原则、生态公平原则以及资源节约原则。建基于这种立场的伦理学不仅不能自觉地实现和完成对自然的关爱与呵护，并且还会有意无意地容忍甚至助长人类对自然的冷漠、征伐和敌视。当前，很是火热的生态伦理学急切地呼吁人们应当倾听大自然的声音，承担保护自然生态的道义责任，恰恰可以反过来理解为，这是在为我们的伦理学长期严重疏忽了对自然的尊重与热爱而"补课"。

为了改变当今中国伦理学的这种冷漠与刚硬，我们主张进行现象学还原。在这里，现象学还原的任务就是清除伦理学的客观主义立场。现象学宗师胡塞尔对于客观主义有一个阐释。他说："客观主义的特征是：它的活动是在经验先给予的自明的世界的基础上，并追问这个世界的'客观的真理'，追问对这个世界是必然的，对一切理性物是有效的东西，追问这个世界自在的东西。普遍地去实现这个目标，被认为就是认识的任务，理性的任务，也就是哲学的任务。"[①]伦理学的客观主义立场指的是：人们先设定"善"只是客观事物或客观过程本身先在固有的一种属性，似乎与人的情感投入与精神参与毫无干系，然后试图去准确地把握关于"善"的客观真理，探寻关于"善"的知识的必然性基础。从客观主义立场出发，伦理学当然就不愿意把道德现象当成一种纯粹的意识现象、精神现象来研究，而是通过把道德自然化或客观化，来尽量地避开某些情感因素的干扰，科学地去制定和提出一些客观的道德原则或道德公理。并且相信，制定和提出的道德原则或道德公理越客观就越科学，越科学就越客观。所以，在当今中国的伦理学中，客观主义和科学主义这两种倾向从来就是相通的、合谋的。事实上，我们时下流行的伦理学不仅追求客观性，而且追求科学性，即将道德的现象当成是一个科学意义上的客观对象来考察与追问，并试图借助科学的思维方法来对它进行无偏见、精确化的冷静把握和实证分析，以求得客观的知识。把美德视为知识的见解是当今中国伦

现象学还原的任务就是清除伦理学的客观主义立场。

---

① ［德］胡塞尔：《欧洲科学危机和超验现象学》，张庆熊译，上海译文出版社1988年版，81页。

伦理学讲座

罗金远
戴茂堂 著

正是科学技术的表面繁荣，忽视了对道德的真切关心，形成了一幅没有人生意义和价值的科学图景。

理学具有的本质性的思维方式。这样的伦理学与其说是在进行道德教化，不如说是在探讨道德的客观原理，发现人性的合理性或合科学性规律，提供让人做出道德选择的技术资料。这主要体现为把道德之善等同于科学之真，把善作为客观的求真的对象，把道德教育等同于科学理性和科学知识的传授。认为善出于知，恶出于无知。认为美德似乎可借助所谓善的知识的灌输而获得，善恶似乎可借助所谓理性的手段而分辨。认为人具备了有关道德的科学知识就能做善事且必然做善事，就能在道德行动上无往而不胜。当今中国的伦理学都热衷于去建构伦理学的所谓科学知识体系就是这种科学主义倾向的显著证明。

然而，在现象学看来，科学主义的客观原则恰恰是必须被超越的。比梅尔在胡塞尔《现象学的观念》一书的"出版序言"中就写道：现象学的兴趣"并不在于客观存在和对客观存在的真实性的指明"，因为客观的东西属于客观科学。胡塞尔强调现象学作为纯粹哲学必须漠视任何自然科学的思维与方法。胡塞尔把欧洲人性的危机和文化的危机归缘于科学技术，归缘于客观物理主义排斥了先验主体意识。他认为，正是科学技术的表面繁荣，导致了科学精神随之泛化到人类生活的各个方面，覆盖了社会生活中宝贵的人文情怀，抹煞了人的情感价值和生存意义，导致了社会生活完全沉浸在技术经济的世界中，沉浸在空洞的理智活动中，忽视了对道德的真切关心，形成了一幅没有人生意义和价值的科学图景。为此，在《纯粹现象学通论》、《欧洲科学危机和超验现象学》、《现象学的观念》等著作中，他才极力强调直观性和明证性而反对概念的思辨和繁琐的推理，并极力主张返回"前科学"、"前逻辑"，把自然科学"加上括号"①。现象学的贡献正在于为我们打开了一个立足于人本身来全面看待生活并重新赋予人生以意义的广阔视野。道德现象虽然是一个明显的"事实"，但这是一个立足于人本身才可以得到思考的特殊的事实，因此绝不是科学可以解决或可以科学解决的。因为道德现象作为一种意识现象、精神现象是超越主客二分的。在这一点上，以主客二分为前提的科学恰恰是无能为力或力不从心的。所以，按照现象学的要求，我们今天的伦理学必须在道德与科学之间划出一条明显的界限，放弃那种对科学的无根据的奢望和无批判的态度。科学对道德现象的承诺很容易变成对道德的暗中消解。科学的逻辑不仅说明不了道德的本性，恰恰相反，道德要以打破科学的逻辑必然性为前

———————
① 戴茂堂：《西方伦理学》，湖北人民出版社 2002 年版，第 235-239 页。

提才能得到说明。事实上,伦理学既不能借用物理学的经验陈述,也不能借用数学的逻辑推演。所以,梁启超曾经指出,人生问题特别是人生的道德问题"是超科学的"①。伦理学不是关于事实的知识之学,而是关于道德的价值之学。所以伦理学必须重新去体验道德世界与事实世界之间的差别。

二

当今中国的伦理学要么是客观的,要么是主观的。说其客观,是因为中国的伦理学走的是一条科学的求真之路;说其主观,是因为中国的伦理学具有很强的经验立场和实用态度,只是在用主观思维框架去整合统摄经验材料。但是,这两种倾向在现象学眼光之下都将面临深刻的挑战。"客观"的伦理学必然遭遇挑战已如上所言。"主观"的伦理学尽管使伦理学由远离人的客观转向了亲近人的主观,有助于伦理学返回到个人的自我心灵中来,这在现象学看来也应该算是一个功绩②。但"主观"的伦理学又面临着陷入经验自我的个别性、易逝性和任意性的危险,因此也将面临深刻的挑战。尽管唯有自我意识才是绝对内在的被给予性,尽管一种成功的现象学哲学在开始之时只能是唯我论的,但一种完全执著于自我感觉和切身经验的自明性的唯我论必然完全放弃对普遍必然性的渴求,逻辑地走向休谟式的怀疑主义立场,而满足于自我的当下性、有限性以至于最终使作为主体的自我消失殆尽。正因如此,现象学才把将经验自我提升为先验自我当成是自己最要紧的工作。因为与经验自我是时空中流变的有限之物不同,先验自我作为一种逻辑统一性,超越了流变的经验物的时空局限性,而获得了普遍必然性。所以,在现象学看来,转向主观绝对不是转向任意性和相对性,主观转向化解了外在客观性,但又不是抛弃客观性本身,恰恰是要在主体性中寻求真正的客观性——普遍必然性。也就是说,普遍必然的确定性必须是以自我内在性和自我明证性为基础的确定性,否则就是独断的普遍必然性;而自我明证性也必须是能达到普遍必然

① 张君劢:《科学与人生观》,山东人民出版社 1997 年版,第 139 页。
② 胡塞尔在晚年的主要著作《笛卡尔沉思》中引用奥古斯丁的名言作为全书的结束语:"不要向外,而要回归本心,真理就在人的心内。"现象学在起点上始终强调相对于主体的自明性、内在性而要求严格地悬置一切外在实体,排出一切超越物而把知识严格地限制在自我意识的内在性中。

我们今天的伦理学必须在道德与科学之间划出一条明显的界限,放弃那种对科学的无根据的奢望和无批判的态度。

克服主观心理的任意性和独白性，超越个人乃至人类心理认识的局限乃是胡塞尔现象学的永恒目标。

的确定性的自明性，否则就是唯我论的和任意性的心理自我性③。克服主观心理的任意性和独白性，超越个人乃至人类心理认识的局限乃是胡塞尔现象学的永恒目标。依照胡塞尔的现象学来看，伦理学所谓的善决不是客观事物的某种属性，而是人的一种活动的表象；但这活动又决不只是心理学意义上的经验自我的主观活动，而是具有一种先验的普遍意义。这种普遍意义是相对于缺乏确定性的事实经验而言的纯粹意识观念，这种纯粹意识观念是通过现象学还原，悬搁掉个人心理主体而使相对于有限之我的流变经验观念化为纯粹意识中的普遍的类、普遍的本质而实现的，具有绝对的先验性。现象学还原的真实含义就是超越传统哲学主客分立的二元论，以先验还原、本质还原之方法，返回到纯粹意识这个作为世界存在的最初本原，"回到事情本身"。

自古以来，中国伦理学最讲仁德。最有代表性的道德范畴"仁爱"就是从自然的"亲亲之爱"辐射出去的一种伦常之情。"仁"以血缘关系为基础，在纵向上表现为父子关系（孝），在横向上表现为兄弟关系（悌）。然而，"为仁之方"在于推己及人。于是便由"亲亲"进而"仁民"，由"孝悌"进而"泛爱众"。即孟子所谓"老吾老以及人之老，幼吾幼以及人之幼"。但这种具有相对色彩、实用心态、经验成分的自然血缘亲情无论在时间上还是空间上都是有限的，明显地与道德伦理所要求的普遍原则相背离。所以，自孔子开始，中国人就试图对人类最自然最自发的"情"如孝悌、亲亲、敬长做出礼仪性的规定。然而，人心的内在要求和自觉意愿即"情"一旦变成了强制规定和外在规范即"礼"，就会非情感化，就会成为一副假面具，成为图解道德观念的图式和脸谱。所以，我们看到的是，人情十足的中国伦理学恰恰排斥的是情感而讲究的是礼节，并且越是讲究礼节就越是排斥情感。中国伦理学走入这种困局和悖论是值得我们深思的。

为什么局限于自然之亲情，伦理学就很难具有一种普遍的意义？这是因为自然之亲情夹杂了太多不纯的经验的因素，短促无定，微妙难言，不可能达到一种绝对的确定性和绝对性。尽管我们的世界充满了太多的不确定性，然而，在一个不确定性的世界，追求一种确定性几乎就是人性的一种基本冲动和必然要求。"人类从一开始就不倦地追求理性的确定性，追求可以预知未来、指导行为的知识的普遍性和必然性。一种形而上学的冲动，一种对普遍性、齐一性的渴望，自始至终深藏在人性的深处。"②胡塞尔自己也说过："哲学的确定性是人性

---

① 高秉江：《胡塞尔与西方主体主义哲学》，武汉大学出版社 2005 年版，第 27、31、72 页。
② 高秉江：《胡塞尔与西方主体主义哲学》，武汉大学出版社 2005 年版，第 12 页。

所必需的一种价值。"①很显然,在经验的现实世界和事实世界无法找到人性所必需的确定性。为了确定一种人性的普遍结构,伦理学就必须拥有一种先验的立场,以利于我们排除对于耳闻目睹的外部经验实体的朴素信念。胡塞尔现象学的起点就是要反思和批判这种朴素的自然意识,就是要"排斥相对于本质而言的事实性的东西,排斥相对于可能性而言的现实性"②。在现象学看来,唯一的普遍必然性就是观念的普遍必然性,非观念的事实性永远一种偶然性,永远是缺乏确定性的。所以,我们以为,利用现象学的还原恰好可以通过"普遍怀疑的力量"来"中止"心灵的自然倾向③和"悬置"亲情概念具有的血缘性、经验性、自然性和偏狭性,把肉身小我张大为宇宙精神之大我,从而使经验自我提升为纯粹自我,使道德现象达于纯粹之境、超越之境,具有一切意识现象无不从属于其中的普遍本质结构,使伦理学具有一种超越自然主义思维态度的先验立场,并以此来在先验主体之内保证相对于一切可能主体都有效的普遍必然性。

我们认为,呼唤伦理学研究的当代创新必须从两个方面着眼于现象学还原:

一是确立道德的非科学性,指明伦理学中的道德公理只是一种公理的"假设",既不能经验证明也不能逻辑证明。科学涉及"是"的问题,而伦理学涉及"应该"的问题。只要伦理学涉及"应该"的问题,那么伦理学就必须认同情感维度,超越科学主义的客观立场。因为伦理命题并不表达任何科学知识而只是表达情感态度,伦理学的任务也不是论证道德规范而只是体验善恶情感。如果说法律的至高无上出于人们在理性上的畏惧,那么道德的崇高力量出于人们在情感上的敬仰。道德重在养成与范导,意味着个人的自我立法、自我命定,内蕴着个体的内心自觉与情感自愿。道德充满自由感,道德使人的情感得到自由,得到敞开,而不是感到限制,感到异化。如果伦理学总是有意无意绕开人的自由情感,伦理学就难以提出有亲和力的道德原则来。道德意识的确立以及道德行为的发生都离不开道德主体的情感参与,所以不关切道德情感的伦理学是空洞的伦理学。伦理学也只有建立在自由情感之基础上才能最大限度地体现出伦理学的人学性质和人文关切。对于伦理学来说,尽管自由情感本身还不是一条道德规范,但它却是考量一切道德规范的前提。在今

---

① [德]胡塞尔:《现象学与哲学的危机》,吕祥译,国际文化出版公司1988年版,第68页注①。

② [德]胡塞尔:《现象学的观念》,倪梁康译,上海译文出版社1986年版,第8页。

③ "胡塞尔确信在哲学思考与心灵的自然倾向之间有明确分界。"见胡塞尔:《现象学与哲学的危机》,国际文化出版公司1988年版,劳尔"导言"第29页。

哲学的确定性是人性所必需的一种价值。

天，我们的伦理学要构筑起道德的大厦，就必须唤醒人温暖的情感，把道德的良知重新根植于人类的情感。正是在情感的深处，才会有道德的驻留地。因为只有伟大的情感才能够激发高贵的灵魂。只有魂牵梦萦的真情才能打开每个人的道德心扉。只有从心灵深处刮起的旋风才能激荡每个人的道德心海。所以，只有完成对人情感的占有，我们的道德信仰才能庄严地站起来。在这个意义上，可以断言，创新我们的伦理学必须进行道德的情感还原，必须走向对道德情感的强调，必须敞开伦理学的情感维面，实现道德理性向道德情感的飞跃和转换。长期以来，我们的伦理教育效果不佳，显然既不是听众太冷漠，也不是听众太迟钝，而是我们的道德说教苍白无力，不能以情动人。我们主张敞开伦理学的情感之维，就是要打落、反抗和推翻僵死的道德规范，赋予道德以生命的激情，使抽象的道德回返到具体的情感生活，将那些令人眼睛热、鼻子酸、心头颤的情感生活展示出来，将那些被理性剥夺了的情感生命重新发还给人。真正的伦理学不能没有情感的支撑。甚至可以说，伦理学天然地就与情感具有某种亲缘关系。

二是确立情感的非自然性，指明道德情感凸现的是人的自由感受，而不是自然之情。自然亲情立足于血缘，具有太多的私人性和相对性。而真切的道德情感立足于自由，具有极大的公共性和普适性。局限于自然之情，很容易把人降格为自然之物，把道德降格为本能。而超越了自然主义立场的道德情感恰好可以把人从自然物提升出来，从而彰显人的感性生命与自由本性。用现象学的术语来理解，敞开伦理学的情感维面，实现伦理学的情感还原，就是要对我们现有的伦理学中广泛存在的"科学主义"和"自然主义"立场统统"加上括号"，"悬置起来"，"存而不论"。一方面把道德对象的"客观存在""存而不论"和悬搁，从直观中达到对"伦理学事情本身"的"本质还原"；另一方面又不停留在这些本质直观的主观心理层面，而是努力为它找到一种"主观普遍性"或主体间性的先验根据，从而将伦理学推进到先验还原这个高度。

在这个急功近利和实用主义的年代，中国的伦理学要想有所作为，必须选择现象学还原作为自己的创新之门。对于创新伦理学来说，这是一项基础性的工作，也是一项决定性的工作。有了这项工作，伦理学首先就不再会有对自然界和人自身的冷漠与刚硬。有了这项工作，伦理学也不再会仅仅停留在对自然界和人自身的经验主义式的热情与呵护上。

只有完成对人情感的占有，我们的道德信仰才能庄严地站起来。

下 篇

伦理学讲座

罗金远
戴茂堂 著

第二十一讲
中西价值问题研究的方法论反思

在哲学的全部问题中,没有哪一个问题像价值问题那样与方法论紧紧地关联在一起。价值问题在西方首先被提出明显是出于对传统哲学方法论的批判;中国当代价值哲学在兴盛之后一度陷于低迷明显是因为方法论的局限;未来价值哲学的深度发展只有寄希望于研究方法的重构。

一、西方价值问题的提出与方法论的自觉

19 世纪末 20 世纪初德国哲学家洛采、文德尔班、李凯尔特试图将价值与评价问题置于哲学的中心地位。以价值作为最高范畴,认为哲学本质上就是关于一般价值的学说,并且只有作为价值的学说才能存在。那么是什么原因,使价值问题在那个时候被凸现出来的呢? 我们认为,那个时候价值问题被凸现显然是一种方法论的自觉。

西方哲学一直有一种源远流长的科学崇拜传统。西方哲学一开始,就与科学紧密交织在一起。在希腊人看来,哲学和科学是一个东西。最早的希腊哲学家同时也是自然科学家。古希腊哲学一开始就以"爱智"为目标,"爱智"就是"爱真的知识,爱真理的知识"。近代是自然科学的时代,近代实验科学的兴起和牛顿力学的巨大成功,促使科学成为一切学术的范式。近代哲学力图在

所有知识领域贯彻自然科学的精神和方法,把自然科学特别是物理学看成是真理和智慧的唯一合理形式与统一所有知识部门的基础,形成了物理主义的世界观。自近代以来,哲学研究以自然科学主客体关系模式为典范,越来越趋于技术化、专业化、理性化,以至严重脱离人的现实生活、脱离时代所面临的那些激动人心的问题,并导致了人与自然关系的紧张,导致了人与社会关系的破裂,导致了人与人之间关系的疏离。西方哲学的发展逐渐暴露出自身的方法论弱点。传统的哲学研究方法越来越不能满足哲学深入发展的需要。这是西方哲学发展进程中出现的严重危机和困境。

反思这场危机,人们发现,在客观的世界之外,还有一个更重要的价值世界。于是,"是怎样"的问题就变成了"应当怎样"的问题。"应当怎样"的问题就是价值问题。这是哲学经历的价值判断和事实判断的分离。事实与价值的区分是价值哲学的基点。价值哲学的出现,意味着知识论框架内言说价值的不可能性,也意味着传统形而上学的全面失败,是西方哲学发展的逻辑必然。哲学的根本问题乃是人本身的存在问题,它所关切的只能是那种未定型的开放的作为价值性存在的人自身,因而它只能是关乎人的生存和意义的价值论。价值概念所统摄的问题作为一个统一的问题域在 19 世纪末期成为哲学研究的中心,是以对哲学使命的方法自觉为基础的。这意味着西方哲学在向前发展的艰难过程中逐步认识到面对事实的自然科学和面对价值的人文科学的区别。简单地说,这意味着人的世界不再被当做僵死的空间化的存在,而是被看做活泼的创造之流,因此不能用研究物的方式研究人的世界。研究价值问题有一个逻辑前提:人的世界是自由的,具有选择的可能性,选择就其实质而言是一种价值选择。冯平指出:"这一逻辑前提的高层理论背景是:人类活动不同于自然界的运动,不能用研究自然界的方式研究人类活动,不能用研究物及其运动方式研究人的活动。"①显然,

事实与价值的区分是价值哲学的基点。

---

① 冯平、翟振明:《价值之思》,中山大学出版社 2003 年版,第 4 页。

西方哲学关于事实与价值的分离的讨论完全是从方法论上提出的。事实的判断是关于"是如何"的认识,价值的判断则是关于"应如何"的认识。关于事实世界的知识是事实知识、理论知识,属于自然科学;关于价值世界的知识是价值知识、实践知识,是超科学的。西方哲学价值问题的提出表明,科学的主客关系模式已经无法容纳对人类生活价值问题的研究,不是可以说明任何问题的普遍有效的方法论模式,不具有一般价值论方法的意义。事实上,此后的现代西方哲学就是要把哲学从科学的主客关系模式的桎梏中解脱出来。尼采反对知识万能论,认为科学是危险的,解决不了人生问题,并且对生命具有腐蚀性。伽达默尔说,沉醉于技术的迷梦是我们时代的偏见,并且认为近代以来的科学主义和实证主义导致了西方文化价值观的严重危机。怀特海说:"把哲学和科学截然分开是大多数 20 世纪重要的哲学的特征。"①正因为有了这种方法论的自觉,现代西方哲学便取得了实质性的成果和突破。

二、中国价值哲学的低迷与方法论的困境

建国以后,我们哲学的基本定位应该说是拟科学的,是典型的根深蒂固的知识论、真理论体系。然而,改革开放以后中国社会的变革推动了人们去反思原有的认识论、真理论体系,于是有了价值论在当代中国哲学界的兴盛。价值论的兴盛给困惑中的中国哲学带来了新生与希望。关于价值问题的研究甚至成为 1980 年以后我国当代哲学领域发展最快的一个方面。

但我国学者研究价值问题是从马克思主义哲学的角度切入的, 进一步说是从马克思主义认识论的角度切入的。不少人把价值范畴作为认识论范畴,在认识论范围内进行研究,着重研究价值与认识、价值与真理的关系问题。如刘奔、李连科 1982 年 9 月 18 日在《光明日报》发表《略论真理观和价值观的统

沉醉于技术
的迷梦是我
们时代的偏
见

---

① [美]怀特海编著:《分析的时代——二十世纪的哲学家》,杜任之等译,商务印书馆 1985 年版,第 98 页。

一》，认为价值具有客观性。因为不仅客体是客观的，主客体之间的关系是客观的，而且主体（人）的需要也是客观的。文章还认为，不把握客观真理，就不可能实现任何价值。李德顺在《中国社会科学》1985 年第 3 期上发表《真理与价值的统一是马克思主义的重要原则》，认为真理和价值是人类在认识和改造世界的过程中形成的、反映主客体相互关系的认识论基本范畴。该文还认为，价值是以主体的一定需要为准绳来衡量的客体效用，即能满足主体一定需要的客体态势。有学者在《哲学研究》1985 年第 9 期发表《论价值真理概念的科学性》，认为价值关系是主客体之间的一种基本关系，价值关系是一种客观存在，不以人们的意识为转移。还有学者发表《主观价值和客观价值概念及其在经济学中的应用》，文章认为："价值是主体(S)与客体(O)之间的关系，即 V = V(S,O) 是主体与对象的二元函数。"《世界的意义——价值论》是 20 世纪 80 年代我国出版的第一本价值哲学著作，该书认为价值来源于客体或外部世界，认为外部世界同人的主体需要的关系就叫价值关系，价值属性是客体身上的一种属性，是主体的物化或对象化。价值是客观的，不仅物质价值是客观的，精神价值也是客观的。该书还把价值分为物质价值、精神价值和人的价值，而且物质价值又分自然价值和经济价值。《价值哲学》一书认为，价值是客体对主体的一种功效或效应，或者说是客体属性与功能满足主体需要的效应。该书将价值分为物质价值、精神价值、政治价值、人的价值四类。种种情况表明，主客体关系模式依然是中国当代价值论研究的基本方法论模式。恰如有学者总结指出的："我国价值哲学研究的一个重要特点，是用马克思主义哲学指导价值哲学研究，坚持价值的客观性。认为价值是主客体关系范畴，从客体与主体需要的关系出发理解价值，强调主体需要不同于欲求、想要，是客观的，所以价值是客观的。"①

　　客体本无所谓价值，客体最多只能借助于主体本身的尺度来"显示"出某种价值。价值也不能说是客观的。如果不注意这一点，不但人作为主体的价值会消失，而且人本身也会消失。价值关系原则上只能是人与人之间的关系。并且在这种关系中人们彼此以对等的主体身份相交往，彼此都保持自身的主体地位。在这个意义上，人作为目的本身而存在，具有绝对的价值和内在的价值。并且价值从严格意义上说一定是绝对的而不能是相对的，一定是内在的而不能是外在的。否则，人的价值就变成了效用价值或工具价值。这是人的价

客体本无所谓价值，客体最多只能借助于主体本身的尺度来"显示"出某种价值。

---

① 王玉梁：《当代中国价值哲学》，人民出版社 2004 年版，第 56 页。

值的贬值。康德说过，人是作为目的本身而存在的，必须永远把人作为目的来看待。作为价值主体的人是无法用主客体关系模式的方法来说明和把握的。从赖金良发表于《浙江社会科学》1993年第1期的《主客体价值关系模式的方法论特点及其缺陷》可以看出他已经比较自觉地意识到中国当代价值哲学研究的方法论问题。但很不彻底。这表现在他在文章中认为，在客体与客体相互关系的较高层次上，尤其是在有机体与外部环境之间，客观上已经存在着价值关系的原型结构，我们应该摆脱以人类为中轴来理解价值关系的狭隘思路。后来他在《价值原理的性质》还提出："价值思考的客观性和科学性是不容置疑的"、"价值科学原理与事实科学原理，应视为科学原理的两种形态"、"无论是事实科学的原理，还是价值科学的原理，都是对于客观现象（事实现象或价值现象）背后的本质联系的一种理论把握。"

当代中国价值哲学经过一度的兴盛后出现如今的低迷，应该说与这种方法论相关。对价值问题进行主客二分的科学处置在中国当代价值哲学研究中几乎被认为是天经地义的。中国当代价值哲学研究普遍热衷于给价值下定义，本身就是一种主客二分的科学处置。差别只是在于有学者主张，从主体的角度定义价值；有学者主张，从客体的角度定义价值；有学者主张，在价值哲学研究中既要重视主体的作用，重视价值的主体性，又要重视客体的作用，重视价值的客体性，因此坚持要在主客体相互作用的全面的彻底的关系思维中定义价值。有学者还直接指出："要确立科学的方法论，以深化价值哲学研究"、"价值哲学基本理论的科学化是深入研究现实生活中的重大价值、价值观问题的理论前提和基础，是21世纪价值哲学的首要方面。"①然而问题全都出在这里。既然事实与价值存在着明显的区别，因此就不能简单地利用科学方法去解决价值论的问题。价值之为价值，而与事实相区别，一个重要的原因就是因为价值本身不可定义。中国当代价值哲学的研究由于缺乏一种方法论的自觉，所以并没有取得令人满意的成果和突破。

三、价值哲学的深度发展与方法论的重建

在科学认识论的框架中为价值问题的研究留下一小块地盘，是绝不可能

> 价值之为价值，而与事实相区别，一个重要的原因就是因为价值本身不可定义。

---

① 冯平、翟振明：《价值之思》，中山大学出版社2003年版，第60页。

赢得价值哲学的深度发展的。人类社会的充满生命活力的价值问题在科学方法的统摄下变成了技术性的单纯的语言分析。哲学在科学的解剖刀下迷失了感性的生命。对科学理性的迷恋瓦解了哲学的人学品格，作为人学的哲学不仅缺乏对人的关切，而且越来越远离人类生活。然而，哲学的深度发展一定是走向价值哲学的。因为哲学对人类生活最独特的作用在于构建引导人类未来生活的价值理念，在于为它的时代创造出具有根本性的能引导好生活的价值理念。为人类的好生活提供价值理念，本来就应该是哲学的最高信念和崇高使命。随着价值问题在当今世界的日益凸显，事实上，当今世界哲学正经历着价值哲学的转型。而价值哲学的深度发展就是批判这种禁锢我们思维范式的技术化哲学诉求。今天，价值哲学的深度发展，关键在于方法论的重建。如果

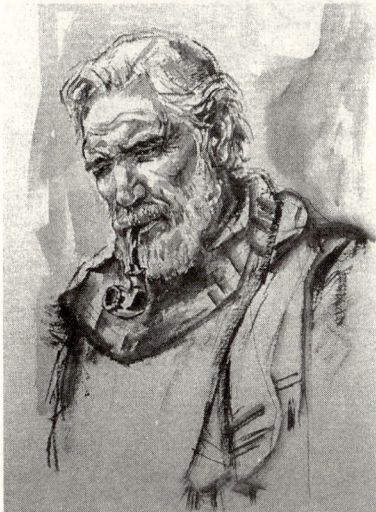

价值只能被理解为人的生命存在的意义以及人的尊严、自由和权利，如果价值就是人类所赞赏、所希望、所追求、所期待的东西。那么，我们就必须确立一种新的方法立场：价值不是经过科学"研究"出来的，而是一个"去蔽"、"开显"的过程。为此，我们必须寻求一种超科学的方法。既然价值是对事实的超越，既然价值哲学是从区分事实与价值、是与应该开始的。那么，价值哲学研究的方法就一定是超越科学方法的。超科学的方法与科学的方法截然不同。科学方法的出发点是客观世界，超科学的方法的出发点是实际活动着的人；科学方法追求关于自然、社会、思维的普遍知识，致力于建构某种科学的理论体系，超科学的方法寻求变革世界的理想、信念；科学方法执意要设置一种主客对立，超科学的方法不相信主客可以二分；科学方法的目的在于描述世界、解释世界，证明现存世界的合理性，超科学方法在于反思、变革和批判现存世界，建立理想的人文的世界。不区分事实与价值、是与应该，就不会有价值哲学；而要把事实与价值、是与应该很好地区分开来，就必须重构价值哲学的方法论。

哲学对人类生活最独特的作用在于构建引导人类未来生活的价值理念，在于为它的时代创造出具有根本性的能引导好生活的价值理念。

第二十二讲
道德禁欲主义影响下的
中西传统审美形态之比较

一、中西美学审美形态的总体特征

优美和壮美都是相对而言的,优美形态多体现为形式柔和、线条细腻、内容小巧、气质温顺等特征,主要体现出"可爱"与"小巧"的结合;壮美形态多强调形式精准、体积庞大、内容粗犷、气质激烈等特征,体现出"痛感"与"坚实"的结合①。

根据上述分类,相比西方,我们可以把中国审美形态描述为优美形态。这种优美形态是通过它的表现手法而凸显出来的。中国美学的表现手法可描述为"自然"手法。这里所谓的"自然"手法主要指中国美学所使用的表象形式(表现形式)——自然景物(自然美)。比如中国古代文人留下的大量山水诗画,其中所描绘的自然物以及文艺作品中经常比用的"岁寒三友"(松、竹、梅),它们一般构成了中国审美形态的主要表象形式。通过对自然景物的描写,人可以"借景抒情",得以表达"言志"、"载道"的目的。但是中国人所借之景多为可爱小巧而绝非狂暴粗野之景物,例如"岁寒三友"、"小桥流水人家"、

相比西方,我们可以把中国审美形态描述为优美形态。

---

① 北京大学哲学系美学教研室:《西方美学家论美和美感》,商务印书馆1980年版,第122—123。

"春江花月夜"等；所抒之情多为似水柔情，柔和恬美，比如李清照一个"愁字了得"就源源不断地道出了中国式的柔情。当然，这其中也有"大江东去浪淘尽"的雄壮景观和"唯有牺牲多壮志，敢教日月换新天"的豪迈之情，显示出中国美学形态上所谓的"阳刚之美"，但这相对于西方美学中"崇高"形象下的"悲壮痛感"还是显得玲珑可爱的。

相比而言，西方美学形态的总体特征是壮美。西方美学也强调自然美，比如法国人对自然美就有一种特别的热爱①。但西方传统哲学家一般都贬低自然美，比如柏拉图、普罗丁和黑格尔等。即便有对自然美的欣赏，更多的也是突出其"崇高"（壮美），而不是"小巧可爱"。"崇高"是一种建立在痛感基础上的审美快感。康德认为："世界上有两个崇高的东西，这就是夜间的星空和人心里的道德律。"②"夜间的星空"即是指伟大而神秘的自然。自然以其超出人的想象力的广度和力度破坏了人常规的审美形式，但人却能通过扩张自由意志力使人从征服自然的威胁中获得到一种审美快感。但是康德论"崇高"更多的是为"人心里的道德律"服务的，因为他认为自然的"崇高"根源于人的道德"崇高"。通过论"崇高"，康德揭示了人有超越自然必然性的自由能力。不过康德的道德律接受和消化了基督教的精神，所以他的道德又是一种理性宗教，在他那里上帝成了人类道德的"崇高"楷模。

康德的"崇高"论体现了西方人信仰主义下追求人格壮美的历史传统。这种传统源于古希腊的"命运观"，然后发展为中世纪的"原罪说"，反映在伦理思想上就是个人英雄主义的义务论——从"至善"动机出发，在艰难的过程中感受人之精神壮美。西方人感受人格壮美是通过塑造悲壮的人格神的形象来实现的。人格神的悲壮形象昭示着西方人要积极乐观地与既定命运坚决斗争。比如在普罗米修斯的悲壮形象下形成了古希腊罗马人的个人英雄伦理观，在基督耶稣的悲壮形象下形成了现代西方人的"新教伦理"。这些伦理观都是建立在信仰人格神的"崇高"之下，它使人从对现象界的征服的"痛苦"中获得一种精神上的"崇高"感（自豪与自信），体验"神人合一"般的精神审美享受。在这种壮美人格精神的指导下，西方的艺术风格倾向于"精准"中塑造"崇高"的艺术形象，从而表现出棱角分明、雄伟高大、气势恢宏的特点（例如教堂建筑、交响音乐等）。实际上，西方现代艺术家喜欢自然美，也是因为他们崇拜

① 戴茂堂：《西方美学史》，武汉理工大学出版社 2003 年版，第 205 页。
② 参看宗白华：《美学散步》，上海人民出版社 1981 年版，第 224 页。

世界上有两个崇高的东西，这就是夜间的星空和人心里的道德律。

经"上帝之手"创作出的"巧夺神工"的作品,因为神创造了世界万物,只有神的标准是最完美无缺的,最真实的,所以他们喜欢追求艺术效果的"精准"。

相对于中国"自然"手法下的优美而言,我们可以把西方实现壮美的方式称为一种"神化"手法,它不像中国式的"自然而然",而是采取设置后的精准模仿。在艺术审美中,他们一方面通过"精准"来模仿"上帝之手",另一方面又通过"精准"来表现"上帝"人格神的"崇高"形象和悲壮精神。如果说中国艺术追求的是"巧夺天工"的境界的话,那么西方艺术追求的则是"巧夺神工"的境界,但中国的"天"比较模糊(是生态万物总体的象征),只能以小巧"夺"其韵,故形成优美;西方的"神"比较清晰(是与个人同形同性的人格神),能以大巧"夺"其真,故形成壮美。

二、中西审美形态差异的根源

为什么中国美学通过"自然"手法表现出优美的形态,而西方美学却通过"神化"手法表现出壮美的形态呢?其中缘由得从人类禁欲主义传统说起。禁欲主义是人类社会的共同法则,中西方都有禁欲主义传统,所以它只是前设条件。然而把禁欲主义传统分别与中西文化审美心理机制结合起来,它就会变成实质性的动力因素。中国审美心理机制是源于"天人合一"式的文化心理结构,西方审美心理机制是源于"神人合一"式的文化心理结构①。中西方禁欲主义传统与上述两种文化审美心理结构分别结合就产生了中西审美形态的差异。

美学家乔治·桑塔耶纳在论述人的审美情感受到"恋爱激情的影响"②时说:"我们审美敏感的全部感情方面———没有这方面便是知觉的和数理的敏感而不是审美的敏感了———就是来源于我们性机能的轻度兴奋。"③尽管

---

① 可参看王生平:《"天人合一"与"神人合一"》,河北人民出版社1989年版。

② [美]乔治·桑塔耶纳:《美感——美学大纲》,缪灵珠译,中国社会科学出版社1982年版,第38页。

③ [美]乔治·桑塔耶纳:《美感——美学大纲》,缪灵珠译,中国社会科学出版社1982年版,第40页。

审美情感有性机能的积极参与，但他继续说道"性不是性欲的唯一对象。当爱情尚未有它的具体对象，……我们便见到那被压抑的欲火向各方面爆发出来。或者献身于宗教，或者热衷于慈善，……但是最幸运的选择是热爱自然和热爱艺术；因而自然也往往是我们的第二情人……对于人，整个大自然是性欲的第二对象，自然的美大部分都是出于此中情况。"①这就说明，人的性机能是间接地积极参与审美过程的，它可以使人的审美激情转化为"献身于宗教"，或"热爱于自然"。这里说到"性不是性欲的唯一对象"即在说明性欲一定要指向某个对象，其中性即是它的对象之一，但性又不能成为性欲的唯一对象，因为人需要接受文明社会的道德规范，而道德规范从本质上来说就是禁欲主义，所以桑塔耶纳所说的恋爱激情影响下的审美情感，只不过是弗洛伊德潜意识理论的具体应用而已。根据弗洛伊德潜意识理论，人类文明本质上就是人的本能冲动的产物，在人的本能受到压抑时，它会以"无意识"的方式表现出来，即指向"意识"世界的对象，使其在"意识"世界的对象上反映出"无意识"的冲动来，这理论反映到桑塔耶纳那里就是：处于压抑状态时，人通过将审美情感献身于宗教或热爱于自然，映射出了人的"无意识"冲动。

现在回过头来看中国的美学形态。中国美学通过"自然"手法来表现优美形态，审美表象物主要为自然物。这是否说明我们的性机能的轻度兴奋指向了自然呢？是否是因为我们把自然当作了"第二情人"的结果呢？答案应该是肯定的，自然美即反映出中国人的"无意识"冲动。因为中国"天人合一"审美机制中的"天"是由自然上升而来的，充满了丰富的感性色彩，"它（自然）是那样富于人情味，它简直就是人的象征"②，而这种审美机制又是在禁欲主义制度下最终建立的。

禁欲主义在一定程度上启示着人类的文明进步，它意味着人类从自然生存状态转向文明生存状态。古代中国有禁欲主义传统，从先秦思想来看，儒家主体思想是提倡禁欲主义的。孔子讲"克己复礼"，即要求克制人之私欲。儒家思想发展到荀子时，禁欲主义思想明显增强。荀子的逻辑是，人性先天为恶，后天学习礼仪制度就是抑制人之自然恶性。法家韩非子作为荀子的弟子，用

> 中国审美心理机制是源于"天人合一"式的文化心理结构，西方审美心理机制是源于"神人合一"式的文化心理结构。

---

① ［美］乔治·桑塔耶纳：《美感——美学大纲》，缪灵珠译，中国社会科学出版社1982年版，第41页。

② 邓晓芒、易中天：《黄与蓝的交响——中西美学比较论》，人民文学出版社1999年版，第52页。

"法、术、势"制定了系统的禁欲主义等级制度。到了宋明新儒学时期，禁欲主义到达了顶峰，即达到了"存天理，灭人欲"的地步。与儒家禁欲主义思想传统下相应的就是儒家提倡的"君子"形象。儒家提倡通过修身养性，塑造文质彬彬的"君子"形象，这些"君子"尚文不尚武，以道德主打世界，在公众面前以"儒生"形象出现。儒家君子的这种外在形象气质也致使学者将儒家美学思想归为"隐性"的尚母情结①。另外，与儒家禁欲思想传统同时出现的就是道家崇尚自然的传统。道家崇尚自然，老子主张"绝圣弃智"，回归自然；庄子提倡"逍遥游"，与自然同游。老庄思想中满载着热爱自然的激情也致使学者将其归为一种"显性"的尚母意识②。

　　这里所谓的儒道思想蕴涵着"尚母意识"实际上都是中国禁欲主义传统导致的结果。我们知道，在封建制度的管制下，古代文人往往都是政治制度的附庸，实现其"权力意志"是极度有限的；另一方面，为了王朝政治稳定，他们又要以禁欲主义伦理观维持其等级制度。这就导致他们在"外求"方面受到了严格限制，必然走向"内求"。"内求"即要有思想的赋形物，中国由于没有信仰人格神的传统，自然之天就是他们内求的赋形物。这样，以儒道互补为表征的审美文化选择了自然美为其表象形式是有其必然性的：一方面，由于人类进入文明状态，禁欲主义变成人类一种自觉的道德规范；另一方面，由于中国没有形成西方式的人格神信仰传统。如果不从人类学上去考究尚母意识的源头的话，单就审美心理机制的形成来看，这两个条件就决定了古代文人将自然美视为他们倾泄"权力意志"和本能冲动的艺术对象了。而又选择其象征女性阴柔特性的优美形态，则是因为在"男尊女卑"的封建社会，男性担当了艺术创作的主体，女性和自然景物则可以成为互相过渡的艺术对象。因此，可以说，"天人合一"机制下的中国传统美学以自然手法体现的优美形态在审美主体与审美表象物之间的关系是一种暧昧关系。我们热爱自然这个对象，是因为自然在"男尊女卑"的社会文化背景下已经变成了小巧顺从的女性象征，审美主体把自然当作了"第二情人"。

　　西方禁欲主义也有其文化源头。古希腊的柏拉图、犬儒派、斯多亚派以及新柏拉图主义代表普罗汀都是持禁欲主义态度的，他们都主张通过禁欲，以

禁欲主义在一定程度上启示着人类的文明进步，它意味着人类从自然生存状态转向文明生存状态。

---

　　①　仪平策：《父权社会、两性文化》，载《东方审美文化研究》第 1 辑，广西师范大学出版社 1996 年版。

　　②　叶舒宪：《老子哲学与母神原型》，载《民间文学论坛》1997 年第 1 期。

达到净化灵魂的目的，最后使人上升到一种"神人一体"的迷狂状态。到中世纪基督教，禁欲主义开始规范化，成为宗教信仰的必备条件。与禁欲主义对应的，是西方人信仰人格神的传统。这两个因素结合，西方人的"无意识"冲动在"献身于宗教"事业的压抑中表现出审美的激情，即从信仰人格神的道德压迫中转为自觉式的献身精神，通过"献身"来体验人格精神上的壮美感受。西方信仰的人格神一般象征着精神上的悲壮形象，这种悲壮形象是通过人格神在受残酷命运摧残面前表现出乐观的斗争精神而显示出来的。比如希腊神话中的盗火者普罗米修斯形象，面对命中注定要被宙斯悬吊在山崖下接受恶鹰啄食心脏的痛苦却从容不屈。还有醉生梦死般的酒神狄俄尼索斯形象等，他们象征着在命运之神主宰下无法改变命运之苦的乐观悲壮精神，象征着泰然臣服下的积极斗争精神。这里的"悲"是指肉体遭受痛苦而显得悲烈，这里的"壮"指精神的坚强，即以自觉的态度接受肉体痛苦。西方人格神的悲壮形象在中世纪更加完善，形成了系统的基督教神学。基督教通过"道成肉身"和"耶稣受难"等场面展现了上帝为救赎人类而历经的种种磨难，从中显示上帝的博爱精神和大无畏的牺牲精神。这样，源于古希腊"神人同形同性"的文化审美心理结构，经过中世纪基督教神学洗礼之后，西方人最终形成了"神人合一"的审美心理机制。这种机制下，人之审美情感表现出"灵魂"与"肉体"的张力关系，以肉体承担痛苦来显示人对神之精神（灵魂）的虔诚"谢罪"。因此，该机制下的"神"、"人"关系体现为一种主奴关系，服从与被服从的关系。神是人之精神（灵魂）的主人，人会因为深受肉体的奴役而成为神之精神的奴婢，人只有通过自觉地承担肉体的痛苦才能表达对神之精神的"谢罪"。比如火刑柱下的布鲁诺形象、近代航海冒险家形象以及现代西方人的极限运动和工作狂态度等都体现出这种"灵"与"肉"的张力关系。由此可知，禁欲主义态度下的西方美学表现出壮美形态是必然的：西方人由于信仰人格神，人格神又代表着正义道德之悲壮形象，这会使西方人把由消极服从

"天人合一"机制下的中国传统美学以自然手法体现的优美形态在审美主体与审美表象物之间的关系是一种暧昧关系。

于神之高大形象下的精神挤压变成积极主动的人生进取动力,这种人生进取会因为对神之精神的"负债"而变成激烈悲壮式的"灵"、"肉"之争,以灵之胜利而显示出人格精神的壮美。

综上所论,中国美学通过"自然"之法而表现出的优美形态是禁欲主义与"天人合一"审美心理机制结合的产物,因为没有西方式的人格神,中国人的"无意识"指向了自然,与自然达成一种暧昧关系,优美形态通过象征女性阴柔一面的自然美得到表象;西方"神化"手法下的壮美是禁欲主义与"神人合一"文化审美心理结合产物,由于对人格神的信仰,西方人的"无意识"变成了自觉地笃教行为,与神达成了精神上的主奴关系,壮美形态通过人对神之悲壮形象的"谢罪"过程来体现。

三、中西审美形态的共同界域———自然·神

中国美学通过"自然"手法表现出优美形态,西方美学通过"神化"手法表现出壮美形态,于是中西美学在追求艺术的至高境界时就表现出"自然"与"神化"的对立局面。我们认为,"自然"与"神化"的对立现象恰是中西美学"命定式"的互补对话机制。我们可以从现代学者就比较中西美学研究而追根到文化地理学上的差异性描述中将这种互补关系揭示出来。从文化地理学的角度来描述中西美学差异性特征的美学比较论学者应该很多,这里我们以《黄与蓝的交响———中西美学比较论》一书的观点为例。该书在对比中西美学差异性时,从文化地理学的角度考查了中西文明源头的差异性特征:即中华民族是"大地之子",古希腊民族是"海的女儿"[①]。"大地之子"说的是中国文明的源头是从喜马拉雅山系下的"大江、大河"里孕育而来的(主要指黄河流域),聚集在"大河"流域的人们以血缘关系为纽带发展出农耕文明,此环境下的人们"厚土"而"怨水";"海的女儿"是说古希腊文明的源头是从地中海、爱琴海而来,散居在"大海"中的人们以松散的城邦和紧密的利益交换为纽带发展出商业文明,该环境下的人们"乐水"而"恶土"。

通过"大地之子"和"海的女儿"的形象比喻,我们对中西文明的差异性就有了一个直观感受。然而,为什么象征男性气质的"大地之子"在审美形态上

中国美学通过"自然"之法而表现出的优美形态是禁欲主义与"天人合一"审美心理机制结合的产物。

---

① 邓晓芒、易中天:《黄与蓝的交响——中西美学比较论》,人民文学出版社1999年版,第15页。

却选择了带有阴柔女性气息的优美形态(大地质感应该比海水质感强)？为什么象征女性气质的"海的女儿"在审美形态上却选择了带有男性气概的壮美形态？为什么他们各自的审美形态都表现出对方的先天气质而不是自身的先天习性呢？可以首先进行文化地理学的描述(这里我们可以用从无边海洋上兴起的"狂风暴雨"到跌宕起伏的内陆变成"和风细雨"这个形象比说分别来看中西审美形态的成因，这与第二部分的禁欲主义不冲突，禁欲主义强化了审美形态)。"海的女儿"的壮美形态是通过大海的环境塑造而成的。大海拥有无边的广度、不测的深度和"狂风暴雨"的力度，锻炼出她的体格和胆量。另外，"一船平江"的海面给人一种极目天涯的自由审美快感，它诱惑着人达向彼岸的希望。两者结合，"彼岸"驱使着人乘风破浪般地冒险航行。"大地之子"的优美形态也是自然的产物。中国由于深处内陆，在海上兴起的"狂风暴雨"到达这里一般已经变成"和风细雨"。细雨无声润物，草木万象滋生。加上山之静态高立和层峦曲折优美，故而能欣赏到"人间四月芳菲尽，山寺桃花始盛开"的优美景象(中国传统美学主要通过这种形式，体现了儒、道、释的统一)。

　　但文化地理学的解释只能将审美看做是自然必然的产物，它是一种"同性相生"的解释方法。审美是反映人性自由的产物，它遵循的是"异性相生"的方法，所以还必须追问文化地理学解释的根源——人的审美自由性。我们知道，中国作为"大地之子"，"大地"作为质感较强之物给中国文化带来两种影响：一是民族气质中含有质感较强的因素。例如儒家提倡的人格理想就是"仁"，"仁"的精神主要体现为刚正不阿的"直"(孟子讲"浩然之气")，鲁迅在论中国人的"脊梁"时就说：中国历来就有"为民请愿的人"、"拼命硬干的人"，等等。从某种程度说，儒家思想代表中国文化生存论的特征。二是大地(山)作为坚硬物象征着阻碍中国人自由行动的因素(不像海洋之平阔)。例如中国的山(由大地构成)一向以直逼之感给中国人以阻力。比如"泰山压顶"(泰山为中国传统文化之象征)、"高山仰止"、"太阳落山"、还有"三座大山"等都有这种征象。如何克服这种质感较强的自然环境呢？道家提倡"以柔克刚"。柔虽如水性，但却坚韧于山，水滴石穿，所以从某种程度说，道家思想代表中国文化生存论上的方法论特征。道家思想这种方法论特征，代表着人对自然必然性的克服，是构建中国审美形态的决定性因素。例如中国"天人合一"审美机制中的"天"是被道家柔化了的自然(面对高峰林立的壮观景色却形成了优美形态，一定程度上反映了人对自然的"柔化")。综之，儒家思想代表着中国文

中国由于深处内陆，在海上兴起的"狂风暴雨"到达这里一般已经变成"和风细雨"。

化的质感性特征,体现了"大地之子"的必然本真,道家思想则在方法论上克服其必然性,显示出"大地之子"的审美自由性。

　　同样的道理,西方文明作为"海的女儿","水"作为质感较柔之物给该文化带来了与中国文化相异的影响:一是在民族气质上显示出质感较柔的水之特性。例如泰勒斯认为水是世界的本源;亚里士兵德认为泰勒斯是看到万物的种子里含有水分才得出此结论的;赫拉克利特的"火"流;海德格尔认为"存在"是自然的涌现;以及生命哲学、意志哲学等等,在其思想中都包涵有"水"流之涌动特性。同时,这里的水又不是一平如镜的水,而是狂风暴雨式的海之水,它带有摧毁的烈度。因此可以说,"水"之特性代表了该文化的生存论特征。二是"大海"之水也是人自由行动的阻碍(海洋变幻无常,以吞噬一切的威力而成为敬畏的对象)。如何克服其自然必然性?他们采用"以刚克柔"之法(因为大海不同于山峰,虽有力度但却无刚性),但他们不是强化自然,而是"强化"人格。强化人格不能来自自身,因为其本身就是"水质",所以"强化"人格通过塑造外在的人格神来达到。人格神作为正义、刚强和勇于承担命运的象征(比如普罗米修斯和耶稣等),像海中耸立的坚硬山峰一样鼓励西方人克服其自身的自然性(水之柔性),达向彼岸。所以可以说,人格神象征着西方人生存论上的方法论特征。但是人格神通过"神人合一"的审美机制,"神"被强化了(以上已经说到,即在人类文明社会的禁欲主义态度下被强化的),人格神便逐渐由生存论上的方法论变成了生存论本身(就像道家由生存论上的方法论逐渐掩盖了儒家"刚直"的一面,整个文化显示出阴柔的特征),最后变成了"理念"、"概念"等形象,从而以刚强有力的理性方式展现出来(理性掩盖了其他一切)。但是一旦人格神像山峰一样倒塌,西方人便又将显露其像水流一样涌动的"本真"。

　　综上所述,中西审美形态的差异性在文化地理学描述背后还有其审美自由性根源,即中国通过"柔化"自然,克服其自然必然性的制约("柔化"本来属于"海的女儿"的先天气质),走向了优美生存,优美即是中国人自由性的集中表现;古希腊西方通过"强化"人格,以外化的人格神方式克服其自然必然性制约("强化"本来属于"大地之子"的先天气质),走向了壮美生存,壮美即是西方人自由性的集中表现。通过这种审美自由性的描述,我们就能发现,中西审美形态在两种文明的源头上就是一种"命定式"的互补对话关系,而该审美形态上的互补对话关系源于一种界域共融,即是"自然"与"神化"手法下的自然·神。

　　　　　　　　　　　(方德志博士参与了本讲的撰写,特此致谢)

第二十三讲
伦理学视域下中西和谐观的几点思考

"和谐"无疑已经成为当下中国最有魅力的概念之一。然而学人在谈论和谐话题时却暴露出两种倾向：一是日常生活层面对和谐概念的使用极度泛化甚至庸俗化；二是学术研究层面对和谐概念的理解极度狭隘化甚至片面化。有鉴于此，我们认为有必要回溯到中西和谐思想的历史源头，看一看在中西伦理学史上和谐概念究竟有怎样的意蕴。很明显，这种历史回溯的前提与背景恰好是当代世界和当今现实。这种回溯，从学理层面上看，必有助于从道德价值论层面守住和谐问题讨论的层次，揭示和谐的本质、特征和内核，清除和谐问题讨论的误区，推进和谐理论研究的深入开展；从实践层面上看，必有助于化解现实生活的种种矛盾，实现社会生活的"和生、和处、和爱"，归整当代社会的价值秩序。

> 中国传统文化认为，人道源于天道，天道本和谐，人道也应平和。

一、西方也有和谐思想

国内学人论及和谐问题的时候，大多首先论及甚至仅仅论及中国传统和谐思想。中国传统文化认为，人道源于天道，天道本和谐，人道也应平和。天人相通不隔，宇宙之本根乃道德之最高准则；人之道德即是宇宙本根之发现。倘有人涉身于冲突，那必是偏离了人道，偏离了人道之所本的天道。从这样的立

场出发，中国传统哲学在人与自然的关系上，强调"天人调谐"；在人与人的关系上，要求"和睦相处"；在人与社会的关系上，崇尚"合群济众"。于是，争以及因争而起的冲突就成为一件绝对的坏事。《论语·卫灵公》说："子曰：'君子矜而不争，群而不党'。"法家之重法就是为了"去私"，使民无争，确保大家共同生活于和平与和谐之中。儒家之重德就是要通过教化、劝说使民返人道之正，以便维持好整个社会的和谐。应该肯定，学人们对中国传统文化中的儒道和谐和合文化及其现代价值进行发掘、整理和再认识，促进了和谐问题的研究与探讨，弘扬了中国传统文化的世界历史意义。

但遗憾的是，国内学人对西方伦理学中的和谐思想很少进行专题讨论。这不仅导致了关于和谐思想的历史考察很不完整，而且也不利于和谐思想讨论的深入展开。有不少学人以为，和谐思想是中国文化的专利，似乎和谐思想与西方文化无缘。这是一个天大的偏见。其实，和谐是人类的共同理想。哪里有对立与不完满，哪里就有对和谐与完满的永恒期待。我们不能想象有这样一个民族，在那里没有对和谐的期待和渴望。这就如同任何一个民族都会有对正义、诚实、勇敢和友谊的期待与渴望一样。麦金泰尔说："我们不能想象有这样一个人类群体，在那里没有受规则支配的行动，并且，在那里支配着行动的规则不需要有说真话的准则，不需要有有关正义、所有权等等准则，我们之所以不能这样想象，那是因为我们要正确地把它描述为一个人类群体，那就必须满足最低限度的概念条件。在任何人类群体中，一些有关真理和正义的观念都必然有其坚实的基础。而且，正如我已经论证的，在任何一个人类群体中，几乎不可想象，诸如友谊、勇敢和诚实等品质会不受珍视，其原因仅仅是那些不珍视这些品质的人，其活动可能的目的范围要受到太大的限制。"[①]我们之所以不能这样想象，是因为任何一个民族都不会不想远离冲突、对抗和流血。事实上，西方和谐思想非常丰富。在毕达哥拉斯那里，就已经有了"美是和谐"、"和谐是

哪里有对立与不完满，哪里就有对和谐与完满的永恒期待。

---

① [美]麦金泰尔：《伦理学简史》，龚群等译，商务印书馆2003年版，第139页。

一种美德"的思想。在亚里士多德那里，也有"德性就是中道"的讨论，莱布尼茨更有著名的前定和谐思想。不过，西方哲学在讨论和谐问题时与中国哲学使用的语言和概念很不相同。比如，古代的柏拉图更多的是从讨论"公正"入手来表达其和谐思想的。中世纪基督教讨论和谐使用的是"仁慈"概念。近代哲学从"社会公正与个人自由之关联"的角度讨论了如何处理"自爱与博爱"、"个人利益与集体利益"的关系。培根提出了"全体福利说"、休谟提出了"社会联盟说"、边沁提出了"最大多数人的最大幸福原则"、卢梭提出了"道德同情心"、费尔巴哈提出了"合乎人情的利己主义"。现代的罗尔斯更是提出了以"正义"为核心的和谐原则。而当代社群主义更是一种通达社会和谐的理论设计与表达。

二、中西和谐思想的伦理比较

和谐概念中西有之，且中西和谐思想具有某种一致性（如都把和谐当成美和善等），但由于文化背景的原因，中西和谐思想更具有根本差异性。从价值论视域看，这差异主要表现在如下几个方面：

首先，中国传统和谐思想更多地具有社会科学的维度，和谐概念具有浓重的道德价值论色彩。和谐涉及人与物以及人与人的关系。在中国，人是人性论意义上的而不是生物学意义上的。这就是说，人不是被欲望所规定的，而是被道德所规定的。而物主要不是自然意义上的，而是社会意义上的。物是在生活世界中的人物和事物，具体表现为君臣、父子、兄弟、夫妻和朋友之间发生的事情的总和。而知识主要不是认识事物的规律，而主要指的是知"道"，即人如何作为一个人去存在的道理。而与知识相对应的行为主要不是指一般的物质生产活动，而是人的道德实践活动。也就是说，"一种关于人的真正的知识必然指导人的存在并变成人的行为，从而成为了伦理。它既规定了人与人的关系，也规定了人与物的关系。"①西方和谐思想更多地具有自然科学的维度，和谐概念具有浓重的科学理性色彩，以至马克思把他构建和谐社会的理论称为科学社会主义。其所以如此，这跟西方文化骨子里是一种科学文化，倡导理性精神有关。

其次，中国传统和谐思想认为，人与人、人与天地所构成的和谐系统是一个被消解了对立和矛盾的系统，是一个朦胧的、原始的、混沌的系统。我们可

---

① 彭富春：《论中国的智慧》，人民出版社 2010 年版，第 140 页。

一种关于人的真正的知识必然指导人的存在并变成人的行为，从而成为了伦理。

以看看孔子是如何主张人际和谐的。孔子强调,从否定方面讲,要达到和谐,人就不要把自己不意愿的给予他人。这就是《论语·颜渊篇》所说的:"己所不欲,勿施于人。"《论语·公冶长篇》又说:"我不欲人之加诸我也,吾亦欲无加诸人。"从肯定方面讲,要达到和谐,人就要把自己意愿的给予他人。《论语·雍也篇》说:"夫仁者,己欲立而立人,己欲达而达人。"很显然,无论是肯定的还是否定的方面,这一所谓的"金规则"都设定了人与人之间的同一性:我不欲的一定也是人不欲的,我所欲的一定也是人所欲的。而这种同一性又是基于一个人性假设:人同此心,心同此理。孟子的思想就存在一个预先的设定,人的本心与他人的心都是相通的和相同的。《孟子·告子章句上》说:"口之于味也,有同嗜焉;耳之于声也,有同听焉;目之于色也,有同美焉。至于心,独无所同然乎? 心之所同然者何也? 谓理也,义也。圣人先得我心之所同然耳。故理义之悦我心,犹刍豢之悦我口。"孟子认为,人有共同的感觉,并从共同的感觉推出人有共同的心灵。人都拥有一个同一能思考的心,人都拥有一个同一的思考物。人心的同一处并非其他,而是对于同一理义的热爱和追求。不忍人之心作为人的本心就是人本身具有的和他人相通和相通的心。不忍人之心进一步展开就是恻隐之心、羞恶之心、辞让之心和是非之心。《孟子·公孙丑章句上》说:"无恻隐之心,非人也;无羞恶之心,非人也;无辞让之心,非人也;无是非之心,非人也。恻隐之心,仁之端也;羞恶之心,义之端也;辞让之心,礼之端也;是非之心,智之端也。"不过,人与人除了同一性,还有差异性。每个人都是不一样的,每个人的存在都是不同的。人要承认他人的差异性,不要让自己的尺度去要求他人。我不欲的或许正是他所欲的;我所欲的或许正是他所不欲的。因此,在中国传统的和谐思想里,明显缺少一种对多样性和差异性的认同与接受。西方和谐思想更多地把价值对立与冲突包容在和谐的状态当中,和谐是冲突的、动态的、激越的和谐。和谐就是对立面的调和、多样性的统一。毕达哥拉斯学派认为,世界是由数组成的,而每个数都是奇数和偶数两个对立面的统一,而这种对立统一就是和谐。赫拉克利特认为:"对立造成和谐。……相反的东西结合在一起,不同的音调造成最美的和谐。"[1]亚里士多德认为,应该从多样性中把握和谐。黑格尔说:"简单的东西、一种音调的重复并不是和谐。差别是属于和谐的;它必须在本质上、绝对的意义上是一种差别。和谐正

---

[1] 北京大学哲学系外国哲学教研室编译:《古希腊罗马哲学》,商务印书馆1982年版,第19页。

是绝对的变或变化——不是变成他物,现在是这个,然后变成别的东西。本质的东西是:每一不同的、特殊的东西之与他物不同——不是抽象的与任何他物不同,而是与它的对方不同:它们每个只在它的对方本身被包含在它的概念中时才是存在的。变化是统一,是两个东西联系于一,是一个有,是这物和他物。在和谐中或在思想中我们承认是如此的:我们看到、思维到这个变化——本质上的统一。"①

　　中国传统和谐思想更多地表现为追求一种静态的、柔顺的、宁静的境界,反对竞争与冲突,回避矛盾,顺其自然。人与人、人与天地所构成的和谐系统是一个被消解了对立和矛盾的系统,是一个朦胧的、原始的、混沌的系统,因此要实现人与人、人与天地的和谐主要是依赖于人的顺天、无为的修为。和谐何以可能?关键在于修身。修身就是修正个人的言行。而修身的工夫主要不是外求,而是反省。修身是每日必须完成的功课。对于修身和反省来说,学习是非常重要的。学习是人性修养中最根本的环节。在这里,学习首先不是某种专业技能的训练,而是关于人性的培养和塑造,也就是如何求道成仁,提升境界。学习不是追求关于一般事物的知识,而是寻求人们自己早已丧失的本性和本心。因此,在中国,人性的教育是一切教育中最重要的教育,人性的学问是一切学问中最重要的学问。《论语·阳货篇》说:"好仁不好学,其蔽也愚;好知不好学,其蔽也荡;好信不好学,其蔽也贼;好直不好学,其蔽也绞;好勇不好学,其蔽也乱;好刚不好学,其蔽也狂。"即使追求仁、知、信、直、勇和刚等美德,如果不注重学习的教化,这些美德也会演化为恶行,导致不和谐。为了和谐,那就得寻求人的本心和本性。既然人的本心和本性在人自身,那就要返回人自身。《孟子·离娄章句上》说:"人有恒言,皆曰'天下国家'。天下之本在国,国之本在家,家之本在身。"这就是说,人自身才是世界整

和谐何以可能?关键在于修身。

① [德]黑格尔:《哲学史讲演录》第1卷,贺麟等译,商务印书馆1983年版,第302页。

体及其不同构成者的根本。因此，天下和国家问题的发现和解决都依赖于人自己，这不是向外而是向内寻求出路。所以，孟子强调反身而诚，存心养性，养浩然之气。孟子认为，正是通过个人自身的心性的修炼，人才能培养成一个真正意义上的人。而一个真正意义的人并不在于他具有崇高的地位和强大的权力，而是在于他具有伟大的心灵，即人所本有的仁义之心和赤诚之心。一旦拥有了这颗仁义之心和赤诚之心，和谐就来了。当人自身的心性是真实的时候，他就能感天动地，达到天地的真实，实现天人合一；当人自身不是真实的，那就无法感天动地，契合天地的真实，无法实现天人合一。这就是《孟子·离娄章句上》所说的："诚身有道，不明乎善，不诚其身矣。是故诚者，天之道也。思诚者，人之道也。至诚而不动者，未之有也。不诚，未有能动者也。"圣人与天地同体，和万物合一，而贯通一切。在西方，人与自然的和谐不是一种既定的原初秩序，而是通过人的实践活动所达到的一种生存境界。虽然《中庸》说："知、仁、勇，三者天下之达德也，所以行之者一也。"把勇敢作为一般人性最主要的三美德之一。但《中庸》所说的三达德主要是在人伦关系中所表现出来的美德。

第三，中国传统和谐思想更多地把个人排出在社会和谐的构架之外，强调要克制和约束自己。《论语·颜渊篇》说："非礼勿视，非礼勿听，非礼勿言，非礼勿动。"而克制和约束自己的结果就是把个人的小生命融入到集体的大生命之中，个人的终极理想便是天下太平、世界大同、社会一统。并且主张运用德治的手段来维护。德治的实质是人治。显然，不是所有公民参与国家的管理，而是表现为上治下，少治多。对于《大学》来说，治国如同齐家，家国同构，都具有上下长幼的等级序列。一个国家不过是一个家族的扩大化。君臣关系根本上就是父子关系，治国的原则根本上也是齐家的原则：孝弟慈爱等。总之，《大学》所说的治国理念不是依法治国和以法治国的思想，而是一种典型的以德治国思想。内圣外王是中国传统思想中儒道释三家共同追求的目标，但儒家特别是《大学》将它表述得最为典型。因为《大学》提供了一套完整的内圣外王的原则和方法。《大学》的三纲（明明德、亲民、止于至善）已经纲要性地指出了先内圣后外王的基本程序，八目（格物、致知、诚意、正心、修身、齐家、治国、平天下）更是细致地描述了内圣外王之道的每个环节及其相互关系。它以修身为中枢，向身内和身外两个向度展开。就人的身内而言，要格物、致知、诚意、正心，由此以明明德；就人的身外而言，要齐家、治国、平天下，由此，以亲民。格物、致知主要是人与外物的关系，诚意、正心主要是人与自身心灵的关系。明明德是内圣，亲民是外

王,止于至善是内圣外王的最高理想的实现。内圣的关键是心灵保持为自身,也就是意诚和心正。由内圣而外王却是最初心灵的扩展,表现为齐家、治国、平天下。如何齐家治国平天下?当然是以心齐家以心治国以心平天下。而心就是以孝道为本的道德,外王就成了以心化人的王道。①这显然不利于民主精神和法制精神的培育。西方和谐思想更多地把个人自由容纳在社会和谐的构架之内,尊重个性,尊重人格,并且运用法治的手段来维护,促进了民主精神和法制精神的培育。西方的和谐思想是从个体及其个体的自由与权利问题引申出来的,所以西方文化解决和谐何以可能的立场也只能是立足于个体及其自由。也就是说,在西方文化看来,绝对不可以为了和谐而牺牲个体及其权利。

在这种比较当中,我们可以发现,西方不仅有和谐思想,而且西方的和谐思想具有许多特色和优长,比如西方的和谐思想对差异与个体的接纳直接促进了西方民主精神和自由精神的发展;在这种比较当中,我们还可以发现,尽管中国有很多和谐思想,但中国的和谐思想具有自身的弱点,并没有我们想象的那么完美,比如中国传统的和谐思想过于静态,极易走向保守主义。事实上,中国传统的和谐思想与中国漫长的封建专制统治并行不悖,甚至这种和谐思想还暗中保护和掩护了封建专制制度。这是尤其需要我们反思和警惕的。这种反思或许我们提出并讨论西方和谐思想的潜在背景。

三、当代中国构建和谐社会应注意的问题

通过反思中西和谐思想,我们认为:个人自由与社会和谐不仅不是相互否定的,而且恰恰具有深刻的内在联系。一方面,人本身的自由全面的发展就是一个和谐社会的最后目的;另一方面,个人自由又必须以社会和谐为边界。在当代中国构建和谐社会既要保护个人权利,又要重视社会公平;发展个人权利并不意味着牺牲社会公平,而维护社会公平也不以牺牲个人权利为前提;而构建当代和谐社会的关键在于个体人格的健全,没有独立自主的人格就永远不可能有真正意义上的社会和谐,社会和谐不仅不排斥个人权利而且恰好要求把个人的人格、自由等包容于其中。人类社会要充分而公正地发展,必须首先发展每个个体的独特性和自主权。只有以个人为本位,尊重人的个

---

① 参看彭富春:《论中国的智慧》,人民出版社2010年版,第138-140页。

中国传统的和谐思想与中国漫长的封建专制统治并行不悖,甚至这种和谐思想还暗中保护和掩护了封建专制制度。

性,给个人留下开放多元的空间,让个人充分扮演好自己的自由角色,为每个个体充分而自由的发展提供最佳条件,这个社会才称得上是和谐的。我们有理由相信,不仅充满个性和自由的生活应该是和谐社会的固有特性,而且只有和谐的社会才能真正创造条件让人成为有个性有自由的人,才能真正留下最大的空间激发人们去追求和创造有个性、有竞争的多元的生活。显然,和谐的社会应该是人的自由本性得到最好实现、最快发展的社会,完全的个人自由和充分的个性发展应该是社会和谐的主要指标。只有把个人的人格、自由作为不可剥夺的权利包含于社会和谐之内,才能确保在构建和谐社会的伟大实践中取得人文主义的成果,而不至于像中国古代一样以弘扬和合文化为名却走向了专制社会之实。今天,构建"和谐""社会",我们要特别警惕某些人以"和谐"为借口取消差异,以"社会"为借口取消个性。所以江畅教授在《幸福与和谐》中极力强调:"和谐的构成成分是多元的,而非一元的。在绝对统一的一元化整体中,和谐没有存在的余地。那种试图使系统或共同体成为一个绝对统一的一元化整体努力,只会从根本上消解和谐的根基。……构成和谐的主体或因素不仅是多元的,而且彼此之间是各不相同的,存在着差异性。和谐不是清一色,而是基于差异性的多样性,正因为如此,和谐是美的。清一色的事物也可能构成一种秩序,但那种秩序可能是整齐,而不可能是和谐。和谐是基于差异性、多样性并尊重个性构建的秩序。无差异就无多样,无多样则无和谐。和谐的对立面不仅是无序,而且是整齐划一。"

如果说,哲学是人学,人是哲学的阿基米德点的话,那么从哲学的维度看,我们最需要讨论的是人与这个要构建的和谐社会是什么样的关系。也就是说,人究竟在和谐社会处于什么样的地位。过去的哲学往往有意无意把人与社会对立起来,似乎社会是一个比个人更大、更高的实体,这必然导致对人的忽视与遗忘。其实,只有个人才是这个世界最可真切体验的。离开了个人,社会只是一个虚假的概念,因此社会不能在人之外,更不能在人之上。不存在社会的人,只存在人自身的社会性。如果事实如此的话,那么关于和谐社会的构建的讨论最好还原为人自身的和谐及其建构问题的讨论。也就是说,哲学真正要关切的是如何确保人成为任何一个社会包括和谐社会的最后目的和最高目标。在一个真正和谐的社会,不仅不排斥发展个人的自由、个性、权利,而且一定是公正地谋求个人全面发展和个人自由、个性、权利充分实现的社会。而我们的哲学就是要去说明、论证、解释其中的道理。

只有和谐的社会才能真正创造条件让人成为有个性有自由的人,才能真正留下最大的空间激发人们去追求和创造有个性、有竞争的多元的生活。

第二十四讲
中西道德责任观比较研究

一、道德责任从何而来

　　西方伦理学把责任与自由牢固地联系在一起，强调责任从自由而来。在自由的权利与道义的责任二者之间，西方人强调，自由作为一种权利在逻辑上优先于道义上的责任。自由是人作为有理性的存在者所具有的自主决定自己思想和活动的能力，是个人不受外在自然或内在自然所制约或干预的自主状态。自由对于西方人来说是个神圣而美丽的字眼，是最可宝贵的东西。自由就是人的本质，除了自由之外，人什么都不是。除了自由之外，人别无本质。人的一生就是通过自由选择创造自己的本质的过程。人类的历史就是一部由必然王国走向自由王国的历史。

　　既然自由意志使每个人不得不承认自己是自己行动的唯一原因，那么每个人就必须在自己的存在中接受和承担起自己行动的后果，这是责任的基本缘由。萨特说："人，由于命定是自由的，把整个世界的重量担在肩上：他对作为存在方式的世界和他本身是有责任的。……责任不是从别处接受的：它仅仅是我们的自由的结果的逻辑要求。①因此，责任是自由权利的函数。极端的自由要求极端的责任，责任因为自由而可能。自由是责任的哲学根据和基础。肩负责

> 自由就是人的本质，除了自由之外，人什么都不是。

---

① ［法］萨特：《存在与虚无》，陈宣良等译，三联书店1987年版，第708页。

任,这不是天意,也不是觉悟,只是自由的必然要求和逻辑必然。在西方,即使个人有绝对的自由,也不光意味个人可以任意选择,而且意味自己必须为自己的选择负责,不能推卸责任给环境和别人。自由既是一种权力,也是一种负担、压力和责任。人是有自由的,因而就是有责任的。别尔嘉耶夫说:"自由意志是责任和可能受到惩罚的根源。"①一个还没有自主能力的自然人或生物人,是根本谈不上道德的责任的。一个行为如果是无法选择且不得不如此的行为,总之是一种非自由的行为,那么行为者本身是没有任何道德责任的。所以,可以说,取消了自己意志的一切自由,实际上也就取消自己行为的一切道德责任。

与此有别,在中国盛行的是所谓"先义后利"。道义上的责任(义)是永远优先的。至于责任从哪里来,由于没有现实根据和理由的,于是,这根据和理由只能在现实之外去找。所以中国伦理学把责任和天意而不是和自由坚固地关联在一起,强调责任从天意而来。自由对于中国人来说是一个既陌生又可怕的字眼。中国古代文化很少讲自由,更少讲西方式的人性自由。梁漱溟说:"自由一词,在欧洲人是那样明白确实,是那般宝贵珍重,又且是口中笔下行常日用不离;乃在中国竟无现成词语适与相当,可以翻译出来。"②儒家往往在强调服从社会法则时取消人性自由。这就是邓晓芒先生所说的:"中国人历来重视的是人的'心性之学'或'性命之学',认为人性是生来就既定了的,只需对它作一个适当的规定就行了;西方人所讨论的重点却总是人的自由意志问题,至于人性本身如何规定,则由于它要以自由意志的性质为基础,因而始终是个未定的问题,或者说,人的本性正在于这种'未确定'性。"③

由于取消了自由,所以中国伦理学不从自由的角度去理解道德责任问题,而是把责任归缘于某种外在力量的赋予,这种外在力量中国人习惯称至于天命、天道、天理或天意等等。或者说,责任的合法性论证归缘于某种神秘主义。天命、天道、天理或天意等就是实现这种神秘主义论证的一些神秘概念。天命就是天的命令和规定,是正义的和永恒的,它是无法拒绝和改变的。《尚书》说:"天秩有礼"、"天命有德"、"天讨有罪",强调的就是天的至高无上和绝对权威。与西方哲学闪烁人性的自由光辉不同,中国哲学从最初的"天人

---

① [俄]别尔嘉耶夫:《美是自由的呼吸》,方珊、何卉、王利刚译,山东友谊出版社2005年版,第130页。

② 梁漱溟:《中国文化要义》,上海世纪出版集团2005年版,第17-18页。

③ 邓晓芒:《人之镜》,云南人民出版社1996年版,第13页。

论"，到"天理与人伦"，到"三民主义"，中心都是"天"，人（道）只能顺天（道）而行。从周代开始，中国伦理学逐渐强化了"天"的道德属性和"天命"的道德内容。《论语·尧曰》说："不知命，无以为君子也。"《论语·季氏》又说："君子有三畏"，其中"畏天命"首当其冲。君子和小人的区分在于是否敬畏天命。敬畏天命首先是承认天命的存在，其次是要服从而不违背天命。孔子以知天命为得道，以顺天命并从心所欲不逾矩为最高境界。《论语·宪问》说："道之将行也与，命也；道之将废也与，命也。"《礼记·中庸》曰："天命之谓性，率性之道，修道之谓教。"这就是说人生之道根源于天命，人生所作所为应与天命保持一致。《孟子·离娄上》曰："诚者，天之道也；思诚者，人之道也。"董仲舒在《春秋繁露·为人者天》中提出："为生不能为人，为人者为天也。……人之形体，化天数而成；人之血气，化天志而仁；人之德行，化天理而义。"在董仲舒看来，三纲五常源出于天；天不变，道亦不变。到宋明理学，这"天"已经化为统治者以"三纲五常"为准绳的"理"。朱熹在《孟子集注·梁惠王下》中指出："天者，理而已矣。大之事小，小之事大，皆理之当然也。自然合理，故曰乐天。不敢违理，故曰畏天。"天的主宰作用表现为发布命令，天发布的命令就是天命。天命规定了世界万物的发生和人的生活，是主宰一切的力量，是人类一切价值的基础和生活追求的目标。《中庸章句》曰："命，犹令也；性，即理也。天之阴阳五行化生万物，气以成形，而理亦赋也，犹命令焉。……盖人之所以为人，道之所以为道，圣人之所以为教，原其所自，无一不本于天而备于我。"即使"三民主义"也只是表面的"民"、内在的"理"。就是现代的牟宗三等在《为中国文化敬告世界人士宣言》中追求的依然是："尽内在心性……以达天德、天理、天心而与天地合德，或与天地参。"

与西方哲学闪烁人性的自由光辉不同，中国哲学从最初的"天人论"，到"天理与人伦"，到"三民主义"，中心都是"天"，人（道）只能顺天（道）而行。

　　尽管历史上荀子提出了"制天命而用之"，但依然迷失在"天志"、"明鬼"的旧框框中。天命压倒一切，顺天意者必得赏，反天意者必得罚。天底下人的义务与责任当然也是由天命所规定。一方面认为天对人的奖惩以其是否合乎道德为转移，另一方面又认为伦理秩序和道德规范乃是天命所定。这就是所谓"皇天无亲，惟德是依"。所以，总体上看中国伦理学不太关心自由意志问

题,而是热衷于讨论心性、性命,不是把人性归于自由意志,而是把自由意志归于人的天性、自然的本性,又把自然之性当成天道、天理。当中国古代伦理学假定人性为善(孟子)或人性为恶(荀子)时,实际上就已经把人性设想成了一种不可改变的东西,而不是在自由选择中去确定人性的性质。这就容易导致一个错觉:似乎道德的善或恶是被给予的,而不需要自己去创造或避免。这导致了道德责任观上的宿命论。

而在西方人眼里,一个人在采取行动之前,不论他的目的、动机如何,他的善、恶是未定的;人是自己把自己造成了善人或恶人,因此根本就没有人性从来或本来就是善或是恶的问题,人性首先是人自己的作品,即人自己创造的结果。因此,道德的善是一个有待于自己去创造或完成的事情,而道德的恶也是一个有待于自己通过努力去避免或逃匿的事情。这就表明,一切善行都是在行善或作恶中作出的自由选择,一切的恶行也都是在行善或作恶中作出的自由选择。这就揭示出对善恶的自由选择的意志是一切善恶之所以成为善恶的根源。假使行善和作恶都是命中注定而不得不如此的,那么人就没有必要去承担行为的道德责任。所以亚里士多德主张,研究美德时要区别自愿与非自愿的行为,一个行为在道德上究竟应该受到嘉奖还是被处罚,关键要看其行为是否受到强制。他提出:"对于那些自愿行为就应该称赞或责备,对于那些非自愿的就应该宽恕,有时候甚至应该怜悯","凡是由我们自己而造成的身体上的恶,都要受到责备,而我们无能为力的就不受。"[①]与此相似,黑格尔认为,意志表现于外就是行为,而人们是否对他的行为负责,要以他的主观意志是否故意为准。如果他的行为出于主观意志的故意,那么他就要对这种行为承担责任。"凡是出于我的故意的事情,都可归责于我。"[②]

法哲学原理
Hegel
大师经典　通俗阅读
(德)黑格尔　著
一个伟大的哲学家对法的辩证思考
带你探寻真、善恶与伦理之间的奥秘
北京出版社

道德的善是一个有待于自己去创造或完成的事情,而道德的恶也是一个有待于自己通过努力去避免或逃匿的事情。

————

① [古希腊]亚里士多德:《尼各马科伦理学》,苗力田译,中国社会科学出版社1990年版,第41—51页。

② [德]黑格尔:《法哲学原理》,范扬、张企泰译,商务印书馆1961年版,第118页。

二、道德责任向何而去?

西方伦理学认为,自由是自己的自由,所以真正的责任首先体现为对自己的自由或自由的自己负责。自我负责是自由意志的必然要求。在西方伦理学看来,真正的责任首先应该是指向个人的,因为个人才是最真实的。真实的个人,其善恶本性是不定的。恶的根源在于个人的意志具有的自由决定性。恶存在于我们人类能自觉到的主体内部之中。每个人最重要的是要肩负起自己的身上的责任。一个对自己都不能负责的人何以向他人、向社会、向国家负责?当然,西方伦理学也不能说就不强调社会责任感。如柏拉图在《理想国》中主张把社会公正看成是第一位的善;亚里士多德在《政治学》中主张以公共利益为依归;边沁在《道德与立法原则导论》中主张最大多数人的最大幸福;罗尔斯在《正义论》中主张正义是社会制度的首要价值。但西方伦理学更强调的是,每个人在对国家、对他人尽义务时,不可忽视了自我实现、自我发展这一最基本最切实的责任。

西方伦理学这种责任指向是与西方文化的基本精神相吻合的。从文化观念的基点看,西方是个人主义的,个人主义作为西方文化的思想基础,体现了西方文化的根本性质。西方文化突出个人权利,宣扬个人独立,推崇个人建树,完善个人人格,追求个人利益。西方文化普遍坚信人在宇宙中的中心地位,坚信自我人格的独立性、绝对性和不可侵犯性。在个人与群体的关系中,西方文化侧重于个体的存在与发展,并主张通过追求社会公正、发展集体利益来达到主体精神的高扬和个体人格的完善。即使强调个人在某种情况下也应该具有普遍精神,但这里也首先以承认人的个体性和独立性为第一原则。西方文化的个人主义基点决定了个人才是道德的唯一主体。而从伦理学上考察道德责任当然也就只能指向个人了。

中国伦理学认为,责任首先应该指向群体,因为群体才是最真实的。这种责任指向与中国文化的基本精神相吻合。中国文化是群体主义的。群体是始点,群体的利益不仅高于一切而且就是一切。就群体和个人的关系而言,中国文化强调群体大于个人。按照梁漱溟的说法:"中国文化最大之偏失,就在于个人永不被发现这一点上。"①个体作为群体的部分依附于群体并且必须无条

真实的个人,其善恶本性是不定的。恶的根源在于个人的意志具有的自由决定性。

---

① 梁漱溟:《中国文化要义》,上海世纪出版集团 2005 年版,第 221 页。

件地服从群体。尽管儒家哲学有"自我",但"儒家的自我必须有他人的参与",由此"儒家的自我在诸种社会角色所构成的等级结构背景中不可避免地淹没于集体之中"①。于是,中国式的责任的动力或者是名垂青史、光宗耀祖,或者是尽忠尽孝,绝对不来自自己,并因此责任也不指向自己,而是天下(所谓"天下兴亡,匹夫有责")。对群体的责任感和义务感是整个中华民族从天子到庶人的共通的一般的社会心理结构。为民请命、替天行道是中国人特别是中国知识分子的自我角色认同。徐复观说:"传统的、很严正的中国知识分子,在人生上总是采取'忧以天下,乐以天下'的态度。齐家、治国、平天下,在中国知识分子的人生观中,认为这是修身所要达到的目的,亦即是认为家、国、天下与自己之一身,有不可分的关系,因而对之负有连带的责任感。"②儒家对道德责任的范围不以人事界为限,主张扩及整个宇宙。中国人标榜"天下大事莫不在我心中"。《孟子·公孙丑下》曰:"如欲平治天下,当今之事,舍我其谁也?《孟子·滕文公下》曰:"居天下之广居,立天下之正位,行天下之大道。"陆象山说:"宇宙内事,是己分内事,己分内事,是宇宙内事。"③中国人总是竭力去承担自以为不能不承担的历史责任。

中国式的义务观念就是一种责任观念,今道有信说:"义就意味着责任。在義这个字中,上面是个羊字,下面是个我字。……指的是在共同体中自己背负着祭祀时绝对必要的珍贵之物,它既是自己肩负着对共同体的责任,即在水平方向上应答其它成员的期待与委托;又是自己肩负着对上天的责任,即在垂直方向上对于超越性存在的应答。"④并且责任不是指向自身(小我)而是指向于外(大我),可作利他主义理解。胡适说:"我这个现在的'小我',对于那个永远不朽的'大我'的无穷过去,须负重大的责任;对于那永远不朽的'大我'的无穷未来,也须负重大的责任。我须要时时想着,我应该如何努力利用现在的'小我',方才可以不辜负了那'大我'的无穷过去,方才不贻害那'大我'的无穷未来!"⑤《礼记·礼运》就规定了十种利他式的道德

中国人总是竭力去承担自以为不能不承担的历史责任。

---

① 杜维明:《儒家思想新论:创造性转换的自我》,江苏人民出版社1995年版,第10—11页。
② 徐复观:《中国知识分子精神》,华东师范大学出版社2004年版,第3页。
③ 《陆九渊集》,中华书局1980年版,第273页。
④ [日]今道有信:《东西方哲学美学比较》,李心峰等译,中国人民大学出版社1991年版,第54—55页。
⑤ 梁漱溟:《中国文化要义》,上海世纪出版集团2005年版,第81页。

责任："父慈、子孝；兄良、弟悌；夫义、妇听；长惠、幼顺；君仁、臣忠。"张东荪在他的《理性与民主》中谈及中国式责任特征时也说过："所有的人，不是父，即是子。不是君，就是臣。不是夫，就是妇。不是兄，就是弟。中国的五伦就是中国社会组织；离了五伦别无组织，把个人编入这样层系组织中，使其居于一定之地位，而课以那个地位所应尽的责任。"①事实上，中国历史上最典型的责任就是对君主尽忠、对长辈尽孝的绝对义务。

其实，只有意识到自己的人格，才能意识到自己的责任与义务，才能在社会或群众当中扮演好一个真正负责任尽义务的角色。也就是说，只有把责任的自我承担当成人格和生命的自我完成的人，才能自觉地去履行责任。这就是鲁迅所说的："生命是我自己的东西，所以我不妨大步走去，向着我自以为可以走去的路；即使前面是深渊，荆棘，峡谷，火坑，都由我自己负责。"②

三、道德责任何以承担？

既然自己拥有自由，那么对自由可能带来的问题就应该认真地负起责任来。对于西方人来说，如果责任发生了，他们往往勇敢地去承担。任何人的自由意志都不能担保自己的选择是绝对正确的，但只要他们行使了自己的自由意志，他们就必须为其后果承担全部责任。责任就是人自己负起自己自由的重担。人一旦被抛入这个世界，就要承担自由的重负。萨特说："无论我做什么，我都不能在哪怕是短暂的一刻脱离这种责任，因为我对我逃离责任的欲望本身也是负有责任的。"③自由包含责任，责任体现自由。所以国外有学者指出："自由既是一件幸事又是一个负担。假若选择糟了，受谴责的不是别人，而是我们自己。"④援引外在根据和权威力量来为自己行为的后果进行辩解，就

既然自己拥有自由，那么对自由可能带来的问题就应该认真地负起责任来。

---

① 《胡适文存》第 4 卷，商务印书馆 1935 年版，第 118 页。
② 《鲁迅全集》第 3 卷，人民文学出版社 1973 年版，第 56—57 页。
③ [法]萨特：《存在与虚无》，陈宣良等译，三联书店 1987 年版，第 711 页。
④ [美]菲力普·劳顿编著：《生存的哲学》，胡建华译，湖南人民出版社 1988 年版，第 154 页。

意味着企图逃避自己的责任。人应当尽量不为自己的罪行或过失寻找借口，推卸责任；作为道德主体，人应当毫不犹豫地承担自己行为的一切责任。

有没有责任感涉及一个人的荣誉，而荣誉是高于生命的。在西方伦理学看来，一个人可以不去计较生命的安危，但是一定得在乎荣誉的得失。所以，为了荣誉，西方人面对责任，可以刺瞎自己的双目甚至选择死亡。西方俄狄浦斯神话中，俄狄浦斯受命运的捉弄，尽管是无意中杀父娶母，但他仍然把这种罪过归咎于自己的自由意志，没有急于辩解自己是无意中造的孽。他不仅没有推卸责任，最后还弄瞎了自己的双目，离开王位，四处流浪，从而成全了自己人格的高大与完整。为了人类，普罗米修斯盗火被罚，但他却独自忍受宙斯的折磨，为整个人类担当起如此深重的苦难。苏格拉底不仅强调每个人都是自由的，而且他自己就是一个勇于对自己的自由负责的人。当他被雅典法庭判处死刑时，别人劝他逃走，他拒绝这样做，理由就是：法与个人之间有一种相互的责任，既然自己从青年起就自由选择了生活在雅典，其实也就选择了雅典的法律。既然个人平时受惠于法，怎能在不称心时就反叛呢？每个人都得对自己的自由意志负起普遍的责任。敢于承担死亡其实就是勇于承担责任。日本学者今道有信说："责任的事实看看苏格拉底就知道，在西方是早就存在的。他在战场上无论如何艰苦也不离开指定的阵地；作为年长者又唤起年轻后辈真正的学问精神。……晚年，他因不实之罪在法庭受审时，用与哲学家相称的堂堂风度富于逻辑性的论述自己的信念，完成思想家的使命。最后，如果要越狱的话，朋友们已做好准备。尽管可能成功，但他还是说：自己总教人奉行正义而生，所以必须顺应正义，而遵从法律就是正义，故现在应该依法而死。于是从容地遵命服毒。无论就哪点看，都无不完成了人的责任。……那正是完美地实现责任的方式。"①奥古斯丁和卢梭分别在自己著名的《忏悔录》中对自己所作所为加以客观的置身事外式的揭示，毫不回避自己的自由意志对自己的任何行为所应承担的责任。只有忏悔，人才能把人的灵魂提升到至美的境界。只有忏悔，人才能意识到自己的精神本质。忏悔一定要是发自内心的，因此忏悔极端虔诚而痛苦。这种忏悔意识形成了西方罪感文化的核心观念

近代西方人也自觉地把法律的惩罚当成犯罪人自由意志的必然要求，并作出了法理学上的论证。犯人在犯罪前就是守法的公民，这法是他和其他公民凭

每个人都得对自己的自由意志负起普遍的责任。敢于承担死亡其实就是勇于承担责任。

---

① ［日］今道有信：《东西方哲学美学比较》，李心峰等译，中国人民大学出版社1991年版，第191页。

借自己的自由意志共同制定的;作为理性的存在,犯人在犯罪前后应具有统一的人格,他触犯的是他自己制定的刑律。根据自由意志对犯罪人加以惩罚是以承认犯罪人具有完整一贯的人格为前提的,是对犯罪人人格的最基本的尊重,也是对法律的最高尊重。现代存在主义把道德选择的绝对自由与责任连在一起,提出人要为自己所做的一切承担责任,对自己的存在负完全的责任。责任就是人负起自己的重担。萨特认为,人一旦被抛到世界上来,就享有绝对的自由,因此就要承担自由的重负,对自己的行动负责。是我自己造就了自己,因此我是自己行为的无可争辩的作者,所以,我对我行为的责任是不可逃避的。对人来说,自由无须追求,与生俱来,无可选择,因此自由是人的宿命。萨特认为,一个人行动时,不仅要向自己负责,而且也要向全人类负责。为什么要承担起这巨大的责任?因为人在通过自由选择自己的形象时,也就在选择人类的形象,确定人类的本质,所以要向全人类负责。不过向全人类负责,在落脚点上就是向自己负责。正是深切地感受到自由的责任,所以,萨特认为,自由是判决给人的,自由不可逃避,自由常使人感到痛苦的重负,像是一种无期徒刑。

责任的思想总是和自由的思想相联系的,责任是从意识到自己是一个事件的不容争辩的主人的意义上提出的。绝对的责任不是对外界的接受,而是对我们自由本性的逻辑规定。因为人是自己选择成为什么样的,所以不可能把责任推给任何人和任何处境。人自身也只有在承担了这个选择的全部责任时,才能赋予他的行动以意义。在中国传统社会,由于没有自由,由于一切都是命中注定,个体也就没有道德责任感,就容易把许许多多的理由拿来作为行为的后果的托辞。梁启超深有感触地说:"责望于贤君相者深,则自责望者必浅。而此责人责己、望人不望己之恶习,即中国人所以不能维新

265

伦理学讲座

罗金远
戴茂堂 著

大原。我责人，人亦责我，我望人，人亦望我，是四万万人遂互消于相责、相望之中，而国将谁与立也？"①如果一切都被决定，人类固然因此解除了行动选择上的烦恼，但因此也就在心理上逃避了自己的责任。由于中国式的责任观来自一个并非出自自由选择的前提——"受命于天"的信念，缺乏作为责任的唯一主体的人格概念，所以事情成功了则归究于"皇恩浩荡"，失败了不让自己的人格成为承担责任的最终主体，责任追究不到个人头上，而是让集体或群体来负责，并且群体越大，个人的责任感越变得轻微。这就是梁漱溟先生所说："尤可注意者，在小团体中，每一分子可觉知他的责任。团体愈大，则团体中每一分子的责任感觉愈轻微；……一个大家庭的人，易于懒散；一个大家庭的事，易于荒废，就是为此。"②由于缺乏作为责任的唯一主体的人格概念，结果导致道德责任的转移。由于"法不责众"观念的影响，集体或群体负责很容易成为挡箭牌，常常不知该把板子打在谁的屁股上，时间一长，大事化小，小事化了。集体或群体负责几乎等于谁也不负责，结果该负责的人总是很容易逃脱罪责。原因如克尔凯耶尔所说："群众就其概念本身来说是虚幻的，因为它使个人完全死不悔悟和不负责任，或者至少是削弱了他的责任感，把个人降为零。"③由于中国人有太多要尽的责任但又有太少尽职尽责的能力，由于责任与能力的不对等或不对称，所以，中国人面对责任，承担的方式要么是苦行僧式的，要么是伪君子式的，不是推诿就是逃避，还有就是无尽的忧患。中国儒生的忧患意识在"居庙堂之高则忧其民，处江湖之远则忧其君。是进亦忧，退亦忧"、"先天下之忧而忧，后天下之乐而乐"这样的说法中得到最高体现。很明显，这浓浓的忧患就是对过大过重的群体责任愿意承担却没有承担能力的忧患。徐复观指出："忧患心理的形成，乃是从当事者对吉凶成败的深思熟虑而来的远见；在这种远见中，主要发现了吉凶成败与当事者的密切关系，及当事者在行为上所应负的责任。忧患正是由这种责任感来的要以己力突破困难而尚未突破时的心理状态。"④

（侯忠海博士参与了本讲的撰写，特此致谢）

中国人面对责任，承担的方式要么是苦行僧式的，要么是伪君子式的，不是推诿就是逃避，还有就是无尽的忧患。

① 梁启超：《新民说》，中州古籍出版社1998年版，第50页。
② 梁漱溟：《中国文化要义》，上海世纪出版集团2005年版，第9页。
③ 转引自万俊人：《现代西方伦理学史》下卷，北京大学出版社1992年版，第99页。
④ 徐复观：《中国人性论史》（先秦篇），三联书店2001年版，第18-19页。

第二十五讲
中西伦理学的不同路径

科学是西方文化的骄傲。科学的精神和方法几乎支配了西方哲学及其所有分支。在科学的精神感召下,西方伦理学很大程度上把道德问题的解决寄托给了科学的方法。于是,中西伦理学在路径上表现出明显的不同:一是,以幸福论伦理学为代表的西方伦理学主张把科学理性或科学知识作为通向道德的最高境界的方法与手段,认为对于伦理学来说,科学的理性知识具有牢不可破的工具价值;然而,以儒家为代表的中国伦理学更相信修身才是抵达道德之境界的最好方式,即所谓"自天子以至于庶人,壹是皆以修身为本"。二是,以德性论伦理学为代表的西方伦理学更是进而把科学的理性或知识变成了道德自身,断定关于善恶的真理性知识本身就是一种美德,也就是认为科学的理性知识不仅具有工具价值,而且也具有目的价值;然而,以道家为代表的中国伦理学却明确主张应把"为学"(知识)与"为道"(道德)对立起来,即所谓"为学日益,为道日损"。下面分别加以论述。

科学的精神和方法几乎支配了西方哲学及其所有分支。

一

在如何获得善和德性这个问题上,西方伦理学都把道德律直接作为确凿无疑的命题来认识,并普遍同意,道德的获得主要在于完善知识,拥有真理。

只要通过科学的逻辑手段,依据同一律、矛盾律等逻辑方法,采取演绎与归纳、分析与综合等方式,就可以解释道德的真理性,从而达到道德的完善之境。所以西方伦理学断言:任何人都不会受到真理的损害,而只会受到他的错误和无知的损害。这实际上是一种道德问题上的科学决定论。

在古希腊伦理学家看来,善必须以真为基础①。讲究 LOGOS(逻各斯)的希腊民族力求通过理性的言说来把伦理学的问题谈透彻、说清楚。道德依赖知识的言传身教,没有知识的言传身教就没有德行。人只有具备了有关道德的知识才能做善事,而且人具备了有关道德的知识就必然做善事。知道义务是什么就会有相应的道德行为,知道公正是什么就会做合乎公正的事。有知的人必然择善去恶,知其恶而为之或者知其善而不为是最大的无知。善出于知,恶出于无知。第一个自称为智者的普罗泰戈拉认为,恶的东西可以通过勤勉地学习去掉,善的东西可以通过优良地教育获得,并不出色的人完全有可能通过教育而分享优良的品德,并且受过教育的人一定比那些没有受教育的人品德高得多。苏格拉底认为,人人都希望获得幸福,但许多人得不到,原因在于他们不了解幸福的真正含义,即不具备道德的知识。于是,在苏格拉底那里,知识或理性成为道德的前提,成为人们获得幸福的关键。任何行为只有受美德知识指导才可能善。一些人做错事,并非自愿,而是无知,良知受到蒙蔽,以至把恶事当成了善事。因此使一切人德行完美所必需的就只是知识。显然,重要的任务在于培养人的理性能力,只有认识了善、理解了善,才能过有德性的生活。"一切别的事物都系于灵魂,而灵魂本身的东西,如果它们要成为善,就都系于智慧。……无可怀疑,美德是由教育来的。"②苏格拉底甚至强调,伦理学必须寻找关于善的永恒的、普遍的概念和定义。伊壁

---

① 戴茂堂:《超越自然主义:康德美学的现象学诠释》,武汉大学出版社 2005 年版,第 4 页。
② 北京大学哲学系外国哲学史教研室编:《古希腊罗马哲学》,商务印书馆 1982 年版,第166 页。

鸠鲁说:"凡是被判定为最好的行为,都是遵从理性正当地作成的。"[①]

近代理性派和经验派伦理学都主张从自然科学的知识论立场出发研究道德问题。只不过,经验派认为,关于善的知识必须建立在经验的基础上,没有经验就没有知识;而理性派认为,关于善的知识必须建立在绝对牢靠的理性基础上。道德问题的科学解决构成了西方近代伦理学的方法论特征。洛克指出,道德原则不是自明的,需要通过推论、考察才能发现,道德学是一门可以解证的科学。洛克说:"道德学和数学是一样可以解证的。因为伦理学所常用的各种观念,既是实在的本质,而且它们相互之间又有可发现出的联系和契合,因此,我们只要能发现其相互的常性和关系,我们就可以得到确实的、真正的、概括的真理。我相信,我们如果能采取一种适当的方法,则大部分道德学一定会成了很明白的,而且任何有思想的人亦不会再怀疑它,正如他不会怀疑给他解证出的数学中的命题的真理似的。"[②]赫契生认为,对德行的评价要以善行的数量和这种善行的快乐所普及的人数这两个因素来决定。用数学公式表示就是:德行 = 善的量 × 享受的人数。

中国伦理学的情况截然不同。中国古代思想家认为,德治社会理想的获得主要在于修身养性,唤醒每个人的仁爱之心,使他们具有内在道德伦理意识方面的自觉要求。如果人人蒙受善化,就会有君子之心,就会胸怀忠信而力行仁义;否则就会产生邪乱不轨的念头,就会胸怀奸邪而行为浅薄。在《论语·季氏》篇中,孔子提出"修文德"的思想,认为"尚力"者不得善终,"尚仁"者终有天下。

如果说西方人的科学思维方式本身就要求把一个外在的对象世界摆在主体的对立面等待去征服、去超越的话。那么,中国人由于没有这种科学思维方式,所以也就没有了这种向外征服、向外超越的态度,并且还漠视这种"外求"态度。最典型的表述就是王安石在《礼乐论》中所说的:"圣人内求,世人外求。内求者乐得其性,外求者乐得其欲。"所以,与西方人更愿意外求于物,向外用力不同,中国人更多的是一种内倾精神,这种内倾精神讲究内心自觉、洁身自好、反求诸己、向内用力。这就是庄泽宣在《民族性与教育》(1938 年)中所说的:"中国民族看重自己,希望了解自己,修养内心,和西洋民族的偏重外

赫契生认为,对德行的评价要以善行的数量和这种善行的快乐所普及的人数这两个因素来决定。

① 北京大学哲学系外国哲学史教研室编:《古希腊罗马哲学》,商务印书馆 1982 年版,第 369 页。

② [英]洛克:《人类理解论》下卷,关文运译,商务印书馆 1981 年版,第 640—641 页。

界、探究宇宙、控制自然,态度完全不同。"

中国伦理学讲究内心真诚、独善其身、问心无愧。就是民间流传的谚语——"天下无难事,只怕有心人"、"有志者事竟成"、"天不怕,地不怕,只怕良心来说话"、"为人不做亏心事,半夜敲门心不惊"等等,也能体现中国人重视内心的自省、自律与修炼。"修身"是中国伦理学的关键概念。这概念强调人的内心修炼是道德的起点,保持内心的赤诚是道德的归宿。在这个意义上,中国伦理学走的是修身养性的道路。孟子坚持人心本善,只要倍加爱护,就能保持仁义,培养出顶天立地的大丈夫。荀子坚持性恶论,但同样认为必须以修养改造本性,积善成德。《中庸》强调:"修身则道立。"《孟子·尽心下》说:"存其心,养其性,所以事天也;夭寿不贰,修身以俟之,所以立命。"《礼记》说:"自天子以至于庶人,壹是皆以修身为本。"《道德经》第54章说:"修之于身,其德乃真;修之于家,其德乃余;修之于乡,其德乃长;修之于邦,其德乃丰;修之于天下,其德乃普。"至于如何修身?孔子主张"内省吾身"、孟子主张"反求诸己"、老子主张"致虚守静"、庄子主张"心斋坐忘"、荀子主张"以道制欲"……不外乎都是通过用内在的心性之理去排除个人欲望的干扰,以达到人心一抹平的清静和虚静,达到"从心所欲不逾矩"或"率性"的境界。

二

在西方有些伦理学家看来,真知和善德甚至没有根本的不同。在古希腊有四主德,即智慧、公正、勇敢和节制,智慧就在其中。在古希腊,智慧的德性甚至被看得高于一切。智慧是什么?亚里士多德说:"智慧就是有关某些原理与原因的知识。"①智慧的希腊人总是把伦理学作为他们引以自豪的知识的一部分来言说。结果,古希腊伦理学提供的是指导人类行为的道德观念的知识。在古希腊人看来,善之所以为善,在于善本身就是真或者说真的知识。一个人有善的知识就有德,无善的知识就无德。明智的人总是做光荣的和美好的事。赖欣巴哈说:"把美德视为知识的见解是一种本质上的希腊的思想方式。"②

苏格拉底明确指出:"美德就是知识。"这一著名的伦理学命题表明,"知识"是"美德"的"充分""必要"条件,就是说只有具备有关道德的知识就会做

① [古希腊]亚里士多德:《政治学》,吴寿彭译,商务印书馆1965年版,第3页。
② [德]赖欣巴哈:《科学哲学的兴起》,伯尼译,商务印书馆1983年版,第45页。

善事,无知的人即使想行善,也没有能力,反而会把事情做错。他认为,作为美德的勇敢就是一种认识和知识——正确地估计到可畏的事。柏拉图不仅认为智慧在于对善的知识,而且认为智慧还是理性的美德。苏格拉底和柏拉图这种把美德和科学理性等同的倾向在亚里士多德那里变得更加明朗化。亚里士多德认为,理性的生活是至幸至福的生活,探究真理的生活是理性者最高贵的活动。理性的沉思活动不以本身以外的任何目的为目的,是自满自足的,是"人的最完满的幸福"。哲学智慧的活动恰被公认为是所有美德的活动中最愉快的。在伊壁鸠鲁那里,明智不仅本身就是美德,而且明智可以产生出一切其他美德。伊壁鸠鲁特别强调理性的审慎,认为审慎是一切善中最大的善。作为最大的善,审慎是使人们认识万物的本性和能力并指示人们达到幸福生活目的的美德。

从"知识就是力量"的信念出发,在伦理学中培根坚持美德就是知识的观点。他说:"真理同善的区别,就像印章同印文的区别一样,因为真理能够印出善德,而谬误的乌云却降下激情和骚扰不安的暴风雨来。"[1]理性论伦理学把道德上的善恶正邪看成是和知识上的真伪相同的。认为物的真相是善,知道了物的真相,应该做什么自然也就清楚了。我们对于为什么要行善这个问题的回答,就是因为它是真理。斯宾诺莎说:"意志与理智是同一的。"[2]在斯宾诺莎看来,理性的完善就是道德意义上的幸福:"在生活中对于我们最有利益之事莫过于尽量使我们的知性或理性完善。而且人生的最高快乐或幸福即在于知性或理性之完善中。……事物之所以善,只在于该事物能促使人们享受一种为理智所决定的心灵生活。……阻碍人享受理性的生活的事物方可称为恶。"[3]

中国道德哲学有"闻见之知"与"德性之知"之别。"德性之知"是"求仁"之知,属道德哲学范畴;而"闻见之知"是"求智"之知,属知识论范畴。不仅如此,

哲学智慧的活动恰被公认为是所有美德的活动中最愉快的。

---

① 戴茂堂:《西方伦理学》,湖北人民出版社 2002 年版,第 56 页。
② [荷]斯宾诺莎:《伦理学》,贺麟译,商务印书馆 1983 年版,第 89 页。
③ [荷]斯宾诺莎:《伦理学》,贺麟译,商务印书馆 1983 年版,第 228—229 页。

伦理学讲座

罗金远
戴茂堂 著

在中国,"闻见之知"从属于"德性之知","求仁"高于"求智"。中国传统文化主要探讨自己行为的规范而不是对自然的知解,重视的是善的问题而不是真的问题,是人伦的问题而不是自然的问题。所以,在中国传统文化中道德论压倒知识论,道德为"大学",技术为"小道"甚至"贱学"。梁漱溟先生说:"融国家于社会人伦之中,纳政治于礼俗教化之中,而以道德统括文化,或至少是在全部文化中道德气氛特重,确为中国的事实。"①罗素也深有感触地说:"中国有一种思想极为根深蒂固,即正确的道德品质比细致的科学知识更重要。"②与西方相比,中国古代几乎没有严格系统的自然科学,最多只有经验性的准科学或前科学。中国自然科学不发达并不是因为什么"知而不为",而是因为中国传统文化在相当程度上以伦理知识偷换了自然知识,以伦理之功、道德之用偷换了科学之真,造成了自然科学隐而不显、缩而未张。

由于求仁高于求知,结果中国哲学走向了"绝圣弃智"即反对科学的立场,更不像西方一样主张从科学知识的角度去解释伦理道德的问题。老子的观点最有代表性。《道德经》第65章说:"古之善为道者,非以明辰,将以愚之。民之难治,以其智多。以智治国,国之贼;不以智治国,国之福。"中国人不仅不像西方人那样把知识当成德性本身,而且认为科学技术不过是"奇技淫巧",认为知识的增长反而造成德性修养的障碍。老子把"为学"(知)与"为道"(善)对立起来:"为学日益,为道日损","智慧出,有大伪","民多利器,而邦家滋生;民多智慧,而邪事滋起"。在道家看来,知识没有任何道德意义,应该"绝学":"绝圣弃智,民利百倍;绝仁弃义,民复孝慈;绝巧弃利,盗贼无有。"《庄子·天地篇》说:"有机械者必有机事。有机事者必有机心。机心存于胸中而纯白不备,纯白不备则神生不定。神生不定者,道之所不载也。"任何机智和机心在道家眼里都不是好的,因此任何人都应该崇尚大智若愚的道术。

三

就西方伦理学的发展路径来看,主要的问题在于:西方人由于把科学的公理当成了无可置疑的预设、绝对真理的模型、无限完美的象征,结果产生了对科学无批判的崇拜心理,以至于在道德问题上陷入科学决定论、理性统治

---

① 梁漱溟:《中国文化要义》,学林出版社1987年版,第17页。
② [英]罗素:《中国问题》,秦悦译,学林出版社1996年版,第61页。

论和知识霸权主义立场。然而,事实不断证明,科学的理性并没有一劳永逸地解决道德的问题。伦理学不是自然科学,因而也不能以自然科学的原理、方法来把握。道德公理既不能经验证实,也不能逻辑证明。科学对道德的承诺很容易变成对道德的暗中消解。善恶、正义等问题在任何情况下都不是科学范畴。科学的逻辑说明不了道德的行为,相反,道德恰恰要以打破科学的逻辑必然性为前提才能得到说明。如果抽象的逻辑能够直接变成道德意志的动机的话,那么这世界上最善于推理的人就理所当然地就成为最善的人了。主流的西方伦理学实际上是漠视了事实判断和道德判断的区分。休谟和康德的伦理学对事实判断与道德判断的差异给予了较大的关注。科学与道德的研究对象不同,前者的联结词是"是"或"不是",后者的联结词是"应该"或"不应该"。科学只能回答"是什么"的问题,而不能告诉我们"应该怎样"的问题。而以往的伦理学的明显错误在于随意地从以"是"或"不是"为联结词的事实命题向以"应该"或"不应该"为联结词的道德命题跳跃。在"是"和"应该"之间存在巨大的鸿沟,我们不能从"是"推出"应该"。恰如康德所主张的,有两个不同的世界,一个是知性为自然立法所形成的现实存在的感觉世界,一个是理性为自身立法所形成的应该存在的理智世界即道德世界。康德"限制知识"正是要为道德世界留下地盘,正是要说明在受自然法则支配的感觉世界之外有一个超自然的因而是科学不能理解的道德的自律世界。后来的新康德主义正是从区分事实世界与价值世界的角度改造了西方伦理学的发展路径。

中国伦理学似乎一开始就把科学与道德对立起来,直接达到了新康德主义的认识结论。但真实情况远比这要复杂得多。首先,中国历史上本来就没有一个与道学相对立的科学传统。当然,也就不会有现代西方意义上的关于科学与道德对立的自觉意识,中国传统哲学中为道与为学的相对把握至多只是一种朦胧的觉察。其次,中国伦理学由于没有道德与科学对立的自觉意识,所以一方面科学没有对道德构成冲击,从而形成西方式的道德本体论和道德认识论传统,另一方面道德也没有对科学构成冲击,从而形成西方式的自然哲学和技术伦理学传统,结果是在科学和道德两端中国伦理学均没有很好的着落。因此,反思中国伦理学的发展路径,最要紧的不是去说明,科学与美德势不两立,而是去论证如何可以保全道德而又不牺牲文明,或者说如何可以发展科学而又不鄙视美德。

科学与道德的研究对象不同,前者的联结词是"是"或"不是",后者的联结词是"应该"或"不应该"。

273

第二十六讲
中西伦理学比较中的几个疑点

一定的道德观念孕育于一定的历史土壤之上，是一个民族文化的折光反映和思想标记。中西伦理学在互不相同的历史文化背景下形成了一套很不相同的理论体系。这种不同的理论体系也引来了众多研究者极大的研究兴趣。站在各自的立场上，研究者们也得出了许多重要的研究结论。有些结论促进了中西伦理学比较研究的深入展开，但有些结论也具有极大的迷惑性，需要认真的澄清。本文就"是不是西方仅仅是个人主义"、"是不是仅仅中国讲德性"、"在什么意义说中国没有西方的法律"这三个问题展开辩驳与质疑，力图澄清中西伦理学比较研究中非常流行的一些错误结论。

一、西方仅仅是个人主义的吗？

在中西道德文化基点的比较研究中，国内学界普遍认为，西方道德文化的根基是借助于商品的介入而打破群体意识所建立起来的个人主义。个人主义作为西方道德文化的思想基础，贯穿于西方伦理观念的各个方面，体现了西方伦理观念的根本性质。这种个人主义提倡个人本位，突出个人自由，宣扬个人权利，推崇个人建树，追求个人享受。在西方，自我是价值的尺度，个人是价值的主体。西方人相信个人的尊严，乃至个人的神圣。他们为自己而思考，

为自己而判断，为自己而作决定，按自己认为适当的方式而生活。违背这些权利的任何事情都是道德上错误的，都是亵渎神明的。他们最崇高的愿望都是同个人主义密切相连的。他们从来就不去争论是否应该放弃他们的个人主义，因为放弃个人主义就等于是放弃他们最深刻的本质。

　　学界还进一步论证指出，在荷马时代，自我、自主、个体等观念就已经很流行。希腊神话中的诸神各自具有鲜明的个性，每个神灵都被赋予了独特的人性。黑格尔曾经断言，希腊的性格是美的个性。古希腊时代，德谟克利特的原子论从自然哲学的角度论证了个体性原则是宇宙万物的普遍原则。在他那里，不可分性作为每个原子的最基本规定，表达的是每个公民财产的不可侵犯性以及由此而来的个人的独立性。智者派的普罗泰戈拉进一步把感性的个体的人即人的感官作为判断一切事物的出发点，提出"人是万物的尺度"。苏格拉底从伦理学的立场深入到个体意识的理性和价值内核，向一切人提出了"认识你自己"的哲学课题，首次建立起哲学上的自我意识观念。伊壁鸠鲁通过假设原子不由自主地偏离直线而论证了人的活动的自主性。中世纪虽然将一切个体的灵魂统一为没有部分的精神实体——圣灵，表面上打破了单个人外在的独立不倚性，但每个人的灵魂在尘世生活中相对于别的灵魂仍然是独立不倚的，它独自面对上帝。文艺复兴时期，更是洋溢着个人的力量。在近代科学的推动下，近代西方哲学很快走向了以弘扬人的价值和独立为中心的主体主义。近代莱布尼茨的单子论为这种个人的独立性继续给出了哲学证明。单子论认为，像单子是不可入的一样，每个人都是独立自主、不可通约的。康德说，人是世界的终极目的；费希特说，自我是创造一切的最高的绝对的东西。这些都是主体主义的典型表现。如果说上述德国近代哲学家从理性的角度论证了个人原则，那么英法近代哲学家更多的是从经验或感性的角度论证了个人原则。如孟德维尔在《蜜蜂寓言》中传播的是和霍布斯一样的利己主义声音。爱尔维修以利己主义为核心的道德学说认为，自保自爱，谋求私利，是人的共同本性和基本规律。现代西方伦理学更多的是从政治和国家的角度来理解个人权利，主张维护和发展个人自由。其中如果说波普尔从哲学方面代表了新自由主义，哈耶克从经济学方面代表了新自由主义，那么诺齐克则从政治学方面代表了新自由主义。

　　但如果以此为据，以为西方只有个人主义而没有整体观念，恐怕就大错

单子论认为，像单子是不可入的一样，每个人都是独立自主、不可通约的。

特错了。事实上,很多人在对比中西伦理思想观念时,就明确断言,整体主义为中国传统伦理思想所独有。的确,中国传统伦理思想强调,整体的利益不仅高于一切,而且就是一切。在中国,个体作为整体的一部分依附于整体且无条件地服从整体。中国的整体主义表现为国家本位即个人对国家尽忠和家庭本位即个人对父母尽孝这样两个方面。但是,这不意味西方价值观念就没有整体观念。其实,讲究理性的西方社会一方面主张,个人自主、自由本身就是目的,具有最高价值,另一方面也特别强调个人并不具有随心所欲的自由权利。并且还认为,真正的个人自由刚好要克服随心所欲,使自己的自由遵守某种规则。因为正是这种规则保障社会成员都能实现其个人自由与权利而不至于互相伤害。考察西方哲学史,我们发现,思想家们都特别强调自由是理性的、有规律的。按照斯宾诺斯的观点,自由的人就是依照理性的指导而生活的人,一个人越理性就越自由,自由就是对必然性的认识和对客观世界的改造;按照康德的观点,自由是有法则的,只不过这法则是不同于自然法则的理性法则;按照黑格尔的观点,不受理性制约的自由不能算是真正的自由,只能算是主观的任性。

　　西方思想之所以如此强调个人自由的理性规则,目的就是要保持整体的和谐与社会的公正。总体上看,西方伦理学既强调保护个人权利,又重视寻求社会正义,认为个体与整体并不绝对对立,发展个人利益并不意味要牺牲整体利益,而维护整体利益也不以牺牲个人利益为前提。在古希腊,正义是一切德性的总汇。和谐有序、比例匀称首先是一种最深刻的希腊信仰①。"美是和谐"是希腊艺术自觉遵守的法则。希腊的建筑和雕塑充分展示了人体和物体匀称的比例结构与和谐的数量关系。"和谐是美德"也是希腊伦理学的基本信念。如德谟克利特认为:"国家的利益应该放在超乎一切之上的地位上,以使国家能治理得很好。不应该让争吵过度以至失去公道,也不应该让暴力损害公共的善。"②柏拉图严格按照正义的原则来构架他的理想国。在柏拉图看来,认清自己而不超越自己的限度就是正义的标志。正义就是社会有机体各部分间关系和谐,不同等级的自由个体各司其职,各守其位。所以,在《理想国》,柏拉图不求说明什么是良好的个人,而且清楚地描述一

西方思想之所以如此强调个人自由的理性规则,目的就是要保持整体的和谐与社会的公正。

① 戴茂堂:《西方伦理学》,湖北人民出版社 2003 年版,第 130 页。
② 北京大学哲学系外国哲学史教研室编:《古希腊罗马哲学》,商务印书馆 1982 年版,第120 页。

个良好的社会。黑格尔分析说："柏拉图所关心的是他的共和国,所关心的是一个理想的国家,至于那个个人只不过是手段而已;他和这样一个人建立关系,只想通过他来实现自己的理想国,那个个人乃是无足轻重的。"① 亚里士多德在《尼各马科伦理学》中认为,正像伦理学从属于政治学一样,在个人的善和城邦的善之间,"获得和保持城邦的善显然更为重要, 更为完满"②。中世纪的阿奎那也指出:"如果一个自由人的社会是在为公众谋幸福的统治者的治理之下,这种政治就是正义的,是适合于自由人的。相反地,如果那个社会的一切设施是服从于统治者的私人利益而不是服从于公共利益,这就是政治上的倒行逆施,也就不再是正义的了。"③ 阿奎那甚至还说过:"社会的利益大于个人的利益,并且更为神圣。"④ 到了近代,伦理学试图把个人的幸福追求与社会的责任义务统一起来,因此个人主义并没有走向否定他人利益、社会利益的极端,而是一种合理的利己主义。近代英国剑桥柏拉图学派中的昆布兰的观点很典型:"每个有理性的行为者对于人类全体所怀有的极大仁爱就构成一般方面的全体人和特殊方面的各个人在其能力所及范围以内所能求得的最幸福状态;而且也是达到他们所能企求的最幸福状态的必要条件;因而全体人的共同利益就是最高利益。"⑤ 就如何处理个人利益和社会利益的关系,培根提出全体福利说,认为个体的善是社会的善的组成部分,社会的善高于个人的善,全体福利大于个人福利,因此有利于人类的幸福才是道德的最高理想。洛克也是强调要求追求个人幸福的时候必须考虑他人幸福和社会幸福,并指出:"普遍的幸福就是所谓最大的善,亦就是我们的一切欲望所趋向的。"⑥ 休谟一方面正视人类自然性情中的自私性,另一方面又要求建立一种社会的联盟,并指出:"我们必须放弃这种用自爱原则来说明一切道德情感的理论。我们必须采纳一种更公正的感情,并承认社会的利益甚至就它们自身而论也不是与我们完全漠不相关的。"⑦ 边沁从个人利益出发,提出最大多数人的最大幸福为最高原则,

"美是和谐"是希腊艺术自觉遵守的法则。

---

① [德]黑格尔:《哲学史讲演录》第2卷,贺麟等译,商务印书馆1960年版,第273页。

② [古希腊]亚里士多德:《尼各马科伦理学》,苗力田译,中国社会科学出版社1990年版,第2页。

③④ 《阿奎那政治著作选》,马清槐译,商务印书馆1963年版,第70、70页。

⑤ 周辅成编:《西方伦理学名著选辑》上卷,商务印书馆1964年版,第694—695页。

⑥ [英]洛克:《人类理解论》上卷,关文运译,商务印书馆1981年版,第236页。

⑦ [英]休谟:《道德原则研究》,曾晓平译,商务印书馆2001年版,第70页。

认为最好的政治制度就是能够获得最大福利且保证利益的和谐。斯宾诺斯同样重视个人与整体的和谐问题，他说："人要保持他的存在，最有价值之事，莫过于力求所有的人都和谐一致，使所有人的心灵与身体都好像是一个人的心灵与身体一样，人人都团结一致，尽可能努力去保持他们的存在，人人都追求全体的公共福利。由此可见。凡受理性指导的人，亦即以理性作指针而寻求自己的利益的人，他们所追求的东西，也即是他们为别人而追求的东西。"[1]政治哲学家罗尔斯在现代对公正给予了最经典的论述，他认为："正义是社会制度的首要价值。""每个人都拥有一种基于正义的不可侵犯性，这种不可侵犯性即使以社会整体利益之名也不能逾越，因此，正义否认为了一些人分享更大利益而剥夺另一些人的自由是正当的，不承认许多人享有的较大利益能绰绰有余地补偿强加于少数人的牺牲。所以，在一个正义的社会里，平等的公民自由是确定不移的，由正义所保障的权利决不受制于政治的交易或社会利益的权衡。"[2]现代社群主义认为，道德共同体的价值高于道德个体的价值，强调人们的共同性、关系性和交互性优先于个人的自我性和唯一性，强调公共利益优先于个人利益。

正义是社会制度的首要价值。

二、仅仅中国讲德性吗？

在西方人看来，人的本性就是要追求快乐。古代世界中，没有一个民族像希腊民族那样执著、持久地追求个人幸福。居勒尼学派就把追求感官的快乐看成是人的本性，认为人人都追求引起感官快乐的事物，逃避引起肉体痛苦的事物。最高的善只能在快乐之中，快乐是衡量一切价值的尺度。近代西方人把对

---

[1] [荷]斯宾诺斯：《伦理学》，贺麟译，商务印书馆1983年版，第184页。
[2] [美]罗尔斯：《正义论》，何怀宏译，中国社会科学出版社1988年版，第1—2页。

个人利益的追求看做是人的自然权利和自爱本能，看做是人的活动的根本动力，因此强调追求个人利益的天然合理性和正当性。霍布斯就把人生比作一场追逐私利的赛跑，人生的目标就是要在这场赛跑中获胜。与西方人把利益、快乐、欲望作为基本的自然人性加以肯定不同，中国传统价值观念把德性与人性相等同，人被视为一种道德的存在，有无道德被视为人与非人的临界点。因此，中华民族被称之为礼仪之邦，在中国传统文化中道德哲学格外发达，道德论压倒知识论，以至于人们普遍认为，中国人最讲德性，中国之学即"德性之学"。

的确，在西方如德谟克利特提出过快乐主义三定理："对人，最好的是能够在一种尽可能愉快的状态中过生活，并且尽可能少受痛苦"；"快乐和不适构成了那'应该做和不应该做的事'的标准"；"快乐和不适构成了有利与有害之间的界限"。[①]伊壁鸠鲁也说过："幸福生活是我们天生的最高的善，我们的一切取舍都从快乐出发；我们的最终目的乃是得到快乐，而以感触为标准来判断一切的善。"[②]但绝对不能贸然断言，西方人就不讲德性，西方伦理学就没有了德性传统。我们以为，既然是伦理学家又不讲德性，就像是既然是伦理学又不讲德性一样，简直是相互矛盾、不可思议。每个人、每个民族、每种伦理学，只要还坚持和尊重基本的理性，都会追求美德，这是一个不可回避的事实。其实，"在西方伦理学中，一直存在着两股伦理思潮的对抗。立足于自然这一道德前提，从普罗泰戈拉到杜威的一股伦理思潮认为，人性在于人的感觉性、动物性，道德的基础在于人的自然本性；立足于自由这一道德前提，从苏格拉底到麦金泰尔的一股伦理思潮认为，人性在于人的理性、精神性、自由性，追求德性才是善的，否则就是恶的。后一种思潮认为，人的本质在于人有理性，正因为人有理性，所以人可以不受自然法则的制约而有道德。于是，道德被看成人生的终极目标，被看成人之为人的根本规定性。从这里出发，西方伦理学发展了德性论。前一种思潮认为，人的本质倾向于快乐与幸福，道德只不过是实现人生幸福的一个必要而有效的手段。从这里出发，西方伦理学发展了幸福论。"[③]

我们可以具体考察一下西方人的德性传统。德性论是希腊式道德生活与道德思考的主流模式。希腊伦理学主流都是道德本位论的捍卫者。在实现西方哲学道德转向的苏格拉底那里，节制、勇敢、智慧、正义是主要德目。他从理

在一个正义的社会里，平等的公民自由是确定不移的，由正义所保障的权利决不受制于政治的交易或社会利益的权衡。

---

①② 北京大学哲学系外国哲学史教研室编：《古希腊罗马哲学》，商务印书馆 1982 年版，第 107—115、367 页。

③ 戴茂堂：《西方伦理学》，湖北人民出版社 2003 年版，第 89 页。

性出发只关心自己的灵魂，要求把感性欲望和物质利益从道德中排除出去。柏拉图认为，善的理念才是永恒的道德原则，道德的最高境界就是使灵魂摆脱肉体，理性控制情欲。亚里士多德对德性做出了他那个时代最深刻最系统的论述。他指出，幸福就是合于德性的现实活动。真正的幸福就是遵从德性去活动的理性的思辨的生活。"最优良的善德就是幸福，幸福是善德的实现，也是善德的极致。"①虽然苏格拉底、柏拉图和亚里士多德都从幸福或人生完善上看道德的意义，但终究都没有把道德简单还原为感官快乐的外在手段，而是全力论证道德属于内在目的，有道德的生活本身才是唯一应当追求的目的。基督教更是倡导一种完全符合德性的生活。其伦理学的最大代表奥古斯丁提出"七主德"——信仰、仁爱、希望、节制、审慎、公正、坚毅。近代法国启蒙思想家霍尔巴赫就说："德行，对所有的人来说，乃是达到幸福的最可靠的道路。"②近代理性主义伦理学崇尚理性的力量，鄙视物质享受，高扬人的道德品性，关注人的内在精神。在斯宾诺斯看来，幸福在于按照理性的命令行事，至于感官快乐只会玷污理性。幸福不是德性的酬报，而是德性自身。斯宾诺莎说："心灵的最高德性在于知神"、"幸福不是德性的酬报，而是德性自身"③。康德认为，德性是一切幸福追求的最高条件，善良意志是最高的善，而经验的快乐不足以构成人类行为的价值的普遍有效标准。费希特批判了英国和法国盛行的功利主义和幸福主义，阐明了每个人的道德责任就是用精神力量驾驭感性力量，促进人类的不断自我完善。现代德性伦理学复兴的开山鼻祖安斯库姆批评现代道德语言与评价不关心行为者的内在素质状态即人的德性品质和内在动机，只强调人的行为是否符合某种既定的规则，所以寄希望于通过道德心理学的建立，来从人的内心品质中重建道德。麦金泰尔是现代德性主义的代表人物。面对现代社会的道德危机，他要求重建亚里士多德所代表的内在德性的权威，坚决反对把道德诉诸欲望、功利、情感，希望人们为实现一种善的生活而培植自我的道德品格和良好德性。斯洛特在当今从情感主义立场出发，建构了一种基于关怀的德性伦理学评价体系，为德性伦理学复兴运动开拓了一条全新的发展路径。

由此可以看出，不能认为只有中国伦理学才有德性论。西方伦理学也有

每个人、每个民族、每种伦理学，只要还坚持和尊重基本的理性，都会追求美德，这是一个不可回避的事实。

---

① [古希腊]亚里士多德：《政治学》，吴寿彭译，商务印书馆1965年版，第364页。

② [法]霍尔巴赫：《自然的体系》下卷，管士滨译，商务印书馆1977年版，第288页。

③ [荷]斯宾诺莎：《伦理学》，贺麟译，商务印书馆1983年版，第256、266页。

一个德性传统,各个历史时代都讲德性,只是和中国伦理学的德性传统很不一样。比如,中国伦理学多基于自然血缘来谈德性,西方伦理学多基于自由意志来谈德性;中国伦理学多基于自然亲情来谈德性,西方伦理学多基于科学理性来谈德性。等等。

三、在什么意义上说中国没有西方的法律?

法治和人治是任何一个社会实现自己的价值理想和道德目标可能采取的两种主要的消极制约机制。中西伦理学为了确保社会公正与整体和谐之价值理想的实现,分别走向了人治和法治。中国传统伦理学强调,当道德作为一种积极制约机制,不足以感化人心,使其自愿放弃个人私欲时,人治是一个极好的补充手段;而西方伦理学认为,当个人的自由和社会的公正受到威胁的时候,法治是一个极好的威慑手段。

如前所说,西方价值观念既向往个人自由,又期盼和谐公正。而在西方人看来,只有法律才能从根本上既保证个人追求自由的权利,同时也保证别人的自由不会因为自己而受到干扰和破坏,从而使社会步入和谐、走向公正。严格说来,中国传统价值观念在个人自由与和谐公正之间并没有达成很好的平衡,几乎是"两头都不能上岸"。要么为了所谓的整体的利益,而牺牲个人的自由,走向绝对的专制与一统;要么为了所谓的自我的私利,而损害整体的荣誉,走向一盘散沙与唯我独尊。中国人认为,摆脱这样的伦理困境,最好不要选择法律的制裁,而是应该激发每个人的同情心和羞耻感。这就是梁漱溟先生所说的:"中国社会秩序靠礼俗,不像西洋之靠法律。靠法律者,要让权利义务清清楚楚,互不相扰。靠礼俗者,却只是要厚风俗。在民风淳厚之中,自然彼此好好相处。而人情厚薄,第一便于家人父子之间验之。此其所以国家用人亦要举'孝廉'也。又道德为礼俗之本,而一切道德又莫不可从孝引申发挥,如《孝经》所说那样。"[1]在这种情形之下,中国传统伦理学不能也没有产生出对西方式的法律的需求。这种认识已成为学界的共识。

然而,却不能笼统地说,中国没有自己的法律。其实,中国古代不仅有自己的法律如《唐律》、《清律》等等,而且自己的法律比之于西方的法律还别有

---

① 梁漱溟:《中国文化要义》,学林出版社 1987 年版,第 308 页。

康德认为,德性是一切幸福追求的最高条件,善良意志是最高的善,而经验的快乐不足以构成人类行为的价值的普遍有效标准。

风格。那么,我们究竟应该在什么意义上说中国没有西方的法律呢?这个问题至少可以从以下几个层面来理解:

其一,西方法律具有浓郁的自由民主精神,既保障平民的权利,又限制统治者代表人的权利。西方价值观念甚至把自觉接受法律的惩罚当成犯人自由意志的必然要求。犯人作为有理性的存在,在犯罪前后应具有统一的人格。根据自由意志对犯人加以惩罚是以承认犯人具有完整一贯的人格为前提的,是对犯人人格的最基本尊重,也是对法律的最高尊重。而中国古代法律具有较强的专制色彩,统治者在法律体系中处于绝对不可侵犯的优越位置。在国家范围内,君王具有绝对的权利,恰如在家族范围内,族人具有绝对的权利。君王是法律的颁定者,甚至就是法律(所谓"君即法")。战国的《法经六篇》、秦国的《秦律》、汉朝的《九章之律》都是皇帝亲自制定。在这种情况下,法律很容易成为君主意志的体现,成为制裁政治对手、镇压平民百姓的武器。黑格尔谈及中国君主这个实体时指出:"'实体'简直是一个人——皇帝——他的法律造成一切人的意见。"①中国古代法律的专制性还体现在:有史以来直到清末几乎所有的成文法全是刑法,纯粹的民法、经济法等法典完全阙如。

其二,支配中国古代法律的思想主流是儒家的以"法"释"礼"、融"礼"于"法"、礼法合一、德主刑辅的道德礼教型法律观。从最能代表中国古代法系的《唐律》中可以看出中国法律的道德礼教型本色:如居丧生子,徒刑一年;居丧作乐,杖八十;妻子殴打丈夫,不论有伤无伤,一律徒刑,伤重者加凡人三等治罪,若丈夫被殴致死,则处以绞刑,而丈夫殴打妻子,却减凡人二等处刑,非有伤者不罪……中国传统道德优先的文化,为伦理礼俗"侵入"法律大开了方便之门。所以情况往往是,中国的道德经典就具有法律效应。礼俗成为"准法律",违背了礼俗就等于触犯了法律,犯了"法"的人就是犯了"伦"的人。严格说来,与其说中国古代没有法律,不如说中国的伦理道德就是法律。所以不需要再有另外一套法律。然而,伦理道德的主观性导致法律量刑无一定规,具有极大的不确定性和弹性(所谓"从重从轻,从宽从严")。也许这正是中国专制统治的奥秘——道德被赋予法律的威严,有利于维护传统礼教;法律披上道德的盛装,恰使残酷的刑罚变得温情脉脉。用追求确定性的西方法律眼光来审视,这种道德礼教型法律根本上是反法律的。

---

① [德]黑格尔:《历史哲学》,王造时译,三联书店1956年版,第165页。